Taubert Höfische Tänze

1

Canot – Le Bas »Le Maître de Danse« Paris 1745

Karl Heinz Taubert

Höfische Tänze

Ihre Geschichte und Choreographie

Edition 5947

B. Schott's Söhne · Mainz

Choreographische Mitarbeit: Edith Türckheim und Maria Merz, Berlin
Tanzfigurinen: Axel Reichardt, Berlin
Zeichnungen der Choreographien: Jörn Engert, Berlin
Grafische Gestaltung: Günther Stiller, Watzhahn Ts.
Reproduktionen: Georg Gehringer GmbH, Kaiserslautern
Herstellung: Druckerei Karl Hart KG, Volkach (Offsetdruck)

Verlag: B. Schott's Söhne, Mainz 42 239
Printed in Germany

ISBN 3-7957-2880-0

Inhalt

Valentin Trichter
Curiöses
Reit-Jagd-Fecht-Tantz:
oder
Ritter-Exercitien-
Lexicon
Leipzig 1742

Tantzen,
Saltare, danser, ballare, ist, wenn es in gebührender Maaß geschiehet, eine dem Leibe nützliche und das Gemüth ergötzende Bewegung, welches gar wohl kan zugelassen werden, und wenn sonderlich des Tantzenden Leibes-Positur, *Addresse* und Geschicklichkeit darzu kommt, für angenehm gehalten wird. Es sind aber solche Täntze und ihre Arten unterschiedlich, als nemlich *serieuses* oder ernsthafte, lustige, oder *gaillardes,* künstliche und theatralische, *grotesques, bizarres,* bäurische, harmonische, leichtfertige, schändliche und lasterhafte Täntze. Und zwar das lustige Tantzen betreffend, welches bey vergönnter Ergötzlichkeit jungen und Sorgfreyen Gemüthern gemein, ist entweder der Kunst, oder auch der Natur und Land-üblichen Gewohnheit gemäß. Das erste bestehet in Tantzen einiger Frantzösischen Täntze, als *Gavotten, Gaillarden, Bourreen,* und *Menuetten* &c. Das andere in der Geschicklichkeit, welche die Natur, einem ieden gesunden, wohlgewachsenen Cörper, sich hurtig zu drehen, zu springen, und mit geschliffenen oder überhüpfften Schritten fortzurücken, gegeben hat, sonderlich, wenn dazu die Hand und Hülfleistung des Mit-Tantzenden und bey der Hand Führenden das beste thut, worzu hernach die Lands- und Standes-Art das ihrige mit beyträget, also, daß Franckreich anders nichts, als von seinen obbemeldten Frantzösischen Täntzen, neuen *Rigaudons, Passepieds* und dergleichen; Engelland von seinen lustigen mit vier oder mehr Paaren zugleich vorstellenden Täntzen wissen will. Deutschland nebst vielen andern Provintzen, hat noch die alte Tantz-Art, Paar-weis hinter einander zu tantzen, beybehalten: In diesem variiret nun, was die Stellungen, Posituren, Verdrehungen und Figuren anbelanget, immer ein Land von dem andern, und sind desfalls die verschiedenen Bauren-Täntze nicht ohne Kurtzweil anzusehen, wie sie denn auch mehrmal an Fürstlichen Höfen zu einem Zeit-Vertreib, auf Masqueraden und bey angestellten Wirthschafften dienen müssen. Künstliches Tantzen kommet allein den Tantz-Meistern, oder denen, welche sich die Kunst des Tantzens *en Maitre* zu verstehen rühmen können, und bestehen in *Sarabanden, Giquen, Entreen* &c. in welchen allen der Tantzende nicht allein die Geschicklichkeit seiner Glieder, und gantzen Leibes-Stellung, in Capriolen, Frisirungen, Pirouetten, künstlichen Schritten und Wendungen muß sehen lassen, sondern auch bey der *Invention* des Tantzen selbst, die *Cadence* nach der Music *accurat* zu halten wissen, wie solches besser unten, unter der Beschreibung des Tantzmeisters mit mehrern soll ausgeführet werden. Theatralische Täntze bestehen in *Entreen, Balletten, Sarabanden* und andern künstlichen Täntzen, welche die auf dem Theatro vorzustellende

Materiam zur Absicht haben und solcher Gestalt der tantzenden Personen Kleider, *Gestus,* Stellung und Schritte, darnach eingerichtet werden, als wenn z. E. des *Vulcani* Höhle, wie in solcher des *Achillis* Schwerdt geschmiedet wird, solte vorgestellet werden, so würde ein Aufzug von *Cyclopen* in ihren Schurtz-Fellen, mit Hämmern auf den Achseln, um etwan einen Amboß herum gebrauchet werden müssen; Bey Präsentirung der Elisäischen Felder, Absterben eines Helden, Aufführung des *Charontis* Kahn, würde ein Tantz von Geistern, bey Tragödien aber von lauter Furien vorzustellen seyn. *Grotesque*-Täntze stellen allerhand seltsame verkleidete Personen, mit ihren wunderlichen Trachten, Stellungen und Bewegungen vor, also, daß entweder ein trunckener Bauer- Zigeuner- oder Harlequins-Tantz aufgeführet wird. *Bizarre*-Täntze sind der Landes-Gewohnheit nach, entweder sehens-würdig, weil oft einige wohlgesetzte frische Bauren-Kerl und Bauren-Mägde sich darunter finden, die eben so ungeschickt nicht tantzen, hurtig auf den Füßen, und manierlich in Wendungen sind, auch mancher Dorff-Galan seine *Phyllis* bey solchem Dorff-Hochzeit- oder Kirchmeß-Tantz so herum zu schwingen weiß, daß es eine Lust anzusehen ist. Andere gemeine Schwelg- und Sauff-Gelacks-Täntze sind hingegen wieder so abgeschmackt, daß man sie ohne Verdruß und Ärgerniß nicht lange ansehen kan. Harmonische Täntze sind mit den Theatralischen sehr verwandt, als wenn etwan die *Cyclopen* mit ihren Hämmern schlagen, streitende Soldaten und Fechter mit dem Geklapper ihrer Schilder und Schwerdter, die Tacte und Cadence der Music nachzuahmen und vorzustellen suchen.

Tantz-Kunst,
Ist die erste unter den Ritterlichen *Exercitiis,* welche den übrigen die Thüre auf- und zuschließt, und durch deren wohlgeordnete Ausübung der menschliche Leib zu allen Verrichtungen agil und geschickt gemacht, das Gemüth recreiret und gestärcket, die Lebens-Geister ermuntert, und zu allen wichtigen Geschäfften gleichsam auf das neue beseelet werden. Sie zeiget I) das niedrige Cammer-Tantzen, *la belle Danse* oder *la Danse par terre,* dessen man sich bey *Assembleen,* Balls &c. bedienet, und zwar 1) *in prosa,* wie man sich manierlich kleiden, proportionirlich stellen, nette gehen und bey allen Begebenheiten eine galante *Reverence* machen, oder eines beliebten *Exterieur* und gefälligmachenden Aufführung sich befleißigen solle; 2) in *theoria,* wie man den Grund zur Tantz-Kunst legen, das ist, die verschiedene *Pas* regelrecht machen und verbinden solle, und zwar nach der *Cadence* und mit dem *bon Air* und *Porte les bras* vergesellschafftet; 3) *in praxi,* wie man auf diesem Grunde die drey Fundamental-Täntze, *Courante, Menuet* und *Bourrée,* als aus welchen die übrigen alle fliessen, wohl fassen und zierlich tantzen solle. Sodenn lehret sie II) das hohe oder theatralische Tantzen *la haute Danse,* welches auf *Ballets serieuses* und *comiques* ankömmt, wovon der vorhergehende Artickel zu sehen.

»Denn gleich wie alle Bücher durch die Continuation und den Fleiß geschickter Leute von denen Mängeln befreyet, und vollkommener gemachet werden: also bekenne ich auch gantz gern, daß ich noch ein unvollkommenes, und gleichsam nur lockendes Werk herausgebe, deme andere, geschicktere Maîtres, dem Publico zum besten, so lange hülfliche Hand reichen mögen, biß man endlich ein gantz vollkommenes Werck habhafftig werde.«

Gottfried Taubert
»Rechtschaffener Tantzmeister
oder gründliche Erklärung der Frantzösischen Tantzkunst.«
Leipzig 1717

Einführung

Die Menschen des 20. Jahrhunderts sind körperfreudig wie die Menschen des alten Hellas. Ihr Tanz, im Laufe von Jahrhunderten eng geworden, flieht in vielschichtig neue Formen, um sich wieder zu befreien. Die Tänze dieses Buches symbolisieren die Entwicklung von weitgezogener zu eng werdender Raumform in der Zeitspanne zwischen 1450 und 1750. Eine Fülle wesentlicher Kulturäußerung war mit diesen heute als Tanz fast unbekannten Formen dahingesunken. Nur noch ihre um nichts älter gewordene Musik zeugt von ihrer Schönheit, welche die bildenden Künste in Darstellungsmomenten für das Auge festhielten, die aber in den wenigen und unvollständigen zeitgenössischen Beschreibungen ihres Bewegungsablaufes nur erahnt werden können. Welche Kunstübung ist durch Bücher deutlich zu ersehen, zu erlernen oder endgültig zu bewahren?

Tanz ist Leben — ihm gehört der ganze Mensch, den er ergreift und formt. Ebenfalls die Umkehrung der These gilt — bis zum Totentanz.

»Heil, wer neue Tänze schafft!« hatte Nietzsches ahnender Geist der Menschheit zugerufen, für diese die Bedeutsamkeit echten Bewegungs-Impulses erkennend. Aber erst das beginnende 20. Jahrhundert brachte in vollem Umfang die Befreiung des Körpers. Heute bereits ist vieles, was jener Wende als revolutionierend galt, vergessen oder in neuen Erkenntnissen aufgegangen. Die Geschichte erweist eine solche Periodik als nicht neu[1]; denn nur im stetigen Umwerten und Selbst-Erfahren liegt der Sinn des Mensch-Seins. Hatte Cervantes 1612 dichten können:

»Ja, der Reigen der Chaconne ist des Lebens heitre Krone«,

wußte das ausgehende 18. Jahrhundert schon kaum mehr, daß diese als Musik erhaltene Form ein Tanz gewesen war. Wer von uns denkt z. B. beim Anhören einer Gavotte an die »Gavots«, die Bergbewohner des Dauphiné? Erhob J. S. Bach die Sätze seiner Suite zu zeitlos gültiger Stilisierung, so schuf er Musik zu Tänzen, die im Entschwinden waren.

Nur die Polonaise und vor allem das Menuett wurden zu seiner Zeit noch allgemein gepflegt, wovon die vielen kleinen Einzelsätze in dem Notenbuch für Anna Magdalena Bach beredtes Zeugnis ablegen. Bedenkt man, daß z. B. das Menuett

[1] *»Daß historische Epochen aus ihrem Verhältnis zum Tanz entziffert werden können — das heißt, auch unsere Gegenwart — scheint mir ein fruchtbarer Grundgedanke« ... E. Vietta, »Briefe über den Tanz«, Taranto 1945.*

in unzähligen Instrumentalwerken, bis zur Symphonie, heute noch erklingt, kann man es nicht verstehen, daß außer in einigen Bibliotheken von dieser »Königin aller Tänze« keine genaue Beschreibung ihrer ursprünglichen Tanzform greifbar ist. Dieses Mißverhältnis führte im wesentlichen zur Entstehung des vorliegenden Buches.

Zum Tanz bediente sich der Mensch von jeher des rhythmischen wie des musikalischen Instrumentes, das die Bewegung stützen, ordnen und steigern sollte. Ein weiter Bogen führt vom Spielmann des 16. Jahrhunderts, der gleichzeitig Einhandflöte und Tambourin bediente [s. Abb. 18, 19 und S. 123] über den Typ des französischen Tanzmeisters par excellence, der im 17. und 18. Jahrhundert nicht nur Tänze lehrte und diese auf seiner *pochette,* der kleinen »Tanzmeistergeige«[2] [Abb. 1] spielte, sondern sogar Tänze entwarf und ihre Musik komponierte, bis zu dem Klavierspieler, bis zur »Band« oder der mechanischen Musikwiedergabe unserer Tage!

Die starke und gültige Substanz der Musik mehrerer Jahrhunderte zu den als »musikalische Suite« bekannt gewordenen Tänzen bildete ebenfalls einen Ausgangspunkt für den Plan, ihre tänzerische Darstellung zu rekonstruieren. Alles durch Bewegung Erlebte hat haftenden Sinn. Dieser Grundsatz (seit Dalcroze[3] der Ausgangspunkt der »Rhythmisch-musikalischen Erziehung«) soll auch *dem* Menschen dienen, der in Musikgeschichte, Formenlehre oder Ästhetik, am Instrument oder im Konzert musikalische Formen erlebt. Das Bild der getanzten »artigen und fröhlichen Allemande« z. B. soll sich bei ihm einstellen, gleich, ob sie von Schein, Telemann oder Bach komponiert ist, gleich, ob sie am Klavier oder von einem Orchester gespielt wird. Mit dem Erklingen dieser alten Musik soll gleichzeitig die Art menschlich geselligen Umganges jener Zeit durch *eigene* Äußerung wieder wirksam werden. Jahrhunderte rücken dann zueinander und lassen erkennen: »Nichts ist jünger als ein alter Tanz.« Die Eigenkraft der Bewegungs-Grundformen beginnt sich durchzusetzen, und wir erleben die nun wieder umgekehrt wirkenden Vorzeichen in dem Wunsch nach einem alten *Tanz,* nicht nur nach seiner Musik. So sonderbar es anmutet: Pavane, Sarabande, Menuett — alle drei ruhig fließenden Stils, der uns im Tanz fremd wurde — gehören zu den bevorzugten.

Der Gedanke, die möglichst ursprüngliche Form jedes Tanzes aufzuzeigen, war für die Art der Darstellung maßgeblich. So erscheinen vier von ihnen als Doppelform: Courante, Gavotte und Gigue zunächst in einer frühen, ihren geselligen Charakter aufzeigenden Phase, dann in einer barockgeprägten Umwandlung zum *»Kammertantz«* (Courante von der Hand) oder zum *»Danse haute«* (Gavotte, Gigue) als »ernsthafftem (theatralischen) Spring-Tantz«[4]. Das Menuett erscheint

[2] *Eine Quarte höher stehend als die Violine.*

[3] *Émile Jaques-Dalcroze (1865—1950): Schweizer Komponist, Begründer der »Rhythmischen Gymnastik«. Wirkte 1910—1914 in Deutschland in der für ihn geschaffenen Bildungsanstalt Hellerau/Dresden, die P. Claudel als »l'atelier de l'art futur« bezeichnete. 1913 epochemachende Aufführung des »Orpheus« von Gluck.*

[4] *»... ist zu wissen, daß das gantze zierliche Tantz-Exercitium in seiner accuraten Regulirung effective und principaliter 1. In das galante Kammer-Tantzen 2. Und in das repräsentirliche Theatralische Tantzen abgetheilet wird. Daher es denn auch kömmt, daß einige alle Frantzösische Täntze überhaupt in drey Classen einschrencken, als*

1. in Douces, niedrige und zierliche Fundamental-(Kammer-)Täntze oder Dances de Bal;

2. In Sérieuses, hohe und ernsthafftige (Theatralische) Spring-Täntze; und

erst in seiner höfischen Originalgestalt als Einzelpaartanz, dann in seiner Vierpaarform, dem galant-spielerischen »Menuet en huit«, welches der Tanz des 19. Jhdts. in der formelhaft gewordenen, aber dekorativ geselligen »Quadrille« fortsetzte.
Georg Götschs Einstellung und Rat zur Rekonstruktion dieser alten Gesellschaftstänze war unvergessen geblieben: sie müßten, wenn sie wie der Country Dance wieder lebendig werden sollen, in ähnlich schwingende Gewandtheit und fließende Natürlichkeit wie dieser gebracht werden. Edith Türckheim und Maria Merz waren mir aus ihrer tänzerischen wie choreographischen Erfahrung heraus – auch in diesem Hinblick – verständnisvolle Helfer, und der tanzschriftkundige Jörn Engert assistierte, differenziert verschlüsselte Zeichen in verständliche Worterklärungen umzudeuten und hiermit den (in unterschiedlichen Arten von Tanzschrift) als Choreographie überlieferten »doucen Kammertäntzen« und »Danses hautes« des Barock neue Darstellungsmöglichkeit zu geben. Oscar Bies Worte über die Arbeit mit alten Tänzen wurden zum Leitgedanken: »Rekonstruieren heißt, schöpferisch nachbilden« (»Der Tanz«, 1919).
Das sei Grundgesetz jeder Renaissance, betont Rolf Gardiner in seinem Vorwort zu den gemeinsam mit Georg Götsch herausgegebenen »Alten Kontratänzen« und ihren Regeln. Auch Cecil Sharps Forschungsarbeit zur Wiederbelebung des Country Dance hatte nicht allein in historischer Genauigkeit, sondern im Zusammentreffen von Schritt-Stil mit dem vielartigen Formen-Spiel ihren Sinn gesehen.
Zu einer so gerichteten Einstellung mußte sich ein schlichter, melodiebetonter Stil der aus Hunderten von Formen auszuwählenden Musikbeispiele gesellen, da diese vom »Ohr bis in die Füße« gut und gleichzeitig zwingend eingehen sollen. Der ganze Körper muß der Musik offen sein und sie »mitsingend« tanzen können. Es hatte guten Grund, daß Mattheson in seinem »Vollkommenen Capellmeister« (1739) schrieb: »Nun dürfte man schwerlich glauben, daß auch so gar in kleinen, schlecht geachteten Tantz-Melodien die Gemüths-Bewegungen so sehr unterschieden seyn müssen, als Licht und Schatten immer mehr seyn können.«
Die »basses danses« im Frankreich des 16. Jahrhunderts wurden vor allem nach Melodien bekannter Lieder getanzt, ebenfalls die ihnen oft vorausgehende Pavane[5], welche Karl IX. (König von 1560–1574) nach der Melodie des 129. Psalms zu tanzen pflegte, und »die Lieblingsvolte der Diana von Poitiers ging auf den Text *de profundis*«[6].
Matthesons Werk enthielt eine entsprechende Anleitung, wie man »aus Kirchenliedern allerhand Täntze[7] und wiederum aus diesen lauter Choral Gesänge machen könnte«.

3. in Comiques, lustige und verstelte (Theatralische) Gauckel-Täntze.
Davon die Frantzosen die erste Gattung in ihrer Sprache La belle Danse oder la Danse base (Courante, Menuet, Bourrée), die andere la haute Danse oder le Ballet sérieux (Sarabande, Gique ...) und die dritte Crotesque oder le Ballet comique nennen ...«. (Gottfried Taubert)
[5] *Als die basses danses aus der Mode gekommen waren, wurde die Pavane der Vortanz zur Galliarde.*
[6] *W. Bahr »Zur Entwicklungsgeschichte des höfischen Gesellschaftstanzes« Breslau 1941.*
[7] *Gregorianische Melodien (Veni creator spiritus-Et exultavit spiritus meus) als Tanzbearbeitungen finden sich in den »Balli Antichi Veneziani per Cembalo« (Neuausgabe von Knud Jeppesen, Kopenhagen 1962).* (Fortsetzung S. 12)

Menuett: »Wenn wir in höchsten Nöten sein«
Gavotte: »Wie schön leuchtet der Morgenstern«
Bourrée: »Werde munter, mein Gemüte«
Polonaise: »Ich ruf zu Dir, Herr Jesu Christ«
Die Kraft der Melodie entschied, und schon im 16. Jahrhundert waren beliebte »Gassenhawer christlich moraliter« verändert und mit neuem Text gesungen worden (Luther: Geistliche Ringeltentze, Magdeburg 1550).
Geistliche, selbst Kirchenfürsten tanzten — und einem von ihnen, dem französischen Domherrn Jehan Tabourot (sein Pseudonym: das Anagramm Thoinot Arbeau) verdanken wir die wesentlichste Tanz-Quelle der französischen Tänze des 16. Jahrhunderts, die »Orchésographie« (Lengres 1588)[8]. Prägnante Melodik der Tanz-Musik und begleitende Grundschläge eines Tambourins waren ihm in seiner Anweisung äußerst wichtig, denn musikalische Regeln wurden meist nur am Rande des Tanzes gelehrt und entsprechend mangelhaft beherrscht. Noch 200 Jahre später führte musikalische Unsicherheit zum Abschleifen des Menuett-Schrittes (s. Vorwort: Menuett).
Arbeaus Buch diente als maßgebliche Hilfe zur Gestaltung der frühen Tänze, und ohne dieses — auch kulturgeschichtlich bedeutsame und interessante — Buch hätten die Choreographien zu Pavane, Galliarde, Allemande und Courante keine so starke Ausrichtung erfahren können. Jedem der aufgezeigten Tänze ist räumlich und durch die Anzahl der Paare ein anderer Ausgangspunkt gegeben — ein jeweils anderes »charakteristisches Gesicht«, das als Anhalt und Maßstab auch für eigenes, schöpferisches Nachbilden der Tänze dienen kann. Die Form der »Suite« ist in ihren *tanzhistorischen* Zusammenhängen, auch in dem erreichbaren Bildmaterial, zum erstenmal systematisch zusammengeschlossen und nicht nur als Tanz-Lehrbuch, sondern auch als Lektüre für Kunstliebhaber und als Leitfaden für Studierende gedacht.
Daß die Choreographien nicht leicht zu verstehen sind, liegt auf der Hand. Kunstübung bedarf lebendiger Unterweisung. In der exakten Erinnerungsmöglichkeit von bereits Erlerntem oder in der annähernden Vorstellungsmöglichkeit für choreographisch geschulte Menschen liegt der Sinn des praktischen Teiles.
In der angefügten Bibliographie ist neben den Quellen-Angaben eine kleine Auf-

Das 18. Jhdt. kannte als umgekehrte Erscheinungsform die Textierung bekannter Tänze wie »Die singende Muse an der Pleiße« des Sperontes (Leipzig 1736), der bekannten Menuett- und Polonaise-Melodien galante Texte unterlegte und in »2 mahl 50 Oden zu beliebter Clavier-Übung und Gemüths-Ergötzung« herausgab.
Auch Goethes Schäferlieder »Die Spröde« und »Die Bekehrte« sind durch Textierung von Melodien D. Cimarosas entstanden, wie auch sein Gedicht »Ich denke dein« als Neu-Unterlegung zu Zelters Lied »Ich denke dein« entstand, weil ihm die Verse Friederike Bruns nicht der Musik gleichwertig erschienen.
[8] *»Arbeau (Thoinot) ein Frantzösischer Tantz-Meister von Langers, welch anno 1588 eine Orchesographie, oder Tantzbeschreibung daselbst ediret« schrieb J. G. Walther in seinem »Musicalischen Lexicon« (1732) von ihm, hiermit das Jahr 1588 als das der Erstausgabe von Arbeaus Orchesographie bestätigend. Der von Laure Fonta 1888 in Paris herausgegebene Neudruck (in einer dem Originaldruck gleichen Type gesetzt) trägt auf seiner Titelseite das Datum M.D.LXXXIX, also 1589, das dem Original fehlt (British Museum London). Der auch von Laure Fonta mitveröffentlichte Auszug aus dem Privileg, das vom König als Erlaubnis zu jeder Drucklegung zu erbitten war, enthält den 22. November 1588 als Datum, mit welchem im Einklang — jedoch im Gegensatz zu der Titelseite — die Herausgeberin ihr Vorwort beginnt: »L'Orchesographie de Thoinot Arbeau, publiée en 1588 ...« Diese Tatsache erklärt die unterschiedlichen Angaben über das Erscheinungsjahr des berühmten, häufig zitierten Buches.*

stellung geeigneter Tanz-Musik enthalten. Den Verlagen Elkin & Co. London, wie Breitkopf und Härtel sei an dieser Stelle gedankt für die Druckgenehmigung einiger Musikbeispiele. Der Stiftung Preußischer Kulturbesitz — Staatliche Museen Berlin — (insbesondere der Lipperheideschen Kostümbibliothek und dem Kupferstichkabinett), der Bayerischen Staatsbibliothek München und der Niedersächsischen Staats- und Universitätsbibliothek Göttingen, den Königlichen Bibliotheken Kopenhagen und Brüssel, der Bibliothèque Nationale, Paris, dem British Museum, London u. a. m. gilt der Dank für großzügige Hilfsbereitschaft zum Auffinden wie für die Abdruckerlaubnis von alten Tanzschriften und Bildern, und ein Dank besonderer Art gebührt meinen Studenten für ihre immer freudige Tanzbereitschaft.

Berlin-Grunewald, im Frühjahr 1968

Karl Heinz Taubert
Professor an der Staatlichen Hochschule
für Musik und darstellende Kunst Berlin-Charlottenburg

Vorbemerkungen zur Aufführungs-Praxis der Tänze

Die Anordnung

Die Tänze sind auch zum aufführungsmäßigen Darstellen[1] gedacht. So ist ihnen durch Aufteilung des Raumes und in Gruppierung der Tanzenden eine auf Zuschauer eingestellte bühnenmäßige und zeitlich geraffte Form zugrunde gelegt.
Die gezeichneten Choreographien sind als Ablauf des Tanzweges vom Tanzenden aus gedacht, wie schon Feuillet sie 1700 fixierte[2]; Zuschauer oben (S. 101 »Courante von der Hand«).
Die jedem Tanz zur Hilfe der Darstellung zugeordneten Figurinen (Tanz-Zeichnungen = Tz.Z.) sind dagegen als Wirkung von der Bühne her auf den Zuschauer hin gezeichnet (Zuschauer unten).

Die Musik der Tänze

Sie ist, um sie auch für das Einstudieren leichter geeignet zu machen, im Satz für ein Tasten-Instrument notiert. Sie ist später – wenn die Möglichkeit gegeben ist – durch Streich- und Blas-Instrumente zu ersetzen oder mit diesen zu durchsetzen. Bei den Liedformen sollte eine Singstimme strophisch wechselnd mit der Instrumentalform die Melodie übernehmen, oder sogar ein a-cappella-Satz sich mit den Instrumenten ablösen. Den einzelnen Choreographien sind entsprechende Hinweise zugeordnet.
Die Beispiele sind nicht verbindlich, jedoch wegen ihrer besonderen Einheit von Melodie und Bewegungs-Impuls ausgewählt. Bei der Wahl anderer Beispiele ist ein genauer Vergleich von Tanz-Form und Musik-Taktzahl zu beachten, oder der Tanzablauf müßte entsprechend geändert werden.

Allemande

Die *Allemande* von Schein wäre z. B. durch einen gesungenen »Deutschen Tanz« (Nun will der Lenz uns grüßen – Die Fisch im Wasser wohnen) zu ersetzen. Die 4-Takt-Periode (im Gegensatz zu Scheins 6 taktiger) ließe die Wendung der Paare um zwei Takte vorverlegen, was – auf kleinem Raum – sogar günstig sein kann.
Die Tripla müßte aus der Haupt-Melodie herausgeschrieben werden.
Für Allemanden- und Tripla-Formen wird folgende Betrachtung notwendig:
In unserem Beispiel entwickelt Schein aus 1 Takt | ♫ ♩ ♩ ♫ | in der Tripla zwei Takte: | ♩. ♪ ♩ | 𝅗𝅥 ♫ |, die Melodik genau übernehmend. In anderen Allemanden jedoch wird aus | ♩ ♩ ♩ ♩ | die Tripla zu | ♩ ♩ ♩ |, also um einen Melodie-Ton gekürzt.
Oder: | ♩. ♪ ♩ ♩ | 𝅗𝅥 𝅗𝅥 | wird in der Tripla zu | 𝅗𝅥 𝅗𝅥 𝅗𝅥 | 𝅝 𝅗𝅥 |. Dann ist ein entstandener $^3/_2$-Takt einem $^4/_4$ entsprechend (𝅗𝅥 = ♩) anzusehen. Wesentlich ist bei jeder Umformung, daß die ersten Melodietöne der Allemande, welche die Schrittform l r l begleiten, in der Tripla ebenfalls Sprung und Hüpfer nach l unterstützen und dem Sprungtanz gemäß in schnellerem[3] Zeitmaß gespielt werden.

[1] *Bei Aufführungen mit Choreographien und Musikbeispielen dieses Buches sind Buchtitel und Verfasser und Verlag als Quelle anzugeben.*
[2] *Um »mit dem Buche tanzen zu können«.*
[3] *»Jede rhythmische Bewegung verlangt ... nach Steigerung ... der Intensität. Die Taktänderung führt zur Temposteigerung« (W. Bahr).*

Bei Austausch der *Courante* wäre, um eine Änderung der Choreographie zu vermeiden, eine musikalisch genau gleiche Form angebracht. Die Sing-Courante des 17. Jhdts. »Ach wie so schön und gut«[4] trifft mit ihren Worten

»Laßt uns hier fröhlich sein,
halten ein Tänzelein . . .«

genau den Sinngehalt des Tanzes, für dessen Schrittcharakter jedoch die diesem genau entsprechende La Corante du Roy oder »Hüpfende Hanna« gewählt wurde.

Hüpf-Courante

Ein hervorragend geeignetes Couranten-Tanzlied, das zudem genau in die von Arbeau geschilderte Zeit gehört, ist »Madame il est temps de rentrer en danse« von Claude Gervaise[5]. Da dieses mit dem Refrain beginnt, muß in der vierten Tanz-Strophe die Wiederholung des Couplets ausgelassen und statt dessen noch einmal der Refrain gesungen werden.

Die ebenfalls tanzgeeignete Maien-Courante »Wie schön blüht uns der Maien« aus dem Lautenbuch E. Scheeles 1619 ist durch ihre später erfolgte Textunterlegung asymmetrisch gerafft worden (der zweite Teil hat nur 12 Takte) und wäre hierdurch für den Tanzschritt nicht geeignet. W. Tappert in »Sang und Klang aus alter Zeit«, Berlin 1906, gibt ihre Tabulaturform an. Diese besitzt die dem Tanzschritt-Schema entsprechende achttaktige Form. Würden die letzten vier Takte der heute bekannten Liedform echohaft wiederholt, wäre die Choreographie auch zu der »Maien-Courante« auszuführen.

Menuett

Das *Menuett* wurde wegen seiner gleichbleibenden Choreographie von jeher gern mit wechselnder Musik begleitet. Zunächst häufig als Menuett-Paar komponiert (wie unser Beispiel von J. K. F. Fischer oder Bachs G- und g-Menuette), brachte die Musik bald das einem Hauptteil eingefügte »Trio« oder sogar Menuette »en Rondeau«. Beliebig lang wurde ein Menuett getanzt. Da das Menuett ein Tanz war, der »stets Zuschauer anlockte«, rieten die Tanzmeister gerade deswegen, diese nicht zu ermüden, sondern »in Bewunderung zu halten« und — aufzuhören.

Vorspiele sind am günstigsten aus einigen Takten des gewählten Musikbeispiels zu entnehmen oder im Stil des Tanzes in vereinbarter Dauer zu improvisieren.

Metronom-Angabe

Die *Metronom-Angabe* ist unverbindlich und variabel. Sie soll *annähernd* als Grundlage für die gedachte Charakteristik des jeweiligen Tanzes dienen.

Die Tanz-Strophen

Kurze Tanz-Kommandos zur Präzisierung des wechselreichen Ablaufes der Tänze sind vor Beginn einzelner Tanz-Phasen zu empfehlen. Eine alte Praxis wird damit fortgesetzt, wie sie der »Caller« der Sqare Dances ebenfalls pflegt. Die jeder Tanzbeschreibung vorangesetzte Strophengliederung soll für eine Formulierung der Kommandos wie zur schnellen Übersicht über den Ablauf des gesamten Tanzes dienen.

Nuancen in Bewegung, Haltung und Stil aufzuzeigen, ist der Sinn der zahlreichen Abbildungen [Abb.] mit Tanz-Darstellungen alter Meister.

[4] *»Der Musikant«, Möseler Verlag.*
[5] *»Ars musica«, Möseler Verlag.*

Erklärung

Erklärung
der Zeichen in graphischer Darstellung und der Abkürzungen im Text

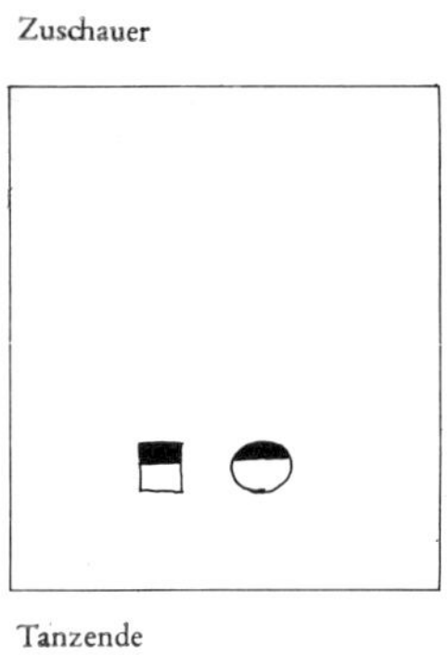

(ähnliche Symbole sind seit dem 17. Jhdt. in Gebrauch)

Der Blick auf die Tanzwegzeichnung ist – traditionsgemäß – vom Tanzenden aus gedacht. Die Zahlen darüber bedeuten die für diese Tanzphase geltenden Takte der Musik.

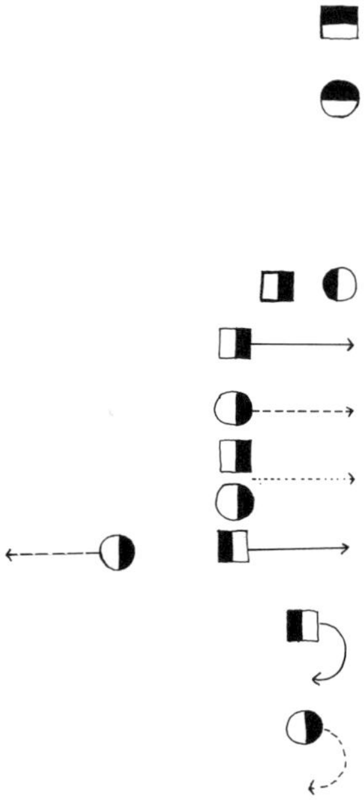

Tänzer

Tänzerin

Körperfront und Blickrichtung:

zueinander gewendet

Tanzweg Tänzer geradeaus

Tanzweg Tänzerin vorwärts

Tanzweg des Paares geradeaus

beide tanzen, sich ansehend, rückwärts

Tänzer rückwärts auf Halbkreis

Tänzerin rückwärts auf Halbkreis

Bei Drehungen ist im allgemeinen die neue Körperfront durch zwei nebeneinander gezeichnete Symbole (für den Tanzenden) mit Richtungspfeil im Drehungssinn angegeben.

(1/2 Drehung rechts herum)

Die Pfeilspitze bezeichnet das Ende einer Tanzphase. In der folgenden Zeichnung wird diese – wenn es sich um genauen Bewegungsanschluß handelt (vgl. Taktzahlen über Tanzwegzeichnungen) – am gleichen Ort durch die Zeichen für Tänzer oder Tänzerin ersetzt.

Der besseren Übersicht wegen sind in den Choreographien für acht Tanzpaare z. B. oft nur ein oder einige Tanzwege als Beispiel für alle entsprechend gleichartigen gezeichnet.

Abkürzungen

Abb.	Abbildung
ad lib.	nach Belieben
Jhdt.	Jahrhundert
l	links
Pos.	Position
r	rechts
s. S.	siehe Seite
Tz.Z.	Tanz-Zeichnung
vgl.	vergleiche
z. B.	zum Beispiel

Zählzeiten

Die in der taktweisen Beschreibung der Tänze nicht aufgeführten musikalischen Zählzeiten bedeuten Bewegungsübergänge oder: Verharren in der erreichten Position.

2

Reverenzen

Ursprung

»Ein Compliment zu machen oder eine künstliche Verbeugung (Reverenze)[1] ist den meisten Menschen unmöglich, wenigstens trift man so viele Variationes dabey an, daß man sich nicht genug wundern kann. Allein dieserwegen wird wohl niemand gleich glauben, daß dieses eine Mode ist, welche in unsern Tagen zuerst aufgekommen. Schon die ernsthaftesten Patriarchen und Altväter haben geglaubt, daß man die innerliche Ehrerbietigkeit, so man bey sich merket, durch ein äußerliches Kennzeichen an den Tag legen müsse. Dieß ist eigentlich der Ursprung aller Verbeugungen, welche gemacht werden. Man siehet also, wie vortreflich dieser Zweck sey. Es ist glaubbar, daß man bey Erinnerung des höchsten Wesens zuerst wird diese Art von Ehrerbietigkeit haben blicken lassen, hernach wird man wohl diejenigen auch damit gesuchet haben, zu beehren, welchen man vor andern geglaubet hat, Ehrerbietung schuldig zu seyn: bis endlich nach und nach diese Zeichen der Ehrerbietung auch andern seines gleichen angebeten worden. Solches wird mit der Zeit wohl zu der Mode gediehen seyn, worinnen wir sie itzt erblicken.«

Diese Worte des Tanzmeisters C. G. Hänsel in seiner »Allerneuesten Anweisung zur Äußerlichen Moral ...« (1755) zeigen, daß alle Reverenzen ursprünglich religiösen Sinn[2] haben, eigentlich das Unterordnen unter göttliche Macht, später erst unter weltlichen Rang bedeuten, um dann in allgemeine Begrüßungsformeln überzugehen.

Auf den Zusammenhang der Reverenz durch Knien, Beugen, Neigen als dem Menschen ureigenen Bewegungsgesetz wies bereits 1717 Gottfried Taubert in seinem »Rechtschaffenen Tantzmeister«[3] hin:

»In des Menschen Knien ist eine Heiligkeit nach denen Anmerckungen der Völcker. Vor denselben fallen die Klagenden nieder bey Altaren, und rühren sie an. Nach denselben strecken sie ihre Hände aus. Ob nun aber gleich dieser uralte löbliche Gebrauch, da nemlich von etlichen tausend Jahren her ein Mensch den andern mit Neigen und Beugen beehret ... ist beybehalten worden, so haben sich doch Sitten und Gebräuche dabey mercklich verändert ...[4] und muß doch soviel erinnert werden, daß derjenige unterwarts gebogene Knicks, welchen sich

[1] *»Woher aber eigentlich die galante Frantzösche Reverence, so wol wegen dieser ihrer Benennung, als auch wegen der eigentlichen Bedeutung ihren Ursprung genommen hat, davon geben uns die Umstände gar gute Nachricht an die Hand: Nemlich, daß die Frantzösische Nation die Reverence exterieure von dem lateinischen Vocabulo Reverentia, welches auf Teutsch: Ehrerbietigkeit oder Ehrbezeugung heißt, herderiviret habe.«*

[2] *Dieser wurde von den Tanzmeistern des Barock durch Bibelzitate auch für den Tanz bewiesen, um gegen viele Angriffe zu zeigen, daß »das ordentliche Tantzen nach der Music schon vor der Sünd-Fluth im Gebrauche gewesen ... und eine Würckung der von Gott in der vernünfftigen Seele erschaffenen Freude sey«.*

[3] *dem, wenn nicht anders angegeben, die in diesem Kapitel angeführten Zitate entnommen sind.*

[4] *»Als welches der herrlich belesene Octavius Scarlatinus in Homine Symbolico von den Frantzosen und Polen angemercket hat. Von welchen beyden Nationen die erste biß dato die Knie mit der rechten Hand anrühret; die andere aber unterweilen auch, auf einem Knie liegend, mit beyden Armen der Ehrwürdigen Person, insonderheit, wenn sie ein Frauenzimmer ist, beyde Knie umfasset.«*

vor etlichen dreyßig Jahren unsere Väter bey ihrer Reverence bedienet haben ...[5] heute zu Tage bey uns muß à la mode de France nach gewissen Grund-Regeln ordentlich vernünfftig und mit besonderer Grace verrichtet werden.«
In sein Ermahnen, bei Complimenten und Reverenzen das rechte Maß zu finden, schloß Taubert ein, daß in der Kirche ein »Frantzösischer Cavalier mit seinen Reverences bey Gott ebenso angenehm als ein Altenburgischer Bauer mit seiner altfränkischen Kniebeuge oder Knickfuß« sei.
Ähnlich hatte es schon dreihundert Jahre früher geheißen:

Allgemeines über Gruß- und Tanz-Reverenzen der Renaissance

»Verhalte dich geziemend Gott gegenüber und knie mit großer Andacht auf beiden Knien. Vor den Menschen sollst du auf einem knien« (Erziehungsanweisung für Jünglinge um 1440 in »The Boke of Curtasye in The Babees Book«)[6], und entsprechend lautete in der »Urbanitatis« des gleichen Buches die Anweisung für einen Pagen, der zu seinem Herrn kommt:
»Der Page muß seine Schritte bis zu dem Herrn hin zwei oder dreimal mit Beugen des Knies unterbrechen, und zwar soll er auf das rechte Knie heruntergehen.«
Eine gleich ausgeführte, nur nicht mehrfach wiederholte Reverenz wurde im 15. Jhdt. von jedem Herrn vor einer »Standesperson« ausgeführt, für Damen galt es sogar, mit beiden Knien den Boden zu berühren (Abb. 3). Da bei Eintreten, Durchqueren, Verlassen eines Raumes oder Saales Reverenzen zu erweisen waren, wurde es gegen Ende des Jhdts. üblich, zu ihrer Ausführung nur ein Bein zurück zu setzen und zu beugen, ohne wirklich zu knien[7] (Abb. 4).

3

4

[5] *»wenn sie nemlich den auf beyden Händen hangenden Spitzhut mit den Daumen festhielten und sich mit den Knien vorn aus gerade unterwärts neigeten«.*
[6] *Zitiert bei Ilse Lösch, »So war es Sitte in der Renaissance« Hanau 1965.*
[7] *Vgl. M. Wood, »Historical Dances«, S. 143.*

Eine Reverenz wurde ebenfalls zu jedem Tanz zugehörig befunden. Sie erscheint in den berühmt gewordenen burgundisch-französischen Tanzbüchern des 15. Jhdts.[8] unter dem Sigel R, jedoch nur zu Beginn des Tanzes mit dem Hinweis, sie sei mit dem linken Fuß und gleichzeitigem Verbeugen vor der Dame auszuführen[9]. Erst vom 16. Jhdt. an (Arena und Arbeau) wird sie genauer beschrieben und erscheint ebenfalls als Abschluß des Tanzes durch das Sigel c (congé = Abschied) in Arbeaus »Orchésographie« (1588). In den italienischen Tanzlehrbüchern des Quattrocento (Domenico di Piacenza-Guglielmo Ebreo-Antonio Cornazano) wird sie häufig unerwähnt gelassen und ihre Beschreibung übergangen: sie war den höfisch geschulten Tänzern selbstverständlich.
Es ist anzunehmen, daß die italienische Reverenz des 15. Jhdts. in vielem mit dem von den großen Tanzmeistern der Hochrenaissance Fabritio Caroso (Nobiltà di Dame) und Cesare Negri (Nuove inventioni di balli) nuancenreich beschriebenen Reverenz-Zeremoniell übereinstimmte. Die von Caroso ursprünglich gelehrte *Riverenza grave* dauerte vier Takte lang, die *minima* zwei und die *semiminima* bedeutete ein Verharren mit Schlußsprung (der »Kadenz« des Galliardenschrittes ähnlich) und veraltete bald. Um 1600 war ein neues Formverhältnis entstanden: die *Riverenza grave* dauerte sechs Takte lang, die viertaktige

5

6

[8] *»Le manuscrit dit des Basses Danses de la Bibliothèque de Bourgogne«, auch Tanzbuch der Marie de Bourgogne (1457—1482) genannt.*
»L'art et instruction de bien dancer«, gedruckt bei Michel Toulouze, Paris (das erste im Druck erschienene Tanzbuch).

[9] *»... on fait reuerence a la femme en soy enclinant vers elle / & ceste inclination se doibt faire du pie senestre«.*

[10] *»si contiene tutta la gratia et tutto il decoro di tutti gli atti & di tutti i mouimenti, che si richieggono nell'arte del Ballare.« Caroso (Nobiltà di Dame) Venedig 1600.*

[11] *Dieser Hüftschwung, der dem Bewegungsausdruck vieler Gestalten (bis zur Madonna in der*

hieß nun *lunga* und die zweitaktige *breve*. Diese leiteten die verschiedenartigen Tänze ein: die *grave* die »Bassa & Alta & Tordiglione«, die *lunga* die Balletti (Abb. 6 »Amor costante«) und die *breve* die Cascarda, Pavaniglia und Gagliarda di Spagna (Abb. 5).

Auf die Reverenz folgte eine Bewegung, die sich noch des raumgreifenden Schrittes enthielt, aber bereits die gesamte Grazie des Tanzes vorwegnehmend zeigen sollte, die Kontinenz[10]:

»Eine balancé-ähnliche Bewegung, mit Fortsetzen des einen und Heranziehen des anderen Fußes, mit etwas Senken und Heben und aller Grazie des pavoneggiare: ein Effekt, den man so erreicht, daß man sich ein wenig nach der Seite hebt, nach der die Kontinenz endigt« (Oscar Bie »Der Tanz« 1919). Das »pavoneggiare« (sich brüsten, pavo = Pfau, Pavane = Tanz voll sich brüstenden Gebarens), das die Tanzmeister bei dieser Bewegung verlangten (Caroso: »pauoniggiandoti un poco verso quella parte alla qual' ella si fà«) wird durch ein leichtes Strecken der äußeren Flanke mit Inneneigung des Körpers bei gerade gehaltenem Kopf erreicht (Abb. 7 und 8). Würde der Tänzerin ein leichtes Vorschwingen der äußeren Hüfte[11] mit dem Heben auf Zehenspitzen wohl anstehen, so könnte der Tänzer es mit leichter Streckung von Flanke und Brustkorb ver-

7

8

Gotik, im Barock) zu eigen ist, den schon die Venus von Milo oder der Hermes von Andros zeigen, ist eine im Natürlichen wurzelnde Haltungsform.
»Als rein formales Motiv ... wird man die schraubenförmige Drehung in Verbindung mit der gezierten, tänzerisch übergreifenden Schreitstellung in einer langen, bis auf die Antike zurückreichenden Tradition feststellen können ..., dringt die spätgotische Schraubung ... als eine besondere Art gewaltsamer Stilisierung in die Kunst der Renaissance und des Manierismus ein, indem sie sich mit den in Italien ausgebildeten neuen, gelösteren und reicheren Motiven des Körperaufbaus verbindet.« Georg Weise »Spätgotisches Schreiten und andere Motive spätgotischer Ausdrucks- und Bewegungsstilisierung« Marburg 1949.

binden. Den Auftakt zu dieser ersten Kontinenz, nach links, verbunden mit einem kleinen Schritt, gibt ein leichtes Einbeugen der linken Hüfte (Caroso: »piegare un poco il fianco sinistro«), wodurch ein Senken entsteht: aber mit gerade gehaltenem Kopf: »la testa diritta«. Nach dem Schritt folgt dann das »pavoneggiare«.

Die Dauer der Kontinenz richtet sich nach der Art der vorausgehenden Reverenz. Sie wird als *grave* und *semigrave* (in sechs oder drei Takten) oder als *breve* und *semibreve* (in vier oder zwei Takten) ausgeführt. »Eine heikle Wissenschaft!« (Bie).

Die Form der italienischen Kontinenz (Continenza), jener balancé-artigen Bewegung in der Ruhe, dem Tanz als Bindeglied zwischen Reverenz und erstem Tanzschritt vorausgehend, hieß in Frankreich Branle und wurde aus der 1. Pos. heraus – über dem Platz hin und her schwingend – mit leichter Seitneigung des Körpers ausgeführt. Treffend charakterisiert M. Wood: »Notice the difference between the French and Italian style, the French having a downward, and the Italian an upward inflection.« Nach Arbeau wird die Schwingbewegung des Branle viermal, nach links-rechts-links-rechts ausgeführt. Sie kann jedoch mit nur einmaligem Wechsel links-rechts wie die Kontinenz ausgeführt werden in doppelt langsamen Tempo und wird hierdurch der »Continenza grave« ähnlich: »The older writers imply, that it is done only once each way during the four beats« (Mabel Dolmetsch, »Dances of England and France 1450–1600«). Robert Coplande (»The manner of Dancing Basse Dances« 1521) verlangt von seinen Tänzern sogar nur *eine* Branlebewegung »withe the right foot«.

In Frankreich hatte man um die Mitte des 16. Jhdts. begonnen, die Reverenz mit dem rechten Fuß statt des bis dahin üblichen linken Fußes auszuführen, wie es die italienische Schule lehrte, weil die Dame mit der »Seite des Herzens« geehrt werden sollte. Arbeau (Orchésographie 1588) erwähnt, er habe sie bereits bei seinem Lehrer in Poitiers so gelernt, und der Provenzale Arena leitete schon 1536 zu dieser neuen Art über (in seinem Traktat »Ad compagnones ... bassas dansas et branlos practicantes«), indem er sagte:

Bragardi certant, & adhuc sub iudice lis est,
De quali gamba sit facienda salus ...,

(Die Bragarden sind sich uneins, und bis heute dauert der Streit unter den Sachverständigen an, mit welchem Bein die Reverenz auszuführen sei.)

Treffend beschrieb er den Weg, den das Bein während der Reverenz auszuführen habe, als sichelförmig.

Arbeau sagte mit Recht zu seinem Schüler Capriol, daß bei Parallel-Aufstellung des tanzenden Paares (Abb. Figurine Arbeau) die Reverenz mit dem rechten Fuß weit günstiger sei, weil man sich dann der Dame zuwenden und sie mit »artigem Blick« (gracieux regard) ansehen könne. In Italien blieb man bei Ausführung der Reverenz mit dem linken Fuß, verlangte dafür aber eine völlige Wendung zur Dame (Caroso: volte in prospettiva di Dama). Zeigt Arbeaus Bild das Paar in Handfassung, so kannte man von jeher auch die Reverenz »von der Hand« (M. Wood, »Historical Dances«, S. 43 und 103), wie sie auch durch die Sitte bedingt wurde, daß man die eigene Hand während der Reverenz küßte, bevor man sie dem Partner zum Tanzbeginn reichte.

Arbeau: Reverenz

Von der Barockzeit an wurden je zwei Reverenzen vor und nach dem Tanz verbindlich (s. Choreographie »Courante von der Hand« und Solo-Menuett). Die erste galt den Anwesenden, die zweite dem Partner. Arbeau hatte gelehrt, wie man beide Höflichkeitsbezeigungen in der einen Reverenz zu verbinden habe, indem der Tänzer während der auf die Reverenz folgenden Branlebewegungen abwechselnd Zuschauer und Dame mit »sanftem und bescheidenem Blick« anzusehen habe.

Die Kopfbedeckung war vom Tänzer zu Beginn der Reverenz mit der linken Hand abzunehmen (oder mit der rechten und dann der linken sofort zu übergeben), mit weiter Geste auswärts zu führen, wie dann nach Belieben auf die Hüfte gelegt oder neben dem Oberschenkel (Abb. 5 Caroso) zu tragen, die Innenseite des Hutes oder der Kappe zu sich gekehrt, und nach dem Aufrichten mit entsprechender Geste wieder aufzusetzen[12].

»English fashion followed the French rather than Italian style; therefore the French bow and courtesy will be most suitable«, schreibt M. Wood. Sie verzichtet nach der Reverenz zu ihrer Pavanenbeschreibung ganz auf Branle oder Kontinenz. Wurde dem Tanzpartner nach der Anfangsreverenz ein auf die eigene Hand angedeuteter Kuß mit der Hand gereicht, so pflegte der Tänzer in England vor dem Aufsetzen seiner Kopfbedeckung die Tänzerin mit dem rechten Arm zu umfassen und sie auf die Wange zu küssen[13] (vgl. Wood »Historical Dances« S. 104). M. Dolmetsch stellt ihrer englischen Pavane eine italienische Reverenz mit Kontinenzen voran, gibt jedoch folgenden Hinweis: »Ceremonial salutations may be omitted and replaced by a short reverence.«

Geschlossene Füße

Bei schnelleren Tänzen wie der Galliarde konnte die Grußzeremonie zwangloser erfolgen: »Man stellt zum Gruße den rechten Fuß leicht gebeugt hinter (Riverenza breve) ... und ebenso genügt zur Kontinenz dann ein leichtes Anstellen des Spielbeins, *pied joint oblique«* (Bie), d. h. zwei seitlich schwingende (eintaktige) Nachstellschritte l und r ohne feierliches *pavoneggiare.*

Arbeau lehrte, die Reverenz aus der 1. Pos.[14] heraus zu beginnen und auch in dieser zu enden, »wo die Zehen in gerader Linie gehalten sind und den Körper des Tänzers gleichmäßig tragen«. In seinen Figurinen zeichnete er jedoch annähernd die später im Barock in den sog. *Positionen* systematisierten Fußstellungen — nur die 5. Pos. war der Renaissance fremd — und fand eine der schräg geöffneten am schönsten, »wie wir sie auch an den antiken Statuen sehen«. Die italienischen Tanzmeister lehrten die Reverenz nur aus geöffneter Haltung heraus, die Füße etwa 4 Finger breit voneinander entfernt, der Hacken des linken Fußes neben dem rechten Mittelfuß stehend. Die von Caroso geforderte Parallelstel-

Rechter Fuß schräg geöffnet

12 *Beim Tanzen ohne Kopfbedeckung (oder in heutiger Kleidung) wäre es angebracht, eine ähnliche Geste auszuführen. Auch die Dame sollte eine leicht aus- und wieder einwärtsschwingende (etwa kleidraffende) Bewegung zur Erhöhung des tänzerischen Impulses und der bildhaften Eindringlichkeit ausführen.*

13 *Die Tanzkußsitte ist alt und heute noch im französischen Volkstanz üblich.*

14 *»Sehr beachtenswert erscheint es uns, daß Caroso an keiner Stelle eine symmetrische Haltung mit geschlossenen Beinen auch nur erwähnt. ... In der Renaissance und wahrscheinlich auch noch im Frühbarock, also ungefähr bis 1650, jedenfalls aber bis zum Jahre 1600, schwankt die vornehme Grundstellung zwischen der Ausgangsstellung zum Gehen und der ›Wartestellung‹ mit Standbein und schräg gestelltem Spielbein. Diese zweite Stellung ist aber für das langsame Geradeausschreiten von Paaren mit offener Fassung eine sehr entsprechende Ausgangsstellung. Sie bringt überdies die festliche Geste des ›pavoneggiare‹ zur besten Geltung!« Dr. Karl Gaulhofer, »Die Fußhaltung«, Ein Beitrag zur Stilgeschichte der menschlichen Bewegung. Kassel 1930.*

lung der Füße (Abb. 6 Caroso) findet in den Zeichnungen (Abb. 5 Caroso) oft ihre tänzerische Überhöhung zu leichter Auswärtsdrehung, wie sie Negri, der jüngere von beiden, bereits *lehrte.* Im Gegensatz zu der französischen Rundform der Reverenzbewegung des Fußes war diese in Italien ein gerades Zurückziehen des Spielbeines, das man auch von der Tänzerin verlangte. Im allgemeinen galt es, für die Dame vor allem, eine genaue Übereinstimmung mit dem Neigen und Aufrichten des Partners zu erreichen. Eine Betrachtung des Zeitkostüms läßt die Begrenzung ahnen, denen die Bewegungsmöglichkeit der Damen unterworfen war.

Der heutigen Aufführungspraxis einer Pavane z. B. ist die viertaktige Anfangsreverenz (mit folgendem Branle oder Kontinenz ad lib.) und die im Zeitmaß verkürzte zweitaktige Abschlußreverenz gemäß, wie sie in diesem Verhältnis ähnlich das Barock pflegte.

9

Tanz-Reverenzen der Renaissance

Pavane
viertaktig

A) Ausführung nach *französischer Manier* des 16. Jahrhunderts

a) ohne Handfassung: frontal zueinander gewendet
b) mit Handfassung: schräg zueinander gestellt (Abb. Arbeau)

Ausgangsstellung: 1. oder 4. Pos. (s. Einleitung)

Takt	Zählzeit[15]		
1		□	r Fuß bogenförmig hinter l Fuß (etwa 4. Pos. l) ziehen
		○	r Fuß dicht hinter l Fuß (etwa 5. Pos.[16] l) ziehen
2		□	Gewicht nach rückwärts auf r Bein übertragen und r Bein beugen, l Bein mit aufgesetzter Fußspitze gestreckt halten und leicht auswärts drehen. Oberkörper gestreckt aus der Hüfte heraus neigen
		○	beide Knie beugen (Oberkörper bleibt aufgerichtet), den Blick leicht senken
3		□ ○	aufrichten und Gewicht nach vorne auf l Bein übertragen
4	1		r Bein in 1. Pos. ansetzen (ad lib. auf Zehen heben)
	3		Hacken senken
	4	□ ○	auf Zehen heben

Branle I
(zweifach nach
Arbeau)[17]
viertaktig

Takt	Zählzeit	
1	1	mit Senken des l Hackens und leicht entspanntem Beugen des r Knies nach l neigen (l Schulter etwas zurücknehmend)
	4	Schultern und Körper zur Frontalstellung zurückführen, hierbei auf Zehen heben
2	1	mit Senken des r Hackens und leicht entspanntem Beugen des l Knies nach r neigen (r Schulter etwas zurücknehmend)
	4	Schultern und Körper zur Frontalstellung zurückführen, hierbei auf Zehen heben

Es folgt die Wiederholung von Takt 1 und 2 mit abschließendem Hackensenken
Dieser Branle (I) ist ad lib. nach l und r nur *einmal* (in doppelt langsamen Zeitmaß) auszuführen (Branle II):

[15] *Nicht aufgeführte Zählzeiten bedeuten: Bewegungsübergang oder Verharren in der erreichten Position.*
[16] *Die für die Beugung in der Renaissance übliche 1. Pos. ist beim Tanz der ○ in heutigem Zeitkostüm durch die 3. oder 5. Pos. zu ersetzen.*
[17] *Dieser Branle ist durch sein Bewegungsmotiv eng mit der Tanzform der Basse Danse verbunden. Er ist vor der Pavane ad lib. wie auch in der Art der Branle II oder als Kontinenz (s. S. 27) auszuführen: man tanzte, wie es gefiel, vor allem französisch und italienisch, man kleidete sich, wie es gefiel, jedoch vor allem spanisch. Beispielhaft der englische Hof: nach spanischer Mode gekleidet, tanzte man englisch, französisch, provenzalisch, und der »Italianate Englishman« unter James I. war tonangebend.*

Branle II
(einfach)
viertaktig

Takt	Zählzeit		
	4	□○	auf Zehen heben
1			mit Senken des l Hackens und leicht entspanntem Beugen des r Knies nach l neigen (l Schulter etwas zurücknehmend)
2			Schultern und Körper zur Frontalstellung zurückführen, hierbei auf Zehen heben
3			mit Senken des r Hackens und leicht entspanntem Beugen des l Knies nach r neigen (r Schulter etwas zurücknehmend)
4	1		Schultern und Körper zur Frontalstellung zurückführen, hierbei auf Zehen heben
	3		Hacken senken

B) Ausführung nach *italienischer Manier* des 16. Jahrhunderts
(viertaktig = di quattro battute)[18] als

Riverenza Lunga

Riverenza Lunga
a) ohne Handfassung: frontal zueinander gewendet
b) mit Handfassung: schräg zueinander gestellt
Die Füße stehen (fast parallel) etwa Handbreit voneinander entfernt

□ l Hacken neben r Mittelfuß[19]
○ beide Füße in gleicher Höhe *(i piedi pari)*

Takt	Zählzeit		
1	4	□○	leichtes Anheben des l Fußes mit abwärts gerichteter Fußspitze
2			l Fuß zurückziehen (auf gerader Linie) mit leichter Neigung des Oberkörpers bei gerade gehaltenem Kopf[20]
		□	bis Fußspitze neben r Hacken steht
		○	bis Fußspitze neben r Mittelfuß steht
3		□	weiter neigen aus der Hüfte heraus, beide Knie beugen und Gewicht nach rückwärts auf l Bein übertragen bis zur Streckung des r Beines
		○	Oberkörper aufrichten und beide Knie beugen Gewicht auf l Bein übertragen
4	1	□○	wieder aufrichten und Gewicht nach vorne auf r Bein übertragen
	2		auf Zehen heben und l Fuß neben r Fuß ansetzen
	3		Hacken senken

[18] *Sie ist auch in doppelt so schnellem Zeitmaß als Riverenza breve auszuführen (s. Galliarde). Caroso beschreibt sie ebenfalls 6-taktig als Riverenza grave. Die Kontinenzen sind entsprechend zu verkürzen (s. Galliarde) oder zu verlängern.*
[19] *Caroso: »... la punta del detto piè destro sia al diritto paro del vano del piè sinistro, lontano l'un piè dall'altro quattro dita in circa; avertando, che le punte de'piedi stieno ben diritte, et volte in prospettiva alla Dama ...«*
[20] *Jetzt wäre die Kopfbedeckung seitlich abwärtszuführen (bei Tanz im Kostüm, s. Einleitung).*

Kontinenz l

Kontinenzen viertaktig: als *Continenze breve)*

Takt	Zählzeit		
	4	□ ○	Bei gerade gehaltenem Kopf l Hüfte leicht einbiegen und l Bein entlasten (Hacken hebt sich)
1	1		l Fuß in 2. Pos. setzen (Handbreit = *cinque dita* entfernt) auf Zehen heben und allmählich Gewicht auf l Bein übertragen
	4		Hacken senken, und (aus leichter Beuge) schwingend
2	1		r Fuß in 3. Pos. r heranziehen, auf Zehen heben mit »pavoneggiare« d. h. bei gerade gehaltenem Kopf mit leichter Körperneigung r
		□	l Seite strecken aus Flanke und Brustkorb
		○	aus leicht vorschwingender l Hüfte (Abb. 7)
	4		Hacken senken als Vorbereitung zur Kontinenz nach r

Kontinenz r

Diese ist in genauer Entsprechung zur Kontinenz nach l (also gegengleich zu obiger Beschreibung = Abb. 8) auszuführen und mit Aufrichten und Wenden des Körpers zur Tanzrichtung und Händereichen zu beenden[21].

Galliarde viertaktig: als *Reverenz u. Branle*

a) Ausführung nach *französischer Manier* des 16. Jahrhunderts
s. Reverenz Pavane, jedoch in doppelt schnellem Zeitmaß

Takt
1—2 Reverenz
3—4 Branle (Neigen nach l, Neigen nach r)

Riverenza und Continenze

b) Ausführung nach *italienischer Manier* des 16. Jahrhunderts
s. *Riverenza* Pavane, jedoch in doppelt schnellem Zeitmaß

1—2 *Riverenza breve*
3—4 *Continenze semibreve* (ohne das *pavoneggiare* mit leicht schwingendem Seitenschritt und Zehenhub)
abschließend Eindrehen zur Tanzrichtung
Händereichen ad lib.

Barock

Im Zeichen akademisch gelenkten[22] Gesellschafts- und Bühnentanzes erfuhren Tanzschritte, Fußstellungen (Positionen), Bewegungsformen, Bewegungsabläufe (Reverenzen z. B.) und Raumfiguren ihre systematische Präzisierung. Spiegelgleiche Fußsetzung und Tanzwege fügten sich zu wirkungsvoll beweglichen Barock-Ornamenten, von denen viele, in *Tanzschrift* fixiert, überliefert wurden und erhalten blieben (s. Abb. Höfische Courante und Abb. Menuett Z Form).
Die im Tanz gebräuchlich gewordenen geschliffenen Umgangsformen galten bald

[21] *Auf die Sitte, vor dem Händereichen die eigene Hand (□) oder Fingerspitzen (○) zu küssen, sei für eine Aufführung in Kostüm noch einmal hingewiesen.*
[22] *Académie Royale de Danse, Paris, gegründet 1661.*

ebenfalls als Ausdruck allgemeinen gesellschaftlichen Benehmens. Aus diesem Grund ließ man vor allem jungen Menschen Unterweisung durch die Tanzmeister geben; denn »die Reverence und übrigen schönen Geberden können sie allenthalben gebrauchen«, wie schon Erasmus von Rotterdam (1466–1536) gelehrt hatte:

»Grüße, küsse, neige, beuge,
Jedem die Gebühr erzeige ...« (Praeceptis aulicis)

»Ja, die Reverence ist öffters die einzige Ursache, warum junge Leute ... tantzen lernen.« Da jedoch ein guter Eindruck nicht nur von der Reverenz her bedingt ist, pflegten die Lehren der Tanzmeister »von der wolregulirten Leibes-Stellung« (bei welcher man u. a. »den Kopff mit an sich gezogenem Kinn, als welches allemal mit der Stirn in einer Perpendicular-Linie stehen soll, in die Höhe und mit geradem Halse halten solle«) über den »wolregulirten Gang (ein Principal-Requisitum bey der Politesse, daraus man die Gemüth-Beschaffenheit eines Menschen fast ebenso gut, als aus den Kleidern und Worten erkennen kan«) bis zu »der wol-ständigen Kleidung (... dem nachlässig ungestalten Frauenzimmer wird ein langes Planschett, wol-gemachte Schnürbrust und eisernes Halß-Band recommendiret)« ... zu reichen.

Die Reverence extérieure, die für »Manns-Personen und Frauenzimmer« anders gelehrt wurde und der Situation gemäß unterschiedlich auszuführen war, hatte zwei Haupt-Formen: im Gehen (Vor-Reverence) und im Stehen (Hinter-Reverence), »und die letzte kommt am allermeisten vor, und bey dem Tanzen ist sie die gewöhnlichste«.

»Will ich diese Reverence machen, es seye hernach gleich bey oder außer dem Tanzen, so regardire ich ..., daß ich den linken oder rechten Fuß etwas hienüber setze, und mit dem andern streife[23] ... Indem ich aber streife, muß ich den Leib nach und nach mit dem Fuße biegen ... Ferner, so muß die Bügung aus der Hüffte, langsam und mit einer Douceur geschehen, die Brust aber nicht eingezogen werden, denn sonsten dörfte ein artiger Buckelomini heraus kommen, über dieses, darf ich den Absatz nicht eher niederlassen, als bis ich mich wieder in die Höhe stelle.«

»Gehe ich in einen Saal oder aus demselbigen, mache ich die Reverences mit dem Fuß, auf welcher Seiten die Personen stehen oder sitzen, daß also, wo welche auf der rechten Seiten, ich die Reverences mit dem rechten, nicht mit dem linken mache« (streife).

»Geschiehet es, daß auf der einen Seiten ein Fürst stünde, auf der andern aber ein Grav, Minister oder anderer Patron, so muß ich mich aus Respect nohtwendig umwenden und dem Fürsten mit tieff-gebogenen Leib die Reverence machen, der geringeren Person aber erzeige ich die gewönliche Reverence, daß ich nemlich dem Fürsten den Rücken nicht zukehre, welches sonsten ein großer Fehler zu nennen.«

Louis Bonin, »Die neueste Art zur galanten und Theatralischen Tantz-Kunst«, Jena 1712

[23] *»welches eigentlich das Reverence heißet« und heute noch als »Kratzfuß« bekannt ist.*

Allgemeine Reverenzen des Barock

a) *Hinter-Reverenz* (im Stehen) für den *Herren:*
Steht oder geht der zu Grüßende rechts: l Fuß in 2. Pos. (oder etwas vor- oder rückwärts) setzen, das Körpergewicht darauf verlagern und unter langsamem Verneigen r Fuß gestreckt auf der Spitze »biß auf den halben Weg« nachziehen, kurz verharren, aufrichten, und r Fuß mit leicht gebogenem Knie mit dem Ballen hinter l Ferse ziehen.

Hinter-Reverenz (im Stehen) für die *Dame:*
Steht oder geht der zu Grüßende rechts: l Fuß schräg rück- oder vorwärts (niemals seitwärts) setzen, r Fuß auf der Spitze hinter l Ferse heben oder streichen und unbelastet auf dem Ballen aufsetzen, dann mit auswärts gebeugten Knien »allgemählich doch nicht allzu tieff« heruntergehen (ohne Neigen des Kopfes), kurz verharren und ebenfalls auf dem l Fuß »doucement« in die Höhe richten.

Für alle Arten von Reverenzen gilt, daß das Aufrichten etwas schneller als das Heruntergehen zu erfolgen hat, und daß die Dame stets, der Herr so lange wie möglich (während des Verneigens) »der reverenden Person frey und freundlich in die Augen sehen soll«.

b) *Vor-Reverenz* (im Gehen) für den *Herren:*
Steht oder geht der zu Grüßende rechts: auf dem l vorgesetzten Fuß verharren, leicht verneigen und den r Fuß mit der Spitze gegen die l Ferse heben und unter weiterem Verneigen r Fuß auf dem Ballen (»mit steiffgestrecktem Knie«) ungefähr einen Schritt weit vorstreichen, Gewicht auf r Bein übertragen und wieder aufrichten.

Vor-Reverenz (im Gehen) für die *Dame:*
Steht oder geht der zu Grüßende rechts: auf dem l vorgesetzten Fuß verharren, r Fuß mit der Spitze gegen die l Ferse heben und ohne Neigen des Kopfes mit auswärts gebeugten Knien heruntergehen, r Fuß ungefähr einen Schritt weit vorstreichen, Körpergewicht auf r Bein übertragen und aufrichten.

Beide Reverenzen wurden zu einer vereinigt in der Form der
c) *Visit-Reverenz*
Auf den Gastgeber zugehend, r Fuß als letzten Schritt vorstreichen mit leichter Verbeugung, Gewicht auf r Bein übertragen und unter weiterem Verneigen l Fuß in 2. Pos. setzen und »mit dem rechten Fuß die ordinaire Hinter-Reverence gantz sparsam von der Stelle streichen«, aufrichten und r Fuß mit Ballen hinter die Ferse des l Fußes setzen.

Der Handkuß

Alle Formen der Reverenz waren mit der Sitte des Handkusses verbunden. Man führte während des beginnenden Verneigens die r Hand gegen den Mund und streckte sie während des weiteren Verbeugens gegen Knie oder Füße des zu Grüßenden aus und nahm sie beim Aufrichten wieder an die Seite[24].

[24] *1. Primo intuitu, justement beym ersten Tempo und der mäßigen Leibes-Beugung auch zugleich die rechte Hand ein wenig mit erheben, und concinno more nach dem Munde zuführen:*
2. Beym andern Tempo und der völligen Leibes-Beugung die Hand wieder vom Munde zu der veneranden Person ihren Füßen douce ausstrecken, und
3. beym dritten Tempo justement im Aufrichten und Heben des Leibes und des Kopffes auch die gestreckte Hand nach sich ziehen, und fein natürlich wieder an die Seite fallen lassen ...«

Das Hut-Abziehen

»Soviel das Hut-Abziehen beym Grüßen betrifft, muß dasselbige noch vor der Reverence geschehen ... und muß er ... mit der gantzen Hand fest angefasset werden; jedoch nicht oben bey der Kappe, wie diejenigen thun, so nach der Spanischen Grandezze eine besondere Gravität bezeigen wollen, sondern vielmehr am Rande ohnweit von der Spitze, so vorn über der Stirn aussteher, zwar so, daß der Daum unterwarts und die übrigen Finger alle aufwarts über den Rand kommen.« (Abb. 10)

»Ferner muß ich allezeit mit *der* Hand den Huth abziehen, welche dem streifenden Fuße entgegen ist[25]. Habe ich den rechten Fuß gegen die rechte Seite gebracht, und mit dem linken gestreifet, so ziehe ich den Huth mit der rechten ab ... Doch ist hiebey zu merken, daß ich den Huth nicht seitwärts, wie ich ihn gezogen, sondern vorwärts aufsetzen müsse.«

C. G. Hänsel, »Allerneueste Anweisung zur Aeußerlichen Moral«, 1755

10

11

Die »grande mode« derjenigen, die sich nach dem Hutabnehmen »quer über das Gesicht fahren und die Hand, in welcher sie den Hut halten, auf die Brust legen«, lehnt der »Rechtschaffene Tantzmeister« ab. In Frankreich war aber schon mit beginnendem 17. Jhdt. gelehrt worden, während des Verbeugens den Hut vor sich gegen das Wams zu halten (de Lauze »Apologie de la Danse« 1623)[26]. Auch rückwärts auf die Hüfte wurde die huttragende Hand gelegt (Abb. 9), meist jedoch wurde sie frei seitlich getragen. Im Gegensatz zur Renaissance hielt man den Hut mit der Innenseite sichtbar in der Hand (Abb. 9, 11).

Beim Tanz war der Hut schon während des Aufführens der Dame an den Reverenzplatz abzunehmen, oder er wurde nach dem Auffordern der Dame gar nicht mehr aufgesetzt:

[25] *Diese Regel entspricht den Gesetzen des Porte les Bras.*

[26] *»devant le busque du pourpoint«.*

»Eine nicht geringe Faute ist es, wenn ihrer viele auf dem Tantzplatz neben der Dame stehen und den Hut auf dem Kopfe haben, in Meynung, es müsse derselbe alsdann erst abgezogen werden, wenn man die Reverence anhebet.«
Wurde er im allgemeinen bei beginnendem Tanz wieder aufgesetzt, so sollte beim Menuett dieses erst nach dem Vorbeitanzen auf der Schräge des Z während des ersten Platzwechsels der Partner geschehen (s. Anweisung Choreographie Menuett). Bei jedem Handreichen sollte er wieder gezogen werden. Daß die Meinung der Tanzmeister über diese Anweisung differierten, ist aus den Worten L. Bonins (1712) ersichtlich:
»Etliche sind so angewiesen worden / den Hut bey dem Handgeben abzuziehen / ich weis aber nicht / ob es mit der rechten Eigenschaft des Tantzens übereinkomt. Denn 1. hat mancher eine große Peruque / da es leicht geschehen kan / daß er sie mit dem Hut vom Kopf reißet / oder doch sonsten große Arbeit hat / bis er den Hut herabbringet. 2. Wo ich beyde Hände gebe / und habe den Hut vom Kopfe / müste ich denselbigen entweder in den Mund / oder unter den Arm nemen / wie sauber das aussiehet / lasse ich einen jeden Vernünfftigen urtheilen ...«

Das Handreichen

Die Hände galten für den Tanz als Ornament. Das Händereichen sollte nur mit den Fingerspitzen geschehen (Abb. 9, 12).

12

Tanz-Reverenzen des Barock

»Bey la *Danse haute* (Gigue, Gavotte u. a.) und denen so wol serieusen als lustigen Entrées und Ballets wird gar keine, oder doch gar selten eine Reverence gebrauchet. . . .
Bey la *belle Danse* (Courante, Menuett, Bourrée u. a.), denen doucen Fundamental- und niedrigen Kammer-Täntzen aber, sie mögen gleich Nahmen, Figuren, und Pas haben, wie sie immer wollen, wird so wol beym Anfange, als Beschluß eine doppelte Hinter-Reverence, als: die erste vor die sämmtlichen Zuschauer, und die andere vor die mittantzende Person gemacht . . .«
Zur Hauptreverenz und für alle anderen Tänze gültig wurde die Couranten-Reverenz erklärt. Dieser Tanz mit seinen vier Formen: *an* und *von* der Hand, sowohl *simple* wie *figurée*, mit seinen vier Schritten: tendu, grave, halbe und ganze Coupé, welche die Fundamental-Schritte des Barocktanzes bedeuten, war zum Schulbeispiel, zum »Doktor-Tanz« erklärt worden.

»Von der Reverenz der Courante, wie sie eigentlich nach der Cadence zu machen:
Hierbei ist insonderheit zu regardiren, daß einige die Reverence bey der Courante in drey, einige aber nur in zwey Cadencen, i. e. in zwey Sechs Viertheil-Tacten vollenden. Damit man nun aber mit beyden zu rechte kommen, und folglich mit einem jedweden Täntzer symmetricè figuriren und fort tantzen könne; so wollen wir beyde beschreiben.
Wir setzen demnach zum Fundament aus, daß die Reverence beym Tantzen eigentlich in eine dreyfache Abtheilung einzuschrencken sey, als:

1. In die Reverence für die sämtlichen Zuschauer, um gleichsam Benevolentiam von ihnen zu erbitten,
2. In die Praeparation zum andern Reverenz, dabey man den Fuß nach der Seite degagiret, und sich ex opposito gegen die mittantzende Person wendet, und
3. In die Reverence für die mittantzende Person.

Nun wird bey der Courante die erste Reverence in sechs Viertheils-Noten geendiget, als: in den ersten drey Viertheils-Noten wird der Fuß gestrichen und en suite der Leib gebogen, und in den andern drey Viertheils-Noten der Leib wieder aufgerichtet.
Bey der Praeparation zum andern Reverenz wird gleichfalls ein Sechs-Viertheils-Tact, als drey Viertheils Noten über dem Seiten-Striche und drey Viertheils-Noten über dem Umdrehen zugebracht.
Über der andern Reverence aber werden nur drey Viertheils-Noten von der Cadence consumiret, und bey den übrigen dreyen der Pas tendu, als der erste Schritt von dem Tantzen, formiret.
Vollendet aber iemand beyde Reverences nur in 2. Cadencen, so wird im ersten Drey-Viertheils-Tact die erste Reverence völlig, im andern die Wendung gegen die mittantzende Person, und im dritten die andere Reverence gemacht; In dem vierdten aber werden die Schritte angefangen.«

I. »Révérence für die sämtlichen Zuschauer, um gleichsam Benevolentiam von ihnen zu erbitten«[27]

Schrittbeschreibung für □ aus 3. Pos. r (○ gegengleich) Hände gefaßt (Tz.Z. 1)

Takt	Zählzeit	
	3	beugen[28] (»douce und nicht gar tieff«)
1	1	im Heben r Bein zurück in 4. Pos. l setzen (glissé ad lib.)
	2	verneigen[29]
	3	Tz.Z. 2
2	1	im Aufrichten wird das l Bein auf Bogenlinie in 3. Pos. r zurückgestrichen (glissé)
	2	das Gewicht wird auf l Bein übertragen, indem man zugleich den r Fuß »hoch auf die Spitze ziehet und ein wenig stille hält«

II. »Praeparation zur andern Reverenz«

	3	beugen (das Gewicht bleibt auf l Bein und der r Fuß auf Spitze gestellt)
3	1 } 2 }	im Heben »mit dem r Fuß hoch auf der Spitze vorwärts nach der lincken Seite zu« in 4. Pos. r streichen (glissé) und Hände lösen (Tz.Z. 3)
	3	Hacken senken, Gewicht auf r Bein übertragen und beugen
4	1 } 2 }	im Heben l Fuß an r Fuß anlegen[30] und dabei eine 1/4 Drehung r herum zur ○ ausführen (Tz.Z. 4)

III. »Révérence für die mittantzende Person«

	3	beugen
5	1	im Heben l Fuß in 2. Pos. setzen und Gewicht auf l Bein übertragen
	»und«	l Hacken senken und □ r Bein in 3. Pos. r heranschleifen[31] ○ l Bein in (3.) 5. Pos. r setzen
	2	□ r Bein auf Bogenlinie zurück in 4. Pos. l schleifen und verneigen ○ in (3.) 5. Pos. r Knie beugen und Kopf neigen[29] (Tz.Z.5)

Ausführung der Reverenz in 5 Takten:

1

2

3

4

5

[27] *Werden die Tänze in Kostümen ausgeführt, hat der □ vor der Reverenz mit der l Hand den Hut abzunehmen.*

[28] *»unter währendem Kniebeugen mit r Fuß entweder vorn, oder an der Seite, oder auch wol hinten an den lincken Fuß battiren. Andere battiren noch vor der Beugung mit steiffen Knien etliche mal mit demselben vorn gegen den lincken. Wieder andere schlagen vor und hinter und coupiren alsdann erst ...«*

[29] *Als Grundregel bei den Reverenzen ist zu beachten, daß der □ bei der Gewichtsübertragung rückwärts auf das Standbein (das vordere Bein bleibt gestreckt) den aus der Hüfte gestreckten Oberkörper (beliebig weit) nach vorne* neigt, *während die ○ mit* aufgerichtet *bleibendem Oberkörper und leichtem Neigen des Kopfes die Reverenz erwidert (den »Knicks« in 5. Pos. beliebig tief ausführend). Beugen und Aufrichten von □ und ○ müssen genau gleichzeitig erfolgen.*

[30] *»Unter währendem Umdrehen kan man auch um der Douceur willen, mit dem lincken Fuß etlichemal hinten, oder auch einmal hinter und vor battiren.« Das Battieren ist nur von geübten Tänzern auszuführen.*

[31] *Soll die reizvolle Nuance der Reverenz in Renaissance und Barock, der Handkuß, einbezogen werden, so nähert der □ jetzt die r Hand seinem Mund, um sie bei weiterem Verneigen gegen die Knie der ○ auszustrecken. Die ○ erwidert die gleiche Geste, andeutungsweise leicht ihre Fingerspitzen küssend.*

Ausführung der Reverenz in 3 Takten:

I. »Révérence für die sämtlichen Zuschauer . . .«

Takt

1 Verneigen und Aufrichten
(entspricht Takt 1 und 2 der großen Reverenz)

II. »Praeparation zur andern Reverenz«

2 Händelösen, glissé schräg vorwärts und Wendung zueinander
(entspricht Takt 3 bis 4 der großen Reverenz)

III. »Révérence für die mittantzende Person«

3 Seitwärtsschritt und Verneigen
(entspricht Takt 5 der großen Reverenz)

Dem Tanzablauf gemäß wäre es, ihn mit der fünftaktigen Reverenz zu beginnen und mit der verkürzten dreitaktigen Reverenz zu beschließen. Die Musik hierzu ist entweder thematisch zu improvisieren oder dem Formablauf der Komposition zu entnehmen (s. Courante von der Hand und Menuett für ein Tanzpaar). In achttaktige Musikperioden sind die fünf- oder dreitaktigen Reverenzen durch ergänzend lange, drei- oder fünftaktige Auftrittstakte des Tanzpaares einzufügen.

Bei Tänzen, die mit Handfassung beginnen (Menuett z. B. durch Führen der ○ zu den Ausgangsplätzen auf der Z Figur), ergibt sich eine fast aller Musik gemäße *acht*taktige Tanz-Periode durch ein an die *fünf*taktige Reverenz anschließendes *drei*taktiges Zueinandertanzen der Partner in die Ausgangsstellung des Tanzes mit Händereichen:

Weg in die Ausgangsstellung (3-taktig)

Schrittbeschreibung des dreitaktigen Weges in die Ausgangsstellung
Schrittsetzung für □ (○ gegengleich)

Takt

1 Pas tendu l (wie zu Beginn der Courante, das heißt, nur als ein Neuaufsetzen des Fußes mit gleichzeitigem Aufrichten auszuführen)

2 $^1/_2$ Coupé r (schräg r vorwärts)

3 $^1/_2$ Coupé l in 3. Pos. l setzen mit $^1/_4$ Drehung l zur Tanzrichtung mit Händereichen. Zum Beginn des Solo-Menuettes müßte ○ die letzte $^1/_2$ Coupé r hinten zur 3. Pos. l einsetzen, da das Menuett mit gleicher Schrittsetzung getanzt wird.
Jede geforderte Ausgangsstellung ist mit einem in Takt 3 auszuführenden $^1/_2$ Coupé oder $^1/_1$ Coupé Schritt zu erreichen.

Anfangs-Reverenz Solo-Menuett — *Solo-Menuett*

I. wie fünftaktige Couranten-Reverenz mit anschließendem dreitaktigen Weg in die Ausgangsstellung (Beschreibung s. o.)

Abschluß-Reverenz: wie fünftaktige oder dreitaktige Couranten-Reverenz

II. Eine in der Ausführung der Couranten-Reverenz ähnliche, jedoch dem charakteristisch hemiolischen Schrittcharakter des Menuettes angepaßte (später üblich gewordene) Reverenz ist dem Beginn und Abschluß der Choreographie taktmäßig eingeordnet, könnte jedoch durch Reverenz I ersetzt werden.

Anfangs-Reverenz Menuet en huit — *Menuet en huit*

Schrittbeschreibung für □, ○ gegengleich
mit Handfassung (□ r Hand ○ l Hand) beginnen (entspr. Tz.Z. 1 Choreographie *Menuet en huit)*

Takt		
1	□	aus 3. Pos. l das l Bein auf Bogenlinie zurückziehen in 4. Pos. r (○ r Bein in 5. Pos. l)
2		Gewicht nach rückwärts auf l Bein übertragen und l Bein beugen, r Bein mit aufgesetzter Fußspitze gestreckt halten und leicht auswärts drehen. Oberkörper gestreckt aus der Hüfte heraus neigen (○ beide Knie beugen, Gewicht bleibt auf l Bein, Oberkörper bleibt aufgerichtet, der Blick leicht gesenkt)
3		langsam aufrichten und Gewicht nach vorne auf r Bein übertragen, dann auftaktig beugen
4		auf Zehen heben, l Bein in 5. Pos. l vorsetzen und $1/4$ Drehung r herum zum Partner ausführen ($1/4$ Pirouette); anschließend Hacken senken. Bei beginnender Drehung Hände lösen.
5		r Bein auf Bogenlinie zurückziehen in 4. Pos. l (○ l Bein in 5. Pos. r)
6		Gewicht nach rückwärts auf r Bein übertragen (Ausführung s. Takt 2)
7		Ausführung wie in Takt 3, dann auftaktig beugen
8		auf Zehen heben mit $1/4$ Drehung l herum ($1/4$ Pirouette) und gleichzeitigem Vorsetzen des r Beines in 3. Pos. r Hacken senken und Hände fassen

Zwischen-Reverenzen[32]

I. durch Vorstrecken des Spielbeines (dégagé)

Für die eintaktige Form der Reverenz genügt das Vorstrecken des leicht auswärts gedrehten Spielbeins (dégagé) mit Aufsetzen der Fußspitze

□ l Fuß vorstrecken mit Beugen des r Beines
Oberkörper aus der Hüfte heraus neigen

○ r Fuß vorstrecken mit Beugen des l Beines
Oberkörper bleibt aufgerichtet, leichtes Kopfneigen ad lib.

Für den ersten Platztausch der ersten Strophe gilt die angegebene Fußsetzung, für den zweiten die umgekehrte: es muß immer das außen auf der Grundfigur (Viereck, Kreis) befindliche Bein als Spielbein zur Reverenz vorgestreckt werden. Diese Regel ist in allen Strophen anzuwenden.

II. durch Rückschritt mit Vorstrecken des Spielbeines
zu Beginn des Taktes

	Zählzeit	
□	1	l Fuß in 4. Pos. l vorsetzen
	2	Gewicht nach rückwärts auf r Bein übertragen und r Bein beugen. l Bein mit aufgesetzter Fußspitze gestreckt halten und leicht auswärts drehen. Oberkörper gestreckt aus der Hüfte heraus neigen
	3	aufrichten (Gewicht bleibt auf r Bein)
○	1	r Fuß in 4. Pos. vorsetzen
	2	l Fuß in 5. Pos. r ansetzen und verneigen: beide Knie werden gebeugt (Gewicht bleibt auf r Bein), der Oberkörper bleibt aufgerichtet, der Blick wird leicht gesenkt
	3	erheben

Für den ersten Platztausch der ersten Strophe gilt die angegebene Fußsetzung, für den zweiten die umgekehrte: es muß immer das auf der Grundfigur (Viereck) außen befindliche Bein als Spielbein zur Reverenz vorgestreckt werden. Diese Regel ist in allen Strophen anzuwenden.

III. durch Rückschritt mit Vorstrecken des Spielbeines
zu Ende des Taktes (anzuwenden bei der *Chaîne*)

□ u. ○	1	l Fuß in 4. Pos. l vorsetzen
	2	r Fuß in 4. Pos. r vorsetzen
	3	Gewicht nach rückwärts auf l Bein übertragen (Ausführung s. o. Reverenz II), r Bein mit aufgesetzter Fußspitze vorgestreckt halten und im neuen Takt sofort als Standbein aufsetzen. (Die Musik muß in diesem Takt ritardieren.)

[32] *Vgl. Passagère Révérence der Galliarde.*

Abschluß-Reverenz

Die Abschluß-Reverenz kann wie die Zwischenreverenz I oder II, jedoch auch durch Rücksetzen des ersten Schrittes im letzten Takt ausgeführt werden:

Takt		
1	□	r Bein in 4. Pos. l zurücksetzen und verbeugen
	○	l Bein in 5. Pos. r zurücksetzen, beide Knie beugen (genaue Ausführung der Bewegungen s. Reverenz II) Verharren und Aufrichten ad lib. Es geschieht in der Übereinstimmung durch die sich im Blickfeld gegenüber befindlichen Tänzerinnen.

Sarabande

Anfangs-Reverenz (ad lib.) begonnen aus der Gegenüberstellung der Partner[33]

1	□	r Bein aus 3. Pos. r auf Bogenlinie zurückschleifen in 4. Pos. l
	○	l Bein aus 3. Pos. l auf Bogenlinie zurückschleifen in 5. Pos. r
2	□	Gewicht auf r Bein rückverlagern, l Bein leicht auswärts gedreht mit aufgesetzter Fußspitze vorgestreckt halten und verneigen, Oberkörper gerade aus der Hüfte herausgestreckt
	○	beide Knie beugen (Gewicht bleibt auf r Bein), Oberkörper bleibt aufgerichtet
3	□	Aufrichten mit Verlagern des Gewichtes auf das l Bein r Fuß in 3. Pos. r nach vorne führen
	○	mit dem Strecken der Knie l Fuß in 3. Pos l nach vorne führen
4	□ u. ○	Anheben beider Arme zum Hohen Porte les Bras mit gleichzeitigem Heben und Senken der Hacken

Im ausgehenden 18. Jhdt. wurden die Reverenzen zwangloser. Bei den auf großen Gesellschaften beliebten *Contres* pflegten die Tanzpaare, hintereinander aufgestellt, während eines achttaktigen Vorspiels der Musik die an der Spitze des Raumes sitzenden Honoratioren mit einer Reverenz zu begrüßen, dann mit einer Wendung zueinander und gleichzeitigem Händelösen die Gasse, den Longway, zu formieren und sich gegenseitig die Reverenz zu erweisen. Hierbei, wie auch bei den andern Tanzformen, pflegten die Tänzer einen kleinen Schritt in die 2. Pos. zu setzen und unter Heranziehen des Spielbeins in die 3. vordere Pos. ihre Verbeugung auszuführen, während die Tänzerinnen, auf dem rückwärtigen Bein stehend und die Spitze des vorderen Fußes unbelastet gegen den Boden gestellt, mit einem leichten Knicks zu danken pflegten.
Gelehrt wurden die höfischen Reverenzen, die einst zum Glanz des Menuettes gehört hatten, bis weit in das 19. Jhdt., wie es die Bücher jüngerer Tanzmeister besagen.

[33] *Eine Reverenz dieser Art kann für alle »hohen, theatralischen Tänze« dienen (Gavotte, Gigue u. a.), denen keine bestimmte Reverenz vorangestellt war, weil sie, auf der Bühne getanzt, ohne Reverenz begonnen wurden.*

Die gebräuchlichsten Tanzschritte (Pas), die fünf Positionen und das »Porte les Bras« des Barock[1]

Einleitung

»Wenn nun ein Maître seines Incipienten Beine zum Tantzen wolpraepariren, und ihn die *Pas* Grund-richtig dociren will, so muß er ihm anfänglich diejenigen *Pas simples* zeigen, woraus hernachmals die oben besagten drey Fundamental-Täntze als: Courante, Menuett (Abb. 13 Lambranzi) und Bourrée, und aus diesen dreyen wieder alle die übrigen Dances de Bal componiret werden, und das sind eigendlich diese nachfolgende sechse, als: Pas ordinaire, Pas glissé, Pas plié und élevé, Demy-Coupé, Coupé, und Pas grave.«
... »so müssen wir wiederholen, was die *Pas* eigentlich für Dinge seyn. Nemlich, daß das Wort Pas einmal einen jedweden bey dem Tantzen gebräuchlichen einzelen Schritt, hernach aber Pas composés ...[2] welche entweder aus zwey, drey oder vier theils steiffen, theils gebogenen Schritten bestehen, bedeutet: als: 1. Pas ordinaire (Pas tendu), 2. Pas grave, 3. Pas coupé, 4. Demy coupé ... woraus nachgehends die 3 Haupt-Pas, als Pas de Courante, Pas de Menuet, und Pas de Bourrée (oder Fleuret) zusammengesetzet werden.«[3]

Drei Grundbewegungen kennen die Schritte des Barock: das Beugen und Strecken des Standbeines vor dem Vorausführen des Spielbeines (»gebogener« Schritt oder Beugeschritt genannt), oder das natürliche Vorsetzen des Spielbeines wie in der Gehbewegung, wegen des gestreckt bleibenden Standbeines »steiffer Schritt« genannt. Das »Plié« genannte Beugen, das »Elevé« genannte Strecken oder das als Tendu bezeichnete, übliche Vorausführen des Beines bilden den Beginn aller der im folgenden Schritt-Register aufgeführten Schrittarten.

Ausführung der Grundbewegungen:

Beugen (Plié)

Das Beugen (Plié)
erfolgt aus einer geschlossenen Position. Diese muß im Schrittablauf möglichst vor Beginn jeder neuen Beugung erreicht werden. Das Spielbein soll dem Standbein mit schwebender Fußspitze an die Seite oder hinten angefügt werden. »Der eine Fuß, der fort marchiret, darf im Biegen niemaln auf der Erde seyn« (L. Bonin »Die Neueste Art zur Galanten und Theatralischen Tantz-Kunst« Jena 1712). Beide Knie sind während des Beugens leicht auswärts gerichtet.

Strecken (Élevé)

Das Strecken (Élevé)
erfolgt auf Zehenspitzen (unter dieser Bezeichnung ist im höfischen Gesellschaftstanz der Ballen zu verstehen; auch als »halbe Spitze« wird diese Haltung bezeichnet).
»Pas plié heißt, wenn man die Knie beuget, solches Beugen aber geschiehet, ehe

[1] *barock: ital. barocco, span. barucco, frz. baroque*
Im 18. Jhdt. aus dem frz. Gebrauch entlehnt und ursprünglich als »schiefrund« in der Beurteilung von Perlen angewandt, dann übersetzt mit: sonderbar, übertrieben, unregelmäßig, wunderlich, verschroben ... Barock wurde zunächst im negativ kritischen Sinn gegen die Überladenheit und Verschnörkelung des aus der Renaissance hervorgehenden Stiles gebraucht.
[2] *z.B. Pas de Courante: »der lange Haupt-Pas bestehet aus einer halben und gantzen Coupé«, der kurze aus Pas tendu und Pas grave*
der Pas de Menuet aus 1/2 Coupé, 1/2 Coupé, Pas tendu, Pas tendu
der Pas de Bourrée aus 1/2 Coupé, Pas tendu, Pas tendu.
[3] *Gottfried Taubert, »Rechtschaffener Tantz-Meister«, Leipzig 1717, dem, wenn nicht anders angegeben, alle folgenden Zitate entnommen sind.*

man fortschreitet ... Pas élevé aber ist, wenn man die Knie strecket. Diese beiden Pas plié und élevé machen das Mouvement aus ...« (V. Trichter »Ritter-Exercitien-Lexikon« 1742), welches mit seiner Beugung (plié) im Auftakt und seiner Hebung (élevé) im Volltakt geschieht: Thesis und Arsis in der Versbetonung vergleichbar, gegensätzlich jedoch dem auftaktigen Heben und volltaktigen Senken der Taktierbewegung in der Musik. »Die Biegung soll allezeit *vor* dem Tact geschehen, die Hebung aber in der Cadence, welches ein Requisitum, so in allen Tänzen zu observiren ...« (L. Bonin, 1712).

13

»Steiffer Schritt« (Pas tendu)

»Steiffer Schritt« (Pas tendu)[4]

r vorwärts: r Bein auftaktig (mit leicht gebeugtem r Knie) etwas vom Boden heben, bis dicht neben den l Hacken und weiter bis zur Streckung nach vorne führen, die Fußspitze einen »guten Schuh lang«[5] vor dem l Fuß aufsetzen und volltaktig das Gewicht auf das r Bein übertragen.

»Von dem Pas ordinaire und gemeinen Schritt bey dem Tantzen:
Soviel die Pas ordinaires und gemeinen steiffen Schritte, so bey dem Tantzen ohne Beugung verrichtet werden, betrifft, haben diese ihre Benennung von den gewöhnlichen Schritten im Gehen ..., ohne nur daß sie nicht, wie jene, auf den flachen Füßen, sondern auf den Spitzen geschehen ... Kurtz: es läßt der Maître seinen Scholair in solcher Positur ... auf auswartsen[6] und mit dem Absatz hoch von der Erde gehobenen Füßen (oder auch nach der ietzigen negligenten und recht absurden Mode, auf den platten Füßen, weil man ja zu dieser Zeit keinen mehr für einen braven, sondern für einen affectirten Täntzer hält, der auf den Spitzen gehet ...) steiff und fest, jedoch ohne Zwanck und Verstellung eine Weile 1. vorwarts 2. rückwarts 3. lincker und 4. rechter Hand seitwarts wie auch mit Vor- und Seiten-Pas in die Runde gehen. Fleißig erinnernd, daß alle Schritte in gleicher Größe und einig und allein aus den Hüfften, Knien und Füßen formiret werden. So muß man auch die Füße ... allezeit niedrig, fest und wolgeschlossen nahe über der Erden fortführen, wo anders nicht der gantze Leib, gleich einer Gans auff dem Eyse, hin und wieder wancken soll:
1. Den Leib auf dem vödern Bein als auf einer steiffen Stütze, in guter Balance fest und stille halten,
2. Den Absatz vom hintern Fuß mit ein wenig gebogenem Knie von der Erde heben,
3. Diesen Fuß vollends erheben und gebogen biß zu den vördern Absatz fortbringen,
4. Ihn nahe über der Erden einen guten Schuch lang, doch nachdem die Person von langer oder kurtzer Taille ist, gut auswärts und mit recht steiffem Knie vor sich hinstrecken,
5. Solcher Gestalt und nett geschlossen niedersetzen (i. e. daß der Absatz gerade gegen der Schnalle über, und consequenter beyde Absätze hinter einander, und die Spitzen zu beyden Seiten auswärts zu stehen kommen) wie auch auf den gantzen Fuß (damit des Fußes Spitze nicht in die Höhe stehet) und
6. Den Leib in linea perpendiculari darauf vorbringen (wobey sich abermals der Absatz vom hintern Fuß mit ein wenig gebogenem Knie in die Höhe hebet) ...«

[4] *Auch Pas ordinaire oder Pas marché genannt.*

[5] *Hatte man in der Renaissance die Schrittabstände mit »3 bis 5 Fingerbreit« differenziert (als Abstand von der Spitze des hinteren Fußes bis zum Hacken des vorderen), so galt im Barock der gleiche Schrittabstand, jedoch mit der Anweisung, die Spitze »des marchirenden Fußes« einen »guten Schuh lang« von der Spitze des andern entfernt aufzusetzen. »Fünf bis sechs Viertel Schuhe lang« lehrte Hänsel 1755. Der Schrittabstand in höfischen Tänzen war immer gering. Bereits die frühe Renaissance kannte den Begriff des »Pas menu« (Basses Dances de Nancy 1445, zitiert bei C. Sachs »Eine Weltgeschichte des Tanzes« Berlin 1933, S. 211).*

[6] *»... so viel der Wohlstand leiden will ... Wenn man die Füße gerade weg, oder allzuweit auswarts gedrehet setzet, man ... bey Gelegenheit leichtlich wancken kan. Dieses proportionirte Auswartssetzen ist hauptsächlich darzu dienlich, daß man auf allen Seiten etwas stärcker wird, ... auch verkürtzet es die Schritte« (pas menu!).*
Tikkanen (»Die Beinstellung in der Kunstgeschichte« Helsingfors 1912) deutet die übertreibende Drehung des Fußes, die er bis auf die Antike zurückführt und die bis in die Zeit des Barock ihre Fortsetzung gefunden hat, als »Pose des männlichen Selbstvertrauens« (zitiert bei G. Weise, »Spätgotisches Schreiten ...«, Marburg 1949).
»Um gut zu tantzen, ist nichts so notwendig, als mit den Schenkeln auswärts zu gehen und dem Menschen ist nichts natürlicher als die entgegengesetzte Lage. Sie sehen also, daß, um zierlich zu tantzen ... um mit Anstand zu gehen, man gerade die Ordnung der Dinge umkehren muß ...« J. G. Noverre, »Lettres sur la danse«, übers. von G. E. Lessing, Hamburg 1769.
Hat das en dehors *die körpertechnische Bedeutung eines größeren Bewegunsgumfangs für das Bein und die optische des sich nicht herauswölbenden Trochanters, so fügt ihm Gerhard Zacharias (»Ballet-Gestalt und Wesen« Köln 1962) kosmisch-psychische Aspekte hinzu, u. a.: »Das en dehors der Tänzer veranlaßt beim Publikum gewissermaßen ein seelisches ›Auswärts‹, ein Sich-Öffnen gegenüber dem tänzerischen Geschehen ...« und ist »damit zu intensivster Wirkung befähigt.«*
Germaine Prudhommeau (»La Danse Grecque Antique« Paris 1965) weist in ihrer Systematik auf die vom Ästhetischen her bedingte Anwendung des en dehors *im griechischen Tanz hin:*

Die fünf Positionen

Jede Tanzbewegung verlangt eine Ausgangsstellung. Ihre durch Pierre Beauchamps (1636—1705)[7] zu fünf Positionen zusammengefaßte Systematik[8] ist in den folgenden Figuren veranschaulicht:

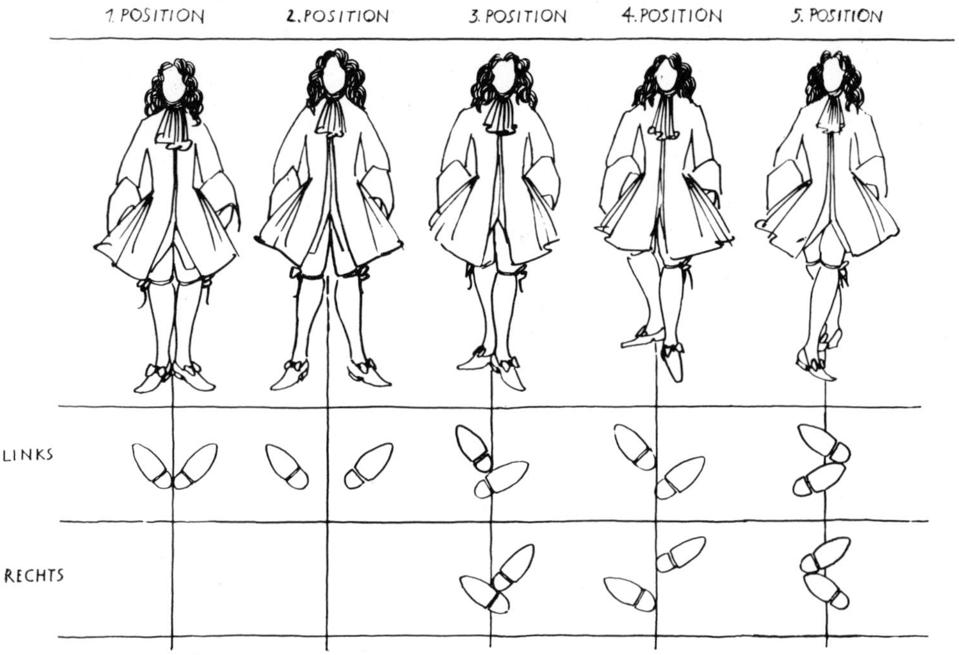

In dem Kapitel »Des Positions & leur origine« seines Buches »Le Maître à danser« (1725) sagt P. Rameau: »Ces Positions ont été mises au jour par les soins de feu Monsieur de Beauchamps, qui s'étoit formé une idée de donner un arrangement nécessaire à cet art.«[9]
Diese Systematik war eine der wesentlichen Voraussetzungen für die Forderungen der »Académie Royale de danse«, die 1661 von Louis XIV[10] gegründet worden war und zu deren ersten Direktor er Beauchamps ernannt hatte.

»Les Grecs, très soucieux d'esthétique, n'ont jamais représenté de danseurs ayant la position disgracieuse: ils sont bien en dehors ... *Cette tenue de la jambe et du pied, appliqué dans la danse classique de plus en plus systématique et rigoureuse, semble être une caractéristique de la danse dans l'esprit de bien des peuples. Les danses orientales et extrême-orientales en font en usage constant: les danseurs hindous, chinois et même japonais montrent une véritable prédilection pour la seconde position très en dehors.«*

[7] *»Beauchamps (ou Beauchamp) s'appelle bien Pierre et non Charles-Louis, comme l'avance Saint-Léon. Il est le fils de Louis de Beauchamps et le petit fils de Pierre I de Beauchamps (1564—1627), violon du Roi.«*
Zertifikat der Bibliothèque de l'Arsènal. Paris, 20. Mai 1966 (ausgestellt zur Untersuchung des Prozesses von Beauchamps gegen Feuillet in Paris 1704 für Derra de Moroda, Salzburg).

[8] *Die Tänze der Renaissance kannten (nach Arbeau) nur vier Fußstellungen (s. obige ohne die 5. Pos.), die jeweils ihrer Art nach neu beschrieben werden mußten.*

[9] *»Diese Positionen sind der Öffentlichkeit bekannt geworden durch den Fleiß des verstorbenen Monsieur de Beauchamps, dessen Idee diese für die Tanzkunst notwendige Anordnung entsprungen war.«*

[10] *1666 ernannte ihn Louis XIV zum ersten »Maître de Ballets« der Oper: Zwanzig Jahre lang war der König, der selbst ca. dreißig Ballette tanzend uraufführte (die Rolle des »Roi soleil« trug dem Fünfzehnjährigen bereits den Namen »Sonnenkönig« ein), fast täglich sein Schüler.*

Beauchamps ist ebenfalls der Erfinder einer genialen Tanzkurzschrift, die für alle ähnlichen Stenographien (Rameau, Tomlinson[11] u. a.), die ihr im 18. Jhdt. folgten, maßgeblich wurde. Sein Schüler Raoul Feuillet hat sie als erster in seiner »Chorégraphie ou l'art de décrire la danse« (Paris 1701) herausgegeben (s. Choreographie »Gigue à deux«). Weitere Werke Feuillets folgten ohne den geringsten Hinweis auf Beauchamps als Erfinder[12] der Schriftzeichen. Für diese war die vorher von Beauchamps entwickelte Systematik der Fußsetzung in fünf Positionen von großer Bedeutung (vgl. Tanzschriftbeispiel Kapitel Courante).
Die fünfte Pos. wurde für die bühnenhaft gezirkelten Wege des Barocktanzes geschaffen. Karl Gaulhofer (»Die Fußhaltung« Kassel 1930) glaubt, sogar den endgültigen Durchbruch der 3. Pos.[13] aus dem Bewegungsgesetz des Menuettes ableiten zu können. Daß diese besonders ausgewogen und dekorativ wirkende Fußstellung zur »höfischen« erklärt wurde, ist verständlich. Sie ». . . kan die galante Stellung heißen«, sagte Feldtenstein 1767 von ihr, und sie sollte zur Ausgangs- und Schlußposition aller Gesellschaftstänze des Barock und Rokoko gewählt werden.

[11] *s. Gavotte für ein Solopaar, die Tomlinson in Tanzschrift notierte (vgl. Abb. 27).*
[12] *Derra de Moroda zitiert in ihrem Artikel »Die Tanzschrift des 18. Jahrhunderts im Spiegel ihrer Werke« (in: »Ein Jahrbuch für Bücherfreunde«, Frankfurt am Main 1967) zum weiteren Beweis, daß Beauchamps als der Erfinder der Tanzschrift zu gelten hat, die Worte des P. Siris aus dem Vorwort seiner 1706 in London erschienenen englischen Übersetzung der Feuillet'schen »Chorégraphie«: »'tis to Monsieur Beauchamp nevertheless, that the Invention of this Art is wholly owing. This I can assure you on my word, since he himself taught me the Grounds of it, above Eighteen Years ago, but tho' through an unaccountable Negligence he delay'd the publishing of it from Time to Time, it must needs be no small concern to him to see that another has all the Honour and Advantage of what cost him so much Study and Labour.«*
[13] *»Caroso hielt noch diese Stellung für höchst unziemlich . . . Lefeuillet dagegen erklärt sie als die vornehmste . . .« Diese Urteile sind bezeichnend für den Stilwandel in der Tanzkunst von der Renaissance (häufig betonte Parallelstellung der Füße) zum Barock (generelle Betonung der Auswärtsdrehung).*

Die gebräuchlichsten Tanzschritte (Pas) des Barock

Alphabetisches Register

Balancé

Beispiel: Sarabande

Balancé
bestehend aus Balancé und Contre-Balancé

Pas de Balancé

Zählzeit

3 beugen

1 heben und l Fuß in 2. Pos. flach (oder auf Zehenspitzen) aufsetzen, Gewicht übertragen und beide Knie strecken (r Fuß bleibt mit der Spitze am Boden)
Der bogig gehobene l Arm gibt hierbei für das fast schwebend gehaltene r Bein die Balance, der Kopf wird leicht zur Seite des erhobenen Armes (nach l) gewendet

Balancé

und Contre-Balancé

3 beugen mit Anschlag des r Hackens hinter den l Knöchel (battieren)

1 heben und r Fuß in 2. Pos. flach (oder auf Zehenspitzen) aufsetzen, Gewicht übertragen und beide Knie strecken (l Fuß bleibt mit der Spitze am Boden)
Der bogig gehobene r Arm gibt hierbei für das nur schwebend aufgesetzte l Bein die Balance, der Kopf wird leicht nach r gewendet

Ballonné

Ballonné

s. Contretemps: Zweifacher Contretemps als »Contretems baloné«. Beispiel: Gigue à deux

Battu

Battu »battiren, welches ein Frantzösischer Maître frisiren nennet«.

Man schlägt mit der Ferse des einen Fußes gegen die Ferse, gegen den Knöchel oder den Oberteil (cou-de-pied) des anderen Fußes, Verbindungen von rück-vor- und vor-rück-Battieren sind geeignet, Schritte virtuos auszuführen. Art und Schnelligkeit (Wiederholungen) haben sich nach der Ausgangsstellung, der Richtung des anschließenden Schrittes und dem Können der Tanzenden zu richten. »... man kan das Pas battu allenthalben employren, wenn es nur nicht allzuoft nacheinander geschiehet.« (vgl. Anhang zur Choreographie Solo-Menuett: Variationen)

Regel: ... »daß man weitläufig battirt, wobey man sich gestreckt hält, und die Bewegung der Schläge in den Hüften beginnen läßt.«

Noverre »Briefe über die Tanzkunst« 1760

Bourrée

Pas de Bourrée oder Fleuret

nannte man im Barock die Schrittanreihung, »welche aus einer halben Coupé und zwey steiffen Schritten« bestand. Wurden jedoch im Pas de Bourrée »die Füße allemal in einer Reihe nacheinander fortgesetzet«, so wurden die drei Schritte im Fleuret »untereinander versetzet und meliret«. (Vgl. 4 Arten in der »Gigue à deux«, Fußnote 13 Seite 78 und Abb. 31.)

Beispiel: Sarabande

Bourrée

Pas de Bourrée r (r l r)

Zählzeit

3	aus 5. Pos. l das l Bein beugen und r Bein gestreckt seitlich herausführen. Der bogig gehobene l Arm gibt für das auftaktig herausschwingende r Bein die Balance
1	auf Zehenspitzen heben und r Bein in 5. Pos. r setzen
2	l Bein auf Zehenspitzen in 2. Pos. setzen
3	r Bein auf Zehenspitzen in 5. Pos. r setzen und beugen

folgt *Pas de Bourrée* l mit umgekehrter Fußsetzung

Beispiel: Gavotte (Solopaar)

Pas de Bourrée l (l r l)

4	r Bein beugen, l Bein bis zur Streckung vorführen
1	auf Zehenspitzen heben und l Bein in 4. Pos. l vorsetzen
2	r Bein auf Zehenspitzen in 4. Pos. r vorsetzen
3	l Bein auf Zehenspitzen in 4. Pos. l vorsetzen

Pas de Bourrée r

mit umgekehrter Fußsetzung

Capriole

Capriole

»... hat ihren Nahmen von Capriolis, denen kleinen Böcklein, welche unterweilen *directo corpore agiliter* in die Höhe springen, und allerhand poßirliche Capriolen machen, oder von *cabré*, wild, unbändig, und bedeutet einen gewaltigen Lufft-Sprung, dabey man mit den Beinen in der Lufft battiret.«

Capriole vorwärts aus 3. (5.) Pos. l

Gewicht auf l Bein übertragen, beugen und hochspringen, r Bein gestreckt nach vorne hochwerfen und l Bein gestreckt gegen r Bein battieren »entweder oben mit den Waden aneinander oder unten mit beyden Füßen zwey oder dreymal wolgestreckt von der Seite!« Beim Aufkommen auf den Boden wird l Bein Standbein, r Bein nimmt entlastet die geforderte Pos. ein.

Capriole vorwärts aus 3. (5.) Pos. r mit umgekehrter Fußsetzung

Diderot (Encyclopédie) bezeichnete den einfachen »Luftsprung« als Capriole und das Battieren als »Friser la Capriole«.

Chassé

Chassé

»... der Jagt- oder Flucht-Schritt, ein Pas simple, welcher seine Benennung eigentlich von dem Wörtlein Chasser, Jagen, her deriviret, weil dabey allemal ein Fuß den andern gleichsam jaget, und von seiner Stelle fort in die Höhe und gleichsam in die Flucht treibet.«

Chassé vorwärts

auftaktig auf Standbein beugen, Spielbein (mit leicht auswärts gedrehtem Knie) bogig rückwärts anheben, dann mit seitlich gerichtetem Fuß (etwa in Spannmitte) gegen den Hacken des Standbeins springen und dieses bis zur Streckung vorführen.

Chassé rückwärts
auftaktig auf Standbein beugen, Spielbein bis zur Streckung vorführen (Fußspitze abwärts gerichtet), dann mit dessen Hacken gegen den Spann des Standbeines springen und dieses bogig (mit leicht auswärts gedrehtem Knie) nach hinten hinausführen.

Chassé de Gigue r und l (als rück-vor-Schritt)

Beispiel: Gigue à deux

Takt	Zählzeit	
	6	beugen auf l Bein (r Bein vorgestreckt) und hochspringen (das Heben kann auch ohne Sprung als »Chassé sans sauter« ausgeführt werden)
1	1	beim Aufkommen r Bein an den Platz des l Beines setzen (chassé) und dieses rückwärts heben
	2	
	»und«	l Bein auf Zehenspitzen in 4. Pos. r rückwärts setzen und r Bein heben
	3	r Bein vor l Bein auf Zehenspitzen in 5. Pos. r setzen, sofort beugen, dabei l Bein leicht rückwärts heben und hochspringen (auch ohne Sprung als Strecken auszuführen)
	4	beim Aufkommen l Bein an den Platz des r Beines setzen (chassé) und dieses vorstrecken
	5	
	»und«	r Bein auf Zehenspitzen in 4. Pos. r setzen
	6	l Bein auf Zehenspitzen in 4. Pos. l setzen

Chassé de Gigue r und l (vorwärts)

Takt	Zählzeit	
	6	aus 3. (5.) Pos. l beugen und hochspringen, r Bein leicht rückwärts heben (ad lib. ohne Sprung)
1	1	beim Aufkommen r Bein an den Platz des l Beines setzen und dieses gestreckt vor r Bein kreuzen
	2	l Bein auf Zehenspitzen in 4. Pos. l vorsetzen
	3	r Bein auf Zehenspitzen in 4. Pos. r vorsetzen, beugen und hochspringen, l Bein leicht rückwärts heben (ad lib. ohne Sprung)
	4	beim Aufkommen l Bein an den Platz des r Beines setzen und dieses gestreckt vor l Bein kreuzen
	5	r Bein auf Zehenspitzen in 4. Pos. r vorsetzen
	6	l Bein auf Zehenspitzen in 4. Pos. l vorsetzen

Chassé als »Pas de Schottisch«

Chassé als *»Pas de Schottisch«* im Country Dance (volkstümlich) Ausführung s. Choreographie »Gigue« zu vier Paaren.

Contretemps

Contretemps[14]

»Es hat der Contretems seinen Namen von contre-tems, ungelegne Zeit ... denn es wird dabey nicht ... auf den marchirenden Fuß gesprungen, sondern auf dem andern nur ein wenig in die Höhe gehüpffet.«

»The Hop or Contretemp is a compound consisting of two walks or stepping of the feet as the Coupé... The Spring or Hop that is made, beats Time to the first of the Notes...« (Kellom Tomlinson »The Art of Dancing« London 1735).

»Contretemps: im Beugeschritt (demi coupé) wird auf dem Standbein gehüpft, während das Spielbein rasch zurück und vorgeworfen wird. Der Niederfall nach dem Hupf gehört auf den guten Taktteil.« (C. Sachs »Weltgeschichte des Tanzes« Berlin 1933)

»... die Franzosen sehen die Pendants im Contretemps und Jeté: das Jeté als Springen auf den marschierenden Fuß, der Contretemps als Springen (Hüpfen) auf dem Nichtmarschierenden.« O. Bie »Der Tanz« Berlin 1919)

Einfacher Contretemps

Einfacher Contretemps

Der vor-rück- oder seitwärts zu tanzende *einfache Contretemps* hat in allen seinen Formen das für seine Ausführung *vorwärts* folgende rhythmische Schema.
Beim Contretemps *rückwärts* sind die angegebenen Bewegungsformen in umgekehrter Richtung auszuführen.
Beim Contretemps *seitlich* (r l r oder l r l nach r oder l) schwingt während des Hupfes das Spielbein seitlich heraus und wird (der Bein- und Richtungsfolge gemäß) in 5. Pos. vor das Standbein oder in die 2. Pos. gesetzt. Es folgt aus der 5. Pos. heraus eine 2. Pos. in der geforderten Richtung, oder, aus der 2. Pos. kommend, eine in den Choreographien präzisierte 5. Pos.

Beispiele:
Gigue à deux

Beispiele:
Gigue à deux r l r (vorwärts)

Takt	Zählzeit	
	6	aus 5. Pos. r beugen und hochspringen
1	1	auf r Bein aufkommen[15], l Bein vorstrecken (vgl. Grue der Galliarde)
	3	l Bein auf Zehenspitzen in 4. Pos. l setzen
	*	
	6	r Bein auf Zehenspitzen in 4. Pos. r setzen und sofort beugen

Menuett

Menuett: l r l (vorwärts)

	3	aus 3. Pos. l beugen und hochspringen
1	1	auf l Bein aufkommen[15], r Bein vorstrecken
	3	r Bein auf Zehenspitzen in 4. Pos. setzen
2	*	
	3	l Bein auf Zehenspitzen in 4. Pos. l setzen

Gavotte

Gavotte: l r l (rückwärts)

	4	aus 4. Pos. r beugen und hochspringen
1	1	auf l Bein aufkommen[15] und r Bein seitlich oder rückwärts strecken
	2	r Bein auf Zehenspitzen rückwärts in 4. Pos. l setzen
	3	l Bein auf Zehenspitzen in 4. Pos. r setzen und sofort beugen

[14] *Alte Schreibweise »Contretems«.*
[15] *Das Aufkommen nach dem Hupf oder Sprung geschieht immer auf Zehenspitzen.*
* *In den beiden nicht aufgeführten Taktzeiten »wird der rechte hinten angezogen, oder welches zierlicher ist, etliche male vom Fuße battiret ... oder gar artig die Tour de Jambe« gemacht.*

Zweifacher Contretemps
Beispiele:
Menuett: l r l

Zweifacher Contretemps Beispiele: Menuett

Takt	Zählzeit	
	3	aus 3. Pos. l beugen und hochspringen
1	1	auf l Bein[16] aufkommen, r Bein vorstrecken
	3	r Bein auf Zehenspitzen in 4. Pos. r setzen
	»und«	beugen und hochspringen
2	1	auf r Bein[16] aufkommen, l Bein vorstrecken
	3	l Bein auf Zehenspitzen in 4. Pos. l setzen

Gavotte: l r l

Gavotte

	4	aus 3. (5.) Pos. l beugen und hochspringen
1	1	auf l Bein[16] aufkommen, r Bein seitwärts oder vorwärts strecken
	2	r Bein auf Zehenspitzen in 4. Pos. r setzen und beugen
	3	Sprung auf l Bein

Contretemps ballonné
Beispiel:
Gigue à deux: der hier vorkommende Wechsel von Hupf und Sprung heißt *»Contretems balonné»*[17] r l

Contretemps ballonné Beispiel: Gigue à deux

	6	aus 5. Pos. r beugen und hochspringen
1	1	auf r Bein[16] aufkommen, l Bein vorstrecken
	3	r Bein beugen (l Bein bleibt gestreckt)
	4	Sprung vorwärts auf l Bein (r Bein in schwebender 4. Pos. l halten)

Dreifacher Contretemps
Beispiel:
Menuett: l r l

Dreifacher Contretemps Beispiel: Menuett

	3	aus 3. Pos. l beugen und hochspringen
1	1	auf l Bein[16] aufkommen, r Bein vorstrecken
	3	r Bein auf Zehenspitzen in 4. Pos. r setzen und Gewicht übertragen
	»und«	beugen und hochspringen (ad lib. mit l Bein battieren)
2	1	auf r Bein[16] aufkommen und l Bein rückwärts in schwebender 4. Pos. halten
	2	
	»und«	beugen
	3	auf l Bein[16] springen (Jeté)

[16] *Auf Zehenspitzen.*
[17] *»... Contretems auf das nichtmarschierende ..., das Jeté auf das marschierende Bein ... und ihre Verknüpfung im Ballonné (es war die Spezialität des Monsieur Ballon ...«, O. Bie, 1919). Diese Art von Schrittkombinationen haben den Namen des berühmten Tänzers und Tanzmeisters Jean Balon (1653—1729) in die Terminologie des Ballettes eingehen lassen (Abb. 30).*

Coupé

Halbe und ganze Coupé (1/2 und 1/1 Coupé)

»... wie sie nemlich ihren Namen vom Schneiden oder Spalten her deriviren, gebogne Schritte (d. h. Beugeschritte) bedeuten.« (vgl. Abb. 13)

»Ich habe mich ... nach den besten Maîtres der jetzigen Zeit gerichtet, als welche einhellig sagen, daß man sich bey der halben Coupé, um der Sänfftigung willen mitten im Schritt erheben müsse, das ist, indem der Fuß gehet und der Schritt erst halb zu Ende ist, und bei der gantzen um der Schärffe willen, wenn der Schritt schon gantz zu Ende ist.«

Ausführung:

1/2 Coupé

1/2 *Coupé* r vorwärts (im dreiteiligen Takt, vgl. Courante)

Zählzeit

3 beugen (aus 3. Pos. l, Gewicht auf l Bein) r Bein schwebend über 1. Pos. in 4. Pos. r vorführen[18] (nach P. Rameau »Maitre à Danser« Paris 1725)

1 r Bein aufsetzen, auf Zehenspitzen heben und allmählich Gewicht übertragen

2 Gewicht vollends übertragen

Im geraden Takt (wie auch im hemiolischen Menuett) wird die 1/2 Coupé in je einer Zählzeit gebeugt und gehoben.

1/1 Coupé

1/1 *Coupé* r vorwärts (besteht aus 1/2 Coupé r und Pas glissé l[19])

Zählzeit

3 beugen (aus 3. Pos. l, Gewicht auf l Bein), r Bein schwebend über 1. Pos. in 4. Pos. r vorführen

1 r Bein aufsetzen, auf Zehenspitzen heben, Gewicht auf r Bein übertragen und r Hacken wieder senken, dabei r Knie leicht beugen und l Fuß an r Bein heranführen

2 l Fuß auf der Spitze am Boden zur 4. Pos. l vorstreichen (glissé)

3 Gewicht auf l Bein übertragen und auf Zehenspitzen heben.

Im geraden Takt wird die 1/1 Coupé in einer Zählzeit gebeugt, in der anderen gehoben und gestrichen.

Statt des Pas glissé kann der Schritt als Pas tendu, Rond de jambe, Pas battu etc. ausgeführt werden. »Kurtz: es wird die gantze Coupé hundert und sechs mal verändert gefunden.«

Élevé

Élevé gestreckt, die zweite Bewegung des Beugeschrittes, der aus plié und élevé besteht (s. Einleitung »Grundbewegungen«).

Entrechat

Entrechat

»... hat seinen Nahmen ..., weil ... man dabey, gleich wie die Katzen, welche mit ihren Pfoten wie der Blitz um sich schlagen, die Füsse in der Lufft croisiret«, »die Schenckel zwey oder dreymal über einander schläget, und die Beine gleichsam ineinander flechtet.« Daher sie auch die Franzosen Cabriole croisée, ›eine geflochtene oder Creutz-Capriole‹ heißen« (ital. Capriola intrecciata).

Sprung mit Beinkreuzen (Positionswechsel) in der Luft. Schon die Renaissance kannte ihn *in terzo, quarto, quinto* etc.

Für die Galliarde wäre dem erforderten Positionswechsel gemäß der *Royal* angebracht: nach dem *ersten* Grundschrittablauf aus 3. (5.) Pos. l (nach dem

18 *Bonin und Taubert dagegen führen die Schrittbewegung erst im Heben aus. Bonin: »Im Heben setze ich den Fuß ungestreiffet vor.« Taubert: »Hebet und strecket man beyde Knie wieder und setzet im Strecken den Fuß vollends ungestreiffet vor.« Man tanze diesen Schritt ad lib nach einer der beiden Regeln.*

19 *s. Glissé.*

zweiten alles mit umgekehrter Fußsetzung) beugen, hochspringen und Beine seitlich öffnen (alles ist mit gestreckten Beinen auszuführen), dann mit l Wade *vorne* gegen r Bein schlagen, Beine wieder öffnen und l Bein in 3. Pos. r führen, federnd auf den Boden kommen (Entrechat cinq ad lib.).

Entrechat quatre: aus 3. (5.) Pos. l während des Sprunges Beine öffnen, mit l Bein *hinten* an r Wade anschlagen, Beine öffnen und wieder in 3. Pos. l enden.
Diderot (Encyclopédie) schrieb, daß die besten Tänzer (u. a. Dupré) sich auf den *Entrachat six* zu beschränken pflegten, obgleich man Tänzer mit »douze« gesehen habe. Die Sallé hat ihn auf der Bühne nie, als erste die Camargo ihn als Entrechat *quatre*, die Lany als *six* und La Barberina als *huit* getanzt.

Fleuret — *Fleuret*
s. Pas de Bourrée

Glissé — *Glissé*
Ein Schritt, der ohne auftaktige Beugung beider Knie ausgeführt, jedoch nicht einfach (wie der Pas tendu) vorgesetzt, sondern »mit des entweder r oder l Fußes Spitze auf der Erden weg (wiewol er unterweilen auch mit der Ferse, ingleichen mit den platten Füßen) gestrichen wird«; mit auftaktiger Beugung heißt er »Pas grave«
»glisser signifie un pas très lent« (Rameau).

Grave — *Grave*
(auch *»tems de Courante«* genannt)
»und bestehet der Unterschied zwischen diesem und den beyden vorhergehenden Coupés darinnen, daß allhier das Heben noch *vor* dem Schritt, dort aber entweder in der Mitte, oder am Ende ... geschiehet.«

Pas grave l vorwärts (vgl. Tz.Z. Seite 58)

Zählzeit	
3	aus 3. (5.) Pos. r beugen
1	heben (r Hacken bleibt gesenkt) und l Bein dicht über dem Boden in schwebende 3. Pos. l führen[20]
2	l Fußspitze (gut ab- und auswärts gerichtet) leicht aufsetzen und in 4. Pos. l nach vorne[20] streichen (glissé), r Hacken allmählich vom Boden lösen
3	r Fuß auf Zehenspitzen heben und Gewicht auf l Bein übertragen (Kellom Tomlinson überträgt das Gewicht erst nach 3: »... sliding forwards of the Foot takes up the second and third Notes, on the Expiration of which it receives the Weight«).

Pas grave r vorwärts mit umgekehrter Fußsetzung

Hupf — *Hupf*
s. Sauté. Auf einem Bein hochspringen und auf dem gleichen Bein wieder aufkommen.

[20] *Als Zierschritt und zum Abschluß einer Tanzphase (Sarabande Takt 4 und 8 z.B.) kann das glissé leicht bogig ausgeführt werden, wie es Kellom Tomlinson generell lehrt: »You rise and point the right Toe sideways (2. Pos.), after this the foot moves slowly forwards.« s. Sarabande Bild Tomlinson »Pas grave« (Abb. 27).*

Jeté

Jeté
»... hat seinen Namen von Jet, einem Wurff entlehnet, und bedeutet einen Sprung auf den marchirenden Fuß.« s. Sprung.
s. Gigue für ein Tanzpaar (zweifacher Sprungschritt)
s. Dreifacher Contretemps (letzter Schritt)

Jeté échappé

Jeté échappé l
Nach dem Beugen (plié) in 3. Pos. r das r Knie im Heben (élevé) durchstrecken, als wolle man abspringen (d. h. eine Sprungbewegung ohne wirklichen Absprung ausführen) und das l Bein vorschwingen und aufsetzen (im Menuettschritt bei Rameau vorzugsweise statt des Pas marché l angewendet).

Marché

Marché
= Pas tendu oder Pas ordinaire s. Einleitung.

Pas de Menuet

Der Menuett-Grundschritt ist für □ und ○ gleich und immer r beginnend auszuführen. Er hat drei Formen:

vorwärts
l seitwärts
r seitwärts

Er hat 4 Schritte (r l r l), die gleichbleibend rhythmisch geordnet (hemiolisch) innerhalb von 2 Takten aufeinander folgen:
2 Beugeschritte (je 1/2 Coupé) und
2 »steiffe« Schritte auf Zehenspitzen
(je ein *Pas tendu* als *Pas menu* = kleiner Schritt ausgeführt)

vorwärts

Grundschritt vorwärts (Schema zweitaktig)
aus 3. Pos. l zu beginnen (auf der Schräge des Z jedoch aus kleiner 2. Pos., aus dem Grundschritt l seitwärts kommend)

Takt	Zählzeit	
	3	beugen (plié)
1	1	auf Zehenspitzen heben (élevé) und r Fuß in 4. Pos. r setzen
	2	beugen
	3	auf Zehenspitzen heben und l Fuß in 4. Pos. l setzen
2	1	auf Zehenspitzen r Fuß in 4. Pos. r setzen
	2	auf Zehenspitzen l Fuß in 4. (annähernd 3.) Pos. setzen

Wird dieser Grundschritt vorwärts auf der schrägen Linie des Z zum zweiten mal ausgeführt, dreht man sich (immer den Partner ansehend) allmählich halb (um r oder l Schulter ad lib.) herum, so daß der erste *Pas tendu r* bereits rückwärts gesetzt und der zweite *Pas tendu* l in 3. Pos. l angesetzt werden kann.
Sämtliche Schritte auf der Schräge des Z sind mit leicht zurückgenommener r Schulter (»en s'effaçant l'épaule droite«) auszuführen.

Grundschritt l seitwärts[21] *l seitwärts*

aus 3. Pos. l zu beginnen

Takt	Zählzeit	
	3	beugen
1	1	auf Zehenspitzen heben und r Fuß in 5. Pos. r setzen
	2	beugen
	3	auf Zehenspitzen heben und l Fuß in 2. Pos. setzen
2	1	auf Zehenspitzen r Fuß in 5. Pos. l setzen
	2	auf Zehenspitzen l Fuß in 2. Pos. setzen
		(bei Wiederholung in kleiner 2. Pos. enden)

Grundschritt r seitwärts *r seitwärts*

aus 3. Pos. l zu beginnen

	3	beugen
1	1	auf Zehenspitzen heben und r Fuß in 2. Pos. setzen
	2	beugen
	3	auf Zehenspitzen heben und l Fuß in 5. Pos. r setzen
2	1	auf Zehenspitzen r Fuß in 2. Pos. setzen
	2	auf Zehenspitzen l Fuß in 3. Pos. l setzen

Menuettschritt-Variationen s. Choreographie Sarabande und Gavotte à deux und Anhang zur Choreographie Solo-Menuett.

Ordinaire *Ordinaire*

= Pas tendu = »steiffer Schritt« s. Einleitung.

Plié *Plié*

gebeugt: die erste Bewegung des Beugeschrittes, der aus plié und élevé besteht (s. Einleitung »Grundbewegungen«).

Pirouette l herum: *Pirouette*

auftaktig in 5. Pos. r beugen

volltaktig auf Zehenspitzen heben und bis zum angegebenen Drehungswinkel links herum drehen

Pirouette r herum:

auftaktig in 5. Pos. l beugen

volltaktig auf Zehenspitzen heben und bis zum angegebenen Drehungswinkel rechts herum drehen

Rond de jambe: *Rond de jambe*

mit gestrecktem Spielbein über dem Boden einen Bogen über vor-, seit- nach rückwärts beschreiben (Tz.Z.). Die Bewegung ist ad lib. mit leichter auftaktiger Beugung des Standbeines zu beginnen.

Rond de jambe

[21] *Ausführung mit battieren s. Choreographie Solo-Menuett (Anhang: Variationen).*

Sauté

Sauté

Wird in französischen Tanzbeschreibungen für hüpfen *und* springen gebraucht, s. Hupf, s. Sprung.

Sissonne

Sissonne

»Es ist der Pas de Sissonne, welchen wir gemeiniglich Pas de Ciseaux zu nennen pflegen, ein gebogener Creutz-Sprung auf beyde Beine zugleich, (wiewol man ihn auch douce und ohne Springen, durch Fallen und Heben verrichten kan) und hat seinen Nahmen von der Schneider-Scheere entlehnet; weil nemlich dabey die Beine gleich als eine Scheere, so man auf und zu thut, creutzweiß übereinander geschlagen, und wieder auseinander gebracht werden.«

einfach
Beispiel:
Gigue à deux

Beispiel: »Gigue à deux«
Pas de Sissonne r (einfach) (Tz.Z. Gigue)

Takt	Zählzeit	
	6	aus 5. Pos. l beugen und hochspringen, r Bein gestreckt seitlich herausführen
	1	auf beide Beine in 5. Pos. r aufkommen und beugen
	3	hochspringen
	4	auf gestrecktes l Bein (Zehenspitzen) aufkommen und r Bein seitlich strecken

Gigue Taktzeit 1

Gigue Taktzeit 4

Pas de Sissonne l mit umgekehrter Fußsetzung.

doppelt
Beispiel:
Menuett-Variation

Beispiel: »Menuett-Variation«
Pas de Sissonne r l (doppelt) (Tz.Z. Menuett)

Takt	Zählzeit	
	3(3)*	aus 5. Pos. l beugen und hochspringen, r Bein gestreckt seitlich herausführen
1	1(1)	auf beide Beine in 5. Pos. r aufkommen und beugen
	2(1)	
	»und«	hochspringen und l Bein seitlich gestreckt herausführen
	3(2)	auf gestrecktes r Bein aufkommen (Zehenspitzen), l Bein bleibt seitlich gestreckt
	»und«	leicht beugen und hochspringen

* *Die in Klammern gesetzten Taktzeichen bedeuten eine Variante der Ausführung, die statt des Beugens die Streckung betont.*

Takt	Zählzeit	
2	1(1)	auf beide Beine in 5. Pos. l aufkommen und beugen
	2(1)	
	»und«	hochspringen und r Bein seitlich gestreckt herausführen
	3(2)	auf gestrecktes l Bein aufkommen (Zehenspitzen), r Bein bleibt seitlich gestreckt (s. S. 52)

Menuett Takt 1 (1)

Menuett Taktzeit 3 (2)

Pas de Sissonne r (vierfach)

vierfach
Beispiel: Menuett

»Bey dem Einkehren in der Haupt-Figur kan er, indem man gleichsam auf einer Stelle bleibt, nach der rechten Hand rund um Kreyß gesprungen werden. Und müssen hier allemal die Wände im Zimmer, das ist, bey jedem Sprunge ein Quart von dem Umkreyß, observiret werden, daß man also mit den IV Sprüngen justement rund um kömmt.«

Bei Ausführung des vierfachen Pas des Sissonne müßte um der viertaktigen Einordnung in den choreographischen Ablauf des Menuettes das vor dem doppelten Pas de Sissonne vorgeschlagene Balancé r und l fortfallen.

Sprung

Sprung

(s. Sauté) von einem Bein auf das andere springen, auch Jeté genannt

Steifer Pas

Steifer Pas

einfacher Schritt ohne auftaktiges Beugen beider Knie = Pas ordinaire oder Pas tendu (s. Einleitung)

Tems de Courante

Tems de Courante

s. Pas grave

Tendu

Tendu

einfacher Schritt ohne auftaktige Beugung beider Knie = Pas ordinaire oder steifer Pas (s. Einleitung)

Die Schrittbeschreibungen beschränkten sich im allgemeinen auf die Angabe der Vorwärtsschritte. Sie sind entsprechend seit- und rückwärts auszuführen. Wesentlich ist, daß man »jederzeit freymüthig und indifferent vor sich hinsehen, und den Kopf ... (bei Richtungswechsel) ein wenig zeitlicher, als den Leib, nach der Seite einwärts wenden muß.«

Der Barocktanz würde nicht vollendet zu nennen sein, wenn den differenzierten wie rhythmisch abwechslungsreichen Bein- und Fußbewegungen nicht eine auf das Feinste mit dieser im Gegenspiel befindliche Armbewegung zugeordnet worden wäre, durch welche die Tanzkunst dem ornamentalen Reichtum der andern Künste entsprechen konnte. Nicht nur vom Ästhetischen, sondern auch vom Rhythmisch-musikalischen her entstanden ihre Gesetze, so daß Voltaire sagen konnte, er rechne den Tanz zu den Künsten, weil er Regeln unterworfen sei[22].

Porte les Bras

»Porte les Bras«[23]

»Es ist aber das Porte les Bras, oder Arm-Tragen bey der wolregulirten Tantz-Kunst ... der allerschönste Zierrath und Schmuck des menschlichen Leibes« und »beruhet auch das gröste Theil der bon Air und Zierlichkeit im Tantzen auf dem Regel-recht dirigirten Porte les Bras, und wird ein Maître vor allen Dingen regardiren,
1) Ob er in la belle Danse oder in la Danse haute das *Porte les Bras par terre* informiren solle, und
2) ob er eine Manns-Person oder ein Frauenzimmer zu informiren vor sich habe. Denn gleich wie das Künstliche Tantz-Exercitium in das niedrige Kammer- und hohe Theatralische Tantzen abgetheilet wird, also ist auch das Porte les Bras ... eigentlich zweyerlei als
1) Das Niedrige und 2) Das Hohe.
Und wird das erste allein bey den niedrigen und doucen Kammer-Täntzen (... finden wir derselben in der gantzen Frantzösischen Tantz-Kunst eigentlich drey: als 1. Courante 2. Menuet 3. Bourrée ... so an allen Orten üblich seyn und von welchen alle andere galante und civile Kammertäntze componiret werden ...), das andere aber bey allen hohen Täntzen (Sarabanden, Entréen, Giquen, Chaconnen, Gavotten, Folies d'Espagne etc.) und serieusen Balletten gebrauchet.«

Dem gemäßigten Charakter der Kammertänze entsprechend wurde ihre Armbewegung aus dem normalen, abwärts gerichteten Armtragen heraus für den Tänzer entwickelt, während den hohen oder theatralischen Springtänzen eine vom Körperimpuls her bedingte lebhafte, hohe Führung zugeordnet wurde, die dem Bild des heutigen Ballettes entspricht, das auf den Regeln des 18. Jhdts. fußt.

Niedriges Porte les Bras bei den beiden *Pas composés der Courante* –
(I. Pas tendu und Pas grave;
II. ½ Coupé und ¹/₁ Coupé)

»Die Arme werden in der Courante im Auf-Tact, i. e. mit dem letzten Viertel von der Cadence zugleich mit der Kniebeugung (vor dem Pas grave und der gantzen Coupé) vorwarts geworffen und im Angehung der zusammengehörenden Sechs Viertheil-Noten und Knieheben gantz langsam und gravitätisch biß wieder zum letzten Viertel seitwarts und zurücke unter die Schulter geführet.«[24]

»Es werden zu einem jedweden, so wol kurtzen (Pas tendu und Pas grave) als langen Pas de Courante (½ Coupé und ¹/₁ Coupé) und Porte les Bras bey der Courante zwey Drei Viertheil-Tacte oder Sechs Viertheil-Noten erfodert.«

Diese Zusammengehörigkeit von 2 Takten gilt ebenfalls für das Menuett, dessen *Porte les Bras* jenem der Courante genau entspricht und in ausführlich historischer Beschreibung folgt. Die Ausführung des *Porte les Bras* der Courante beginnt jedoch mit dem *Auswärts*führen der Arme bei Pas tendu und ½ Coupé,

[22] *»La danse ... qu'on peut compter parmi les arts, parce qu'elle est asservie à des règles.« Zitiert bei Pauli, »Élemens de la Danse«, 1756.*
In der höfischen Courante und im Solo-Menuett phrasiert die Armbewegung des Tänzers die musikalisch-schrittmäßige Zusammengehörigkeit, so daß ein »polyphones Bild« entsteht, ein dreistimmiges sogar, wenn der Tänzer während der letzten Hauptfigur des Z einen Arm seitlich herausgeführt trägt, den andern phrasierend bewegt, und die Füße ihre hemiolisch geordneten halbe Coupé und Tendu Schritte ausführen (Choreographie Solo-Menuett 4. Tanzstrophe).
[23] *Das heutige Port de Bras.*
[24] *Der Weg, den die Hand während dieser Bewegung beschreibt, ist mit der Figur einer liegenden 8 zu vergleichen.*

während das *Porte les Bras* des Menuettes mit dem auftaktigen *Einwärts*führen der Arme vor der ersten 1/2 Coupé des Menuett-Schrittes erfolgt (s. Schema).

»Von dem (niedrigen) Porte les Bras bey dem Pas de Menuet«

»1. Im Auftact oder letztern Viertel der vorhergehenden Cadence, indem man, auf dem lincken Bein ruhend, beyde Knie beuget, die Arme von beyden Seiten zugleich, (oder auch nur die eine, wenn man nemlich das Frauenzimmer an der Hand leitet)
2. Ein klein wenig gebogen und mit den holen Händen und Finger-Kuppen[25] mehr einwärts gegeneinander und nach sich, als zu beyden Seiten auswärts von einander, oder vorn von sich
3. Fein sanffte vorwärts doch nicht allzu genau zusammen fallen
4. Führet sie in der Cadence (i. e. im Niederschlagen) und Heben der ersten Coupé
5. Drey Viertel-Noten lang unter den beyden Schritten mit dem rechten und lincken Bein, sie mögen gleich beyde oder davon nur der rechte gebogen und der andere steiff exequiret werden
6. Mit noch immer ein wenig gebogenen Ellenbogen wie auch verwanden Händen
7. Gantz langsam und gemachsam, wie auch schnur gerade nach beyden Seiten von einander, doch nicht allzu weit vom Leibe ab
8. Strecket und drehet sie zugleich im Strecken justement mit dem zweiten Drey Viertheil-Tacte und zwar zwey Viertel-Noten lang steiff unter die Schultern, daß die holen Hände meistentheils vorwarts kommen, und
9. gleichsam wieder zum vorn einfallen, welches auf dem letztern Viertel vom Tact geschiehet, präpariret werden.

Dagegen das ›Frauenzimmer mit den ersten zwey Finger-Spitzen als dem Daum und Zeige-Finger zu beyden Seiten ... ein wenig den Rock fasset und feste hält‹.«

Bonin faßt seine Beschreibung kurz: »Wann ich dann ein Menuet-Pas mache, mus ich in der ersten Coupé die Arme vornen fallen lassen, in Continuirung der andern halben Coupé und zweyen steiffen Schritten aber wieder zurück werfen, welches douce, ungezwungen und gefällig heraus kommt.«

Pas grave 1
Auftakt
Beugen (Plié

Pas grave 1
volltaktig
Heben (Elevé)

Pas grave 1
Zählzeit 2
Streichen (Glissé)

Schema von Tanzschritt und Porte les Bras
in der Gegenüberstellung *von Courante und Menuett*
Zweitaktschema

Takt	Zählzeit	Courante	Menuett	Porte les Bras
	4	Pas tendu		Arme auswärts bis unter die Schultern
	5			führen
	6	beugen	beugen	Arme vorne zusammenführen
	1	Pas grave	1/2 Coupé	Arme auswärts führen
	2		beugen	
	3	beugen	1/2 Coupé	
	4	1/2 Coupé	Pas tendu	Arme weiter auswärts bis unter die
	5		Pas tendu	Schultern führen
	6	beugen	beugen	Arme vorne zusammenführen
	1	1/1 Coupé	1/2 Coupé	Arme auswärts führen
			etc.	

[25] *»den vödern Zeiger-Finger mit der Kuppe auf den Daum setzen, und die übrigen dicht aneinander anliegend ein wenig gegen die Höle einbiegen.«*

»Niedriges Porte les Bras bey dem Pas de Bourrée«

»Gleich wie sich ein jedes Pas de Bourrée, es komme gleich vor in was für einer Tantz Art es wolle, mit einer Coupé, so aus Beugen und Heben bestehet, anfängt, also muß man auch jederzeit
1) Vor dem Tact, zugleich mit der Beugung der Beine, die Arme vorwerffen und sie
2) in der Cadence, zugleich mit der Hebung des Leibes, wieder langsam auf die Seite führen ... es sey nun gleich ein schlechter (gerader), oder Tripel-Tact.
Doch ist hierbey zu mercken, daß man öffters bey denen Bourré-Pas das *Porte les Bras* mit einem Arm nach dem andern verrichtet, welches man sonst auch *Menuet Mouvement wechselweise* nennet (und wird bey Chassée, Balancé und Contre Balancé etc. gebrauchet) ... Wenn der rechte Fuß das Pas de Bourrée anhebet, so gehet zugleich die lincke Hand hinein und die rechte hinaus auf die Seite, und wenn beym andern Pas das lincke Bein coupiret, so gehet die rechte Hand vor und die lincke hinaus auf die Seite und so fort.
Eben auf diese Weise, wie bey la Dance haute, nur, daß daselbst der vorfallende Arm hoch in die Höhe gedrehet, und der hinausgehende gleichfalls hoch gestrecket wird.«

14

Ich halte es dißfalls mit denen, so gäntzlich meynen, daß es einem modesten Frauenzimmer weit netter und besser anstehe, wenn es bey allen doucen Fundamental-Täntzen, als Courante, Menuet und Bourrée, sich gäntzlich aller Vaganten und Mouvements mit denen Armen entschläget, sondern dieselben nur allezeit wol ausgestreckt und unbeweglich ein klein wenig von dem Leibe ab stille hangen lässet, und mit den ersten zwey Finger-Spitzen, als dem Daum und Zeige-Finger zu beyden Seiten, daß die Hände mit den Schultern in linea perpendiculari stehen, das ist weder zu weit hinten, noch zu weit vorn, ein wenig den Rock fasset und feste hält.[26]
Bey denen hohen und theatralischen Täntzen und Balletts aber muß es die Arme wie die Manns-Personen frey und hoch führen.« (Abb. 15 Watteau)

15

Hohes Porte les Bras

Hohes Porte les Bras

»... als welches darum das *hohe Porte les Bras* genennet wird, weil es eigentlich zu la Danse haute und allen hohen theatralischen Täntzen gehöret ... Gleichwie die Schritte hoch und mit ziemlicher Force verrichtet werden ... also müssen auch die Arme dabey, als welche necessario mit den Beinen accordiren sollen allezeit hoch und mit den Schultern in gerader Seiten-Linie getragen werden. (s. S. 59 P. Rameau »Le Maître à danser« Paris 1725)
Es werden zwar unterweilen die Arme bey dem hohen Tantzen auch gesencket und fast tieff herunter gelassen, allein solches geschiehet nur bey dem Tempo

[26] *»Gute und reine Hand-Schuhe muß man jederzeit, so wol auf der Gassen als auch hauptsächlich beym Tantzen ... auff den Händen haben.«*

derer Capriolen ... weil dieses eine große Hülffe zur Erhebung von der Erde giebet. Im Springen aber werden beyde Hände wieder ausgestrecket.
... wird auch das *hohe Porte les Bras* unterweilen zu den doucen Kammer-Täntzen, aber doch nur zu den figurirten Pas und Variationibus employret.
Endlich ist zu regardiren, daß bey dem *hohen Porte les Bras* nicht beyde Arme zugleich unter und wieder aufwarts, sondern wechsel-weise ein Arm in die Höhe geführet und der andere zugleich gestrecket und ein wenig gesencket wird.«
(Tz.Z. Pas grave 1—4)

Pas grave l: Ausgangsstellung

»So oft der rechte Fuß ein Pas machet, wird (beyde Arme von den Schultern biß an die Ellenbogen fast in gleicher Höhe haltend) zugleich der lincke Arm, so wol an der Hand, als auch vornemlich an dem Ellenbogen annehmlich gebogen so weit in die Höhe geführet, daß die Finger mit dem Ohr, oder wenigstens der Achsel in gleicher Distanz zu stehen kommen, und der rechte Arm sachte ausgestrecket ein wenig fallen gelassen.
Macht aber der lincke Fuß einen Pas oder Lection; so muß der rechte Arm auf itzt besagte Weise mitgehen, und dargegen der lincke Arm ausgestreckt gesencket werden.

Pas grave l: Auftakt Beugen (Plié)

Wird also allezeit auf derjenigem Seite, wo der Fuß gehet, der Arm gestrecket und gesencket, und auf der andern gebogen und gehoben, so daß ... wenn der linke Fuß gehet, der linke Arm gesencket und der rechte Arm (sans comparaison wie die Pferde) über das Creutz zugleich mit dem Fusse natürlich gehoben wird[27].
... Ob ich gleich nicht gesonnen bin, mich mit denenjenigen in einen Wort-Streit einzulassen, welche das Frauenzimmer bey einem jedweden niedrigen Tantze die Arme und Hände durch und durch, gleichwie das Männliche Geschlecht, von den Kleidern loß ... führen lassen: Auch nicht mit denenjenigen, welche vorgeben, daß es einem honetten Frauenzimmer überaus zierlich lasse, wenn es zwar mit seinen Händen die Kleider fest halte, aber doch dieselben mit den Pas zugleich in der Cadence bewege: ... bey den hohen theatralischen Täntzen und Ballets aber muß es die Arme eben wie die Manns-Personen frey und hoch führen ... Auch wol mit *Castagnettes* ... nur nicht, als eine wilde Hummel, auf dem Tantz-Platz herumschwärmen.«

Pas grave l: Volltakt Heben (Élevé)

Jeder Tanz ist zeitgebunden und hierdurch kostümbedingt. Werden die Tänze nicht in historischer, sondern in heutiger Kleidung getanzt, können die Tänzerinnen Courante, Menuett etc. nach eigenem Belieben mit gleichem Porte les Bras wie die Tänzer ausführen, da — wie oben aufgezeigt — selbst zeitgenössische Quellen in ihren Angaben hierüber differieren.
Das Wesen des barocken Tanzes, seiner Schritte und des ihnen zugehörigen »Porte les Bras« läßt sich nicht sinnvoller zusammenfassen als mit Oscar Bies Worten (»Der Tanz«, Berlin 1919):
»Es ist eine der feinsten Kontrastwirkungen älterer Tanzkunst, die schon die Renaissance bestätigt, daß man auf ungerade Takte gerade Schrittzahl nimmt

Pas grave l: Zählzeit 2 Streichen (Glissé)

[27] *Der Schrittansatz eines Pas simple oder Pas composé entscheidet: bei Pas de Bourrée r z. B. wird der r Arm gesenkt und der l gehoben, bei Pas de Bourrée l umgekehrt. Bei Anreihung beider Formen sind die Arme über eine Ausgleichshaltung zu führen, wie die seitlichen Tanz-Zeichnungen der Entwicklung des Pas grave nach P. Rameau beschreiben.*

und umgekehrt – die das neunzehnte Jahrhundert mit seinem bürgerlichen Bestreben, auf jeden Schlag einen Schritt zu machen, fast aufgegeben hat. Das Menuett vereinigt Zweiteilung und Dreiteilung im doppelten Tripeltakt, es vereinigt Langsam und Schnell in einer moderato Mitte, es ist Paartanz und dennoch Wegtanz, in allem ist es Zentrum und Gleichmaß: das Ideal der großen stilisierenden Epoche. Die Beugung ist nichts Selbständiges, sie ist Bindung und Überführung wie eine Volute des Rokoko; im sanften Zusammenschluß liegt die Grazie des französischen Stils. Kniebeugen ist nicht Schreiten, sondern Vorbereitung dazu. Die Arme, die nicht schreiten, sondern nur das Schreiten mitgehend illustrieren, geben ihren Bewegungsformen die genaue Zäsur des doppelten Tripeltaktes. Dadurch verstärken sie für das Auge und das Gefühl den Tanzrhythmus, den die marschierenden Füße mit einer Fortbewegung zu komplizieren haben. Sie zählen auf das anmutigste und dennoch unabhängig von den Schritten diesen ihre Maßeinheiten zu. Sie sind die ornamentale Umgebung, das tektonische Ausklingen des Schreitens, oder, wie Rameau sagte, ›sie verhalten sich zum schön tanzenden Körper wie der Rahmen zum Bild‹.«

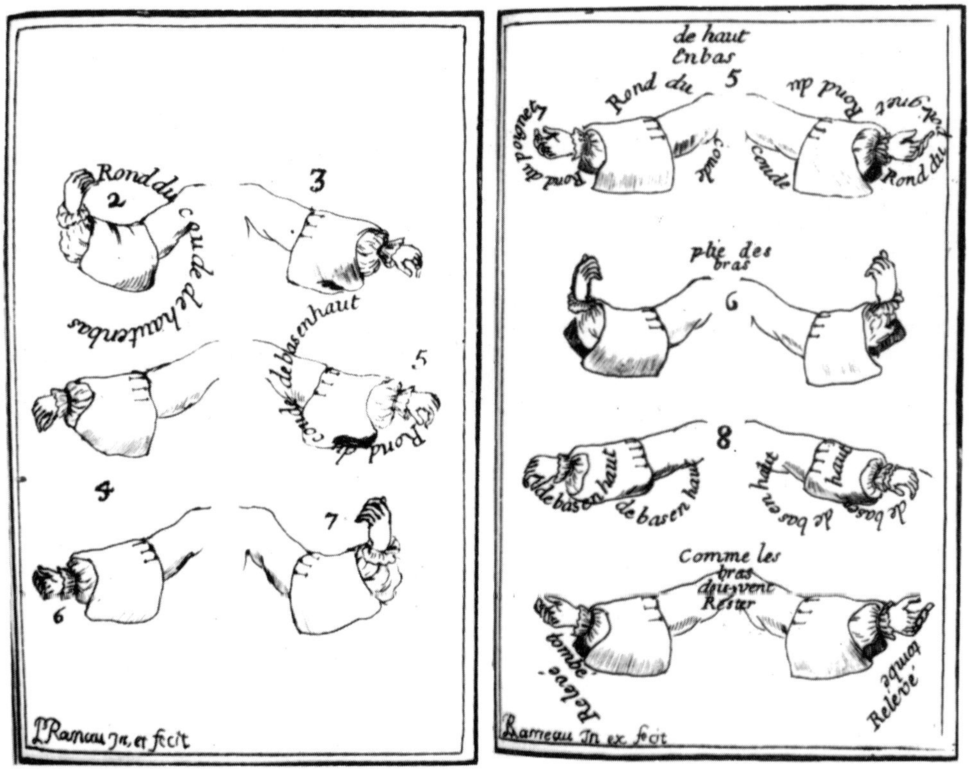

Pierre Rameau »Le maître à danser« 1725
Armführen in Gegenbewegung und vorbereitende Übung

»Von der bonne Grace und wolgefälligen Air bey dem Tantzen«

»Und gewiß, es ist die Air oder Artigkeit ein solches Requisitum bey dem Tantzen, daß das letztere ohne das erste simpliciter nichts werth, ja eine recht lächerliche und einfältige Sache ist; Befindet sich aber im Gegentheil diese, *so wol dem Naturel als der Kunst nach,* in gehörigem Maaß bey einem Täntzer, so ist der Tantz zu aestimiren, und so wol ergötzlich, als nutzbarlich. Allermassen durch diese Kunst, als welche sich principaliter auf das Exterieur und die unaffectirte Leibes-Geschicklichkeit durch alle Glieder fundiret (wenn nemlich ein zierlicher Täntzer alle seine Schritte Regel-mäßig formiret und connectiret, dieselben mit den Gestibus derer Hände, des Leibes und Kopffes Regel-mäßig accompagniret, die Cadence, wie auch die Figuren Regel-richtig observiret, und alles mit bonne Grace und gehöriger Decence exorniret) das Innerliche und wol-moralisirte Gemüth auch biß auf die allerkleinsten Bewegungen, darzu sie den äußerlichen Leib antreiben kan, vorgestellet wird. Die noble Air ist dasjenige, spricht Herr Pasch in *Apologia wahrer Tantz-Kunst* pag. 42. welches bey dem Täntzer den Ausschlag giebet, und das Gemüthe, wie es an sich selbsten ist, externè entweder wol moralisiret, oder dissolut vorstellet und würcklich ins Gesichte bringet, und alle Motiones und Actiones durch Abnehmen und Zugeben der Schärffe und Sänfftigung angenehm darnach flectiren kan.

Ja! es führet diese Air (oder Art) recht was magnetisches bey sich, indem sie mit ihrem Nachdruck und gleichsam mancherley bezaubernden Stellagen und Gestibus nicht allein, wie der bunte Frühling, aller Augen gleichsam nach sich ziehet und contentiret, daß sie nicht anders, als den galanten Täntzer mit seinen lieblichen Gestibus bewundernd betrachten müssen; sondern sie erweichet auch die Stahl- und Diamanten-harten Hertzen, und beweget sie dergestalt, daß, ob sie gleich zuvor niemals dem andern eine obligate Mine zu machen willens gewesen, dennoch anietzt Thür und Angel zur völligen Affection freywillig aufthun. O! wie mancher qualificirter Täntzer hat sich nicht durch sein Douceur und anmuthige Vorstellung aller Zuschauer Gemüther affectioniret gemacht? Und wie manche tugendhaffte Dame von Condition hat nicht einem galant-tantzenden Cavalier ihre Affectation und unschuldiges Hertz freywillig gewidmet?

Allein! es müssen wolgedachte Leibes-Geberden von allen Affectionen gereiniget seyn, und muß der Täntzer die Philosophischen und Mathematischen Grund-Regeln in so viel, als sie hierzu dienlich sind, in perfectione studieret haben, daß es scheinet, gleich als ob er von einer so annehmlichen Veränderung nach der andern regieret würde.

Und da gehöret gewißlich ein rechtes Kunst- und Meister-Stück darzu, wenn man nemlich seinen Leib, Augen, Arme, Hände, Füsse, u. s. f. an statt der Zunge gebrauchen will. Man muß den gantzen Leib mit seinen Gliedmassen in gehoriger Decence und Anmuth zu geberden, wenden und kehren wissen: Die Füsse müssen allemal saubere und nette Pas formiren: Die Arme, Hände und der Kopff müssen decore und auf eine recht anmuthige Weise moviret werden: Das Gesichte muß morat seyn, weder lachen, noch sauer sehen, sondern sich allemal modest und indifferent praesentiren: Der Mund muß freundlich, und die Augen lieblich ... allezeit auf das Frauenzimmer gerichtet seyn.«

Gottfried Taubert »Rechtschaffener Tantzmeister« Leipzig 1717

Pavane

»Der Tantz aber ... kömpt ursprünglich aus Hispanien[1], Inmaßen man sihet, daß er mit sonderlichen, langsamen, zierlichen Tritten und Spanischer gravitet formiret werden muß« (Praetorius »Syntagma musicum« 1619).

Nie durfte das Gesamtbild den Eindruck »voller Würde und Erhabenheit« (Shakespeare: Much ado about nothing, II, 1) verlieren, sondern immer »die schöne Haltung in der Bewegung und die Majestät in der Ruhe bewahren«, wie Brantôme sie bewunderte, als er die Pavane von Heinrich II. und seiner Schwester vor Katharina von Medici getanzt sah. Sie war ein echter Umgangs-Tanz, frei von Pantomime, im Gegensatz zu Galliarde und gehüpfter Courante.

»Der Edelmann kann sie mit Degen und Barrett tanzen, ihr Anderen in Euren langen Roben«, lehrte der Domherr Tabourot (Arbeau) seinen Schüler Capriol. »Den Königen und Fürsten dient die Pavane dazu, sich prunkend zu zeigen in

16

ihren großen Mänteln und Staatskleidern, begleitet von der Königin, den Prinzessinen und Hofdamen, welche die langen herabgelassenen Schleppen ihrer Roben auf dem Fußboden nachschleifen oder zuweilen von ihren Damen tragen lassen.« Die Länge der Schleppen wurde mit 5 m, diejenige der Schritte mit höchstens 15 cm beschrieben bei einem Abstand der Paare von 60 cm. Die Schritte wurden, im Gegensatz zur basse danse, von Tänzer und Tänzerin mit gleichem Fuß begonnen. »Die Tanzenden beginnen das Vorwärtsschreiten mit dem linken, das Rückwärtsschreiten mit dem rechten Fuß« in dem Bewegungsablauf von zwei einfachen Nachsetzschritten (pas simples) und einem Doppel-

[1] *pavo = Pfau.*

schritt mit Ansetzen (pas double), kurz simple und double genannt. »Wenn man nicht zurückschreiten will, so geht man nur vorwärts. Man wiederhole die Melodie so oft, als den Spielleuten oder Tänzern beliebt.« Arbeau gab seinem Schüler eine solche, »sie mit sieben Strophen vierstimmig singen oder spielen zu lassen«[2]. »... Wer will, kann sie auf Geigen, Spinetten, Querflöte, Oboen und auf allen Arten von Instrumenten spielen lassen, sogar gesungen kann sie werden ... und unterstützt das Tambourin mit seinen Schlägen[2] vorzüglich die Stellung der Füße.« »Unsere Musiker lassen sie in der Kirche erklingen, wenn Töchter aus vornehmen Häusern, von den Priestern und den Mitgliedern verschiedener ehrenhafter Bruderschaften begleitet, verheirathet werden« ... ein Tanz erklang an feierlichstem Ort, und die Spanier wagten es sogar, Pavanen zu Ehren der Muttergottes zu schreiben und ihr zu widmen (Sachs).

Die Pavane oder »Le grand bal«, wie sie seit 1530 hieß, eröffnete zum Klange von Posaunen und Oboen jedes königliche Tanzfest[3]. »Auch bedient man sich der Pavanen bei Maskeraden, wenn Götter und Göttinnen, Kaiser und Könige mit all ihrer Majestät auf Triumphwagen einherziehen« (Arbeau 1588)[4].

1508 wurde in Italien die erste Pavane gedruckt, ab 1529 erschienen in Paris die berühmt gewordenen Attaingnant'schen Tanzbücher, derem VI. Livre de Danceries (1555) das Musikbeispiel II der Choreographie entnommen ist. Allmählich war der »Große Tantz«, die Pavane, an die Stelle der Basse Danse getreten. 1588 blickte Arbeau leicht wehmütig auf ihr Entschwinden, obgleich er hoffte, »daß solche ehrbaren Tänze an Stelle der unzüchtigen und schamlosen,

[2] *s. Musikbeispiel »Belle, qui tiens ma vie«.*

[3] *Noch der Musikstil des beginnenden 20. Jhdts. vermochte in der »Pavane pour une Infante défunte« von Ravel die einzigartig feierlich-festliche Haltung dieses 300 Jahre zuvor vergangenen Tanzes auszudrücken.*

[4] *Czerwinski (in seiner Übersetzung Arbeaus, welcher auch die deutschen Zitate entnommen sind) ergänzte: »Die Angabe ist deshalb wichtig, weil sie uns gewisse offene Passagen des ›Ballet comique de la Reine‹ erklärt, welches Baltazarini 1581 auf Befehl König Heinrichs III arrangiert hatte. In demselben befinden sich nämlich Lücken an Stellen, wo die Handlung Musik erfordern würde, und es ist anzunehmen, daß der Componist dieselben vorsätzlich freiließ, um sie bei der Aufführung durch die Musik gewisser Pavanen ausfüllen zu lassen. Wir werden also die Pavane als den Aufzug des Hofes und seines Gefolges sowie der vornehmen Paare bei einem Ball aufzufassen haben.«*

die man statt ihrer eingeführet habe[5], wieder erhoben werden möchten. Ich denke, sie wird niemals abgeschafft«, bekräftigte Arbeau seine Worte, während er die Pavane lehrte. Aber oft wurde bereits ein Branle statt einer Pavane getanzt; denn sein Schüler Capriol antwortete: »Ich habe beobachtet, daß in guter Gesellschaft der Tanz gewöhnlich mit einem Branle beginnt.« Branles wurden in mannigfacher Veränderung der auch die Pavane bildenden Schrittformen simple und double getanzt, und der »Branle double« (nur mit doubles getanzt) zeigt eine der Pavane ähnliche feierlich-ruhige Grandezza. »... und am Ende durchschlingen sie einander und formen die Hecke«, erklärte Arbeau zu einem seiner zahlreichen Branles: Hecke (haie), wie die Kette (chaîne) eine der uralten Formen des Schlängelreigens[6], der symbolhaft in der 2. und 5. Tanz-Strophe der Choreographie erscheint. »Dreißig Neue auserlesene Padouanen und Galliarden — nach Teutscher Art gesetzet — so zuvor niemals in Truck kommen, auf allen Musikalischen Instrumenten lieblich zu gebrauchen«, entbot 1604 Johannes Ghro als »dienstwilliger Organist zu Meissen« seinem »Edlen Gestrengen und Ehrenwerten großgünstigen Juncker R. v. Bünow, der als günstiger Beförderer der Edlen Musica gerühmet wird«. Padouanen, schrieb Ghro, aber er komponierte echte Pavanen. Die »Paduane«, nach dem Namen der Stadt Padua benannt, hat nichts mit der Pavane zu tun. Sie steht im $^6/_8$, später dreiteiligen Takt, entstand auch Jahrzehnte später, 1546 zuerst nachweisbar. Aber es war 1508 in Italien auf dem Erstdruck französischer Pavanen statt »Pauanes« das Wort »Padoane« erschienen. Das Land der Musik blieb maßgeblich. Obgleich es sich dem Tanz nach ($^4/_4$) fast immer um Pavanen

[5] *Zu diesen zählte als der am meisten angefeindete Tanz die »Galliardische Volta«. Königin Elisabeth von England, als deren Lieblingstanz die Pavane galt, versagte sich jedoch nicht, ebenfalls im Wirbel der Volte gedreht und hoch emporgehoben zu werden.*

[6] *der in England eine der Hauptfiguren des Country-Dance bildet (chaîne anglaise), im American Square als »The Grand Right and Left« erscheint und in vielen Varianten jahrhundertelang seinen Platz in allen Contres und Quadrille-ähnlichen Tänzen Europas behauptete (s. Choreographien Menuet en huit und Gigue) und heute noch im Volkstanz lebt. Caroso, der große Tanzmeister der Renaissance in Italien, gab dieser reizvollen Figur den ersten choreographischen Grundriß der Tanzgeschichte in der Zeichnung seines Contrapasso nuovo (»Nobiltà di Dame«, Venedig 1605).*

handelte, schrieben Peurl (Neue Paduanen), Schein (Banchetto musicale newer anmutiger Paduanen, Gagliarden) – um nur einige bedeutende Komponisten Deutschlands um 1600 zu nennen –, stets das italienische Wort. Die Padoane oder Padovane findet sich später in gleichen Suiten zur Pavane benachbart, hierdurch eindeutig ihren Unterschied nicht nur in der Taktart, sondern im Tanzstil, beweisend, der ebenfalls für die Ausführung französischer und italienischer *Pavanen* galt[7].

Arbeau lehrte außer der Pavane die »Pavane d'Espagne« (die weit später als die ursprüngliche Pavane nach Frankreich kam), deren Teilungen und Fußbewegungen des Double, »wenn sie hübsch und schnell ausgeführt werden, der Pavane das Ernste nehmen und mit verschiedenen Gesten getanzt wird. Weil sie Ähnlichkeit mit dem Canarischen Tanz (Canarie) hat, werde ich sie mit diesem zusammen erklären«. Sechs Fleurets nacheinander zeigt u. a. ihre Tabulatur. Der Hang zu schnellerer Tanzbewegung war nicht mehr aufzuhalten, und häufig wiesen große Festlichkeiten keinen langsamen Tanz mehr auf.

Bei Hofe jedoch wurde weiterhin der Stil des »Bal de cérémonies« gepflegt, von dem Marguerite de Valois (Reine de Navarre) in ihren »Mémoires« schrieb: »... la Cour s'y distingua par la noble gravité des danses sérieuses«, und von dem – hundert Jahre später unter Louis XIV stattfindend – J. Bonnet[8] berichtet, daß alle Sorgfalt aufgewendet wurde, die Formen des *belle danse* (zu welchem u. a. der Lieblingstanz des Königs, die Courante, wie das Menuett gehörten) glänzen zu lassen, »... où la noblesse & la bonne grace de la danse parurent dans tout son lustre«.

Das berühmte Paar geraden und ungeraden Taktes, getretenen und gesprungenen Schrittes, Pavane und Galliarde, häufig wie auch die anderen Vor- und Nachtanzpaare Passamezzo – Saltarello, Allemande – Tripla u. a. aus gleicher Melodik entwickelt (»a kind of musicke-made out of the other« wie Thomas Morley[9] 1597 sagte), verging mit beginnendem 17. Jhdt.

[7] *»La différence entre les Pavanes de Th. Arbeau (1588) et celles de Caroso (Il ballarino, Venedig, 1577) est très grande: autant les premières sont gracieuses, glissant légèrement à terre, décemment provacantes entre danseurs et danseuses, autant les deuxièmes sont sautillantes, inquiètes par des petits sauts sur place ... et des cabrioles brisées ...«*
L. Fonta: Einleitung zu Arbeaus Orchésographie, Neuausgabe Paris 1888.

[8] *»Histoire générale de la danse« Paris 1724.*

[9] *»A plaine and easie introduction to practicall musicke.«*

Passamezzo

»Ist die Pavane nicht zu feierlich und schwer, um von einem Paar allein in einem Saal getanzt zu werden?« ließ Arbeau seinen Schüler Capriol fragen, und er antwortete ihm: »Die Musikanten spielen sie oft leichter, schnelleren Taktes, wodurch sie einem Basse Danse ähnlich wird und Passemeze heißt.«

Aus diesem Zusammenhang heraus ist die »Pavane-Passemaize« von Claude Gervaise[10] zu verstehen, die das sechste Tanzbuch Attaingnants (1555) enthält, wie Passamezzo-Pavanen von W. Byrd und P. Philips im Fitzwilliam Virginal Book (ca. 1625).

Den verschiedenartigen, oft falschen Auslegungen des Namens[11] stellt Mabel Dolmetsch (»Dances of Spain and Italy« London 1954) eine überzeugende Deutung gegenüber: »The dance named Passomezzo is the Italian version of an ornate pavan, and has a strong affinity with the Spanish Pavan. ... The Italian name has been subjected to various corruptions, such as Arbeau's *passemeze*, Carosos *passo e mezo* and Sir Toby Belch's *passy measure pavin.* The original name was *passomezzo,* meaning the ›half-step‹ since its movement and tempo were quickened in that proportion, as contrasted with the solemn processional pavan.«

Ein *»passeggio«* aus Carosos erstem »Passo e mezzo« stellt die im späteren französischen Tanz »tour de main« genannte Bewegungsform dar, und man versteht, daß dieser Tanz später das »italienische Menuett« genannt werden konnte: Marguerite de Valois galt — wie Elisabeth von England — als berühmte Tänzerin in Europa, und wir lesen über sie: »Die Grazie ihrer Bewegungen kann Brantôme nicht genügend bewundern, besonders aber hebt er das Entzücken hervor, daß sie weckte, wenn sie tanzte — ›La Pavanne d'Espagne oder pazzameno‹, das italienische Menuett.« (Chledowski »Die letzten Valois« München 1922)

[10] *Violinist und Komponist am französischen Hof.*

[11] *»Der Passamezo ist ein alter italiänischer Tantz von sanftem, ruhigen Charakter, ›passamezo a passando, transeundo‹, daß man gar sanfft und allmählig hereintritt, wenn darnach getantzet wird. Und gleich, wie ein Gaillard fünf tritt hat, und daher ein Cinquepas genennet wird: Also hat ein Passamezo kaum halb so viel pas, als ein Gaillard, quasi dicas: mezo passo.« Praetorius »Syntagma Musicum« 1619 (III,24).*

»Ein Tantz ... in Italien, darin man mitten durch das Gemach ging«, schrieb J. G. Walther in seinem »Musicalischen Lexicon« Leipzig 1732, diese Erklärung sicherlich von M. Mersenne (»Harmonie universelle« Paris 1636) übernehmend, der sagte: »La Passemezze est un chant à l'Italienne propre à dancer: elle servoit le temps passé d'entré aux basses dances: or elle se dance en faisant quelques tours par la sale avec certains pas poséz et puis en la traversant par le milieu, *comme le mot le porte ... sa mesure est binaire.«*

Pavane

Pavane
Tanz für 8 Paare[1]
mit 6 Tanz-Strophen

nach der wechselnden Musik: Pavane »Belle qui tiens ma vie« (anonym, Chorsatz bei Arbeau: »Orchésographie« 1588)[2] und
Pavane: Claude Gervaise (1550)

Reverenz

4 taktig: ohne folgenden Branle oder Kontinenz
oder 8 taktig: mit Branle oder Kontinenz
(s. Kapitel »Reverenzen der Renaissance«)

1. Tanz-Strophe[2]	*Prozession* paarweise auf Kreislinie
2. Tanz-Strophe	*Heckenform* einzeln im Zickzack
3. Tanz-Strophe	1. Teil *Prozession* paarweise auf Kreislinie vor- und rückwärts
	2. Teil getrennte Tanzwege
	□ um eigenen Platz
	○ zur Kreismitte und zurück
4. Tanz-Strophe[2]	*Prozession* (wie Strophe 1)
5. Tanz-Strophe	*Heckenform* (wie Strophe 2)
6. Tanz-Strophe[2]	*Prozession* (wie Strophe 1 und 4)

Reverenz
4 taktig oder im Zeitmaß verkürzt 2 taktig
(s. Kapitel »Reverenzen der Renaissance«)

Handfassung und Armhaltung sind den Bildern entsprechend zu wählen.

Der Grundschritt ist eine sich regelmäßig wiederholende Folge von simple (s) und double (d) Schrittformen, die in ebenfalls regelmäßigem Wechsel einmal links (l), einmal rechts (r) begonnen werden.

Grundschritt links

Takt	
1	simple l
2	simple r
3+4	double l

Grundschritt rechts

Takt	
1	simple r
2	simple l
3+4	double r

[1] *Der Tanz ist für weniger oder für mehr Paare ebenfalls auszuführen. Jedoch treffen nur bei 4 oder 8 Paaren die Partner nach der Heckenform wieder zusammen, während sonst Partnerwechsel eintritt.*
[2] *Die Tanzstrophen 1, 4, 6 sind ad lib. als 4 stmg. Chorsatz (Arbeau) zum Tanzen zu singen.*

Ausführung von Grundschritt l

	Takt	Zählzeit[3]	
simple l	1	1	l Fuß aus 1. Pos. schräg vorwärts setzen[4] mit entsprechender Kopfwendung l und Verlagerung des Gewichtes auf l Bein[5] (r Knie gibt locker nach)
		3	r Fuß in 1. Pos. ansetzen[6], Knie strecken und auf Zehenspitzen heben
		4	beide Hacken senken
simple r	2	1	r Fuß schräg vorwärts setzen[4] mit entsprechender Kopfwendung r und Verlagerung des Gewichtes auf r Bein[5] (l Knie gibt locker nach)
		3	l Fuß in 1. Pos. ansetzen[6], Knie strecken und auf Zehenspitzen heben
		4	beide Hacken senken
double l	3	1	l Fuß in 4. Pos. l vorwärts setzen[4] (während des double werden die Schritte auf der Kreislinie ausgeführt)
		3	r Fuß in 4. Pos. r vorwärts setzen (ad lib. mit »ondeggiare«, d. h. mit leichtem Heben und Senken der Hacken)
	4	1	l Fuß in 4. Pos. l vorwärts setzen
		3	r Fuß in 1. Pos. ansetzen und auf Zehenspitzen heben
		4	beide Hacken senken

Takt 5—8 bilden den *Grundschritt r* (simple r, simple l, double r), der, mit r Fuß beginnend, genau gegengleich wie Grundschritt l auszuführen ist.

[3] Die nicht aufgeführten Zählzeiten bedeuten Bewegungsübergang oder Verharren in der erreichten Position.

[4] Die Schritte sind flach uber dem Boden, fast gleitend, auszufuhren.
Lehrte Mabel Dolmetsch (»Dances of England and France 1450—1600«), ebenfalls die Schrittformen flach und gleitend auszuführen und erst mit Ansetzen des Spielbeins die »ondeggiare« Bewegung des Hebens und Senkens auszuführen, so läßt Melusine Wood (»Some Historical Dances«) die ganzen Grundschrittformen auf Zehen ausführen und erst mit Ansetzen des Spielbeins in 1. Pos. die Hacken senken.

[5] Ein leichtes Neigen der Tanzenden (im Sinne der Branlebewegung) oder ein leichtes Strecken im Sinne des »pavoneggiare« der Kontinenz (s. Kapitel Reverenzen der Renaissance) wäre ad lib. auszuführen.
»When this pavan was performed out of door by a procession of ecclesiastical dignitaries, it may be supposed, that the movements were less pronounced than it was danced in a ballroom« (M. Dolmetsch, »Dances of England and France«, London 1949). »At Queen Elizabeth's Court the Pavane ... was dignified rather than elaborate ... it was more convenient to make the steps straight forward, without bowing to the side« (M. Wood »Some Historical Dances« London 1952).

[6] Das Heranführen des Spielbeines an das Standbein ist ad lib. als »marque pied« auszuführen, d. h. auf der Fußspitze leicht betont heranzuschleifen.

Choreographie

Reverenz

1. Tanz-Strophe

Prozession auf Kreislinie — Paare stehen, innere Hände gefaßt, auf Kreislinie Tz.Z. 1

1

Takt	
1—4	Grundschritt l
5—8	Grundschritt r
9—12	Grundschritt l weiter auf Kreislinie
13—16	Grundschritt r weiter auf Kreislinie, jedoch als Abschluß in Takt 16 zueinander wenden und Hände lösen

2

□ legt r Hand mit auf l Hüfte
○ trägt beide Hände frei — Tz.Z. 2

1—4

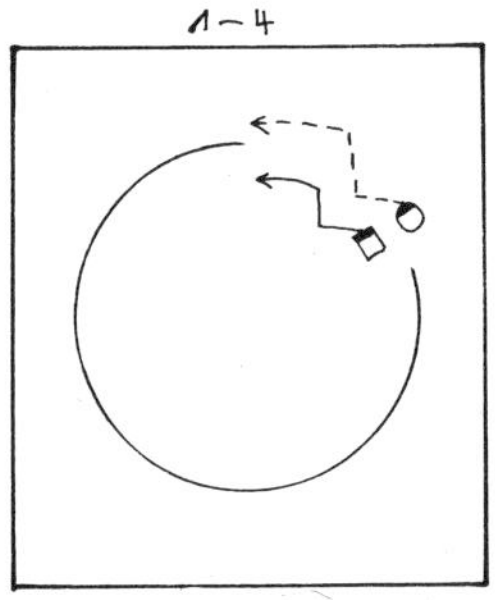

5—8

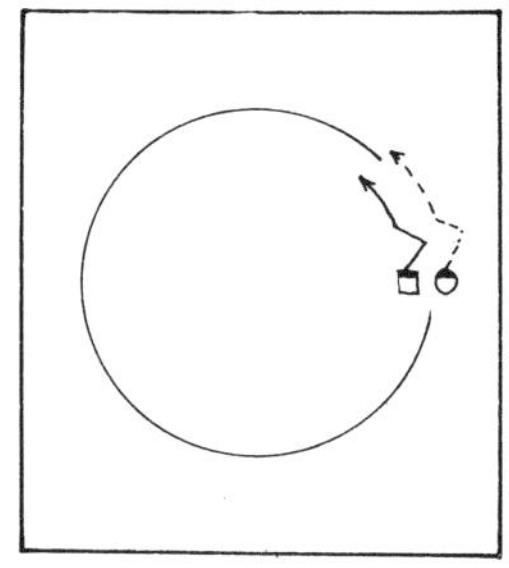

2. Tanz-Strophe

Heckenform

3

Takt	
1	simple l seitwärts l mit Kopfwendung l
2	simple r seitwärts r mit Kopfwendung r
3—4	double l schräg nach l vorwärts. Mit Kopfwendung l an dem von l kommenden Tänzer l Schulter an l Schulter verbeigehen und mit dem letzten Schritt eine Wendung um l Schulter ausführen Tz.Z. 3
5—8	wie Takt 1—4, jedoch Grundschritt r, und jetzt double r mit r Schulter aneinander vorbeitanzen. Dann steht □ wieder innen und ○ außen
9—12	genau wie Takt 1—4 (Grundschritt l)
13—16	genau wie Takt 5—8 (Grundschritt r) Als Abschluß dreht sich ○ um r Schulter zu ihrem □ und reicht ihm die l Hand. Tz. Z. 1

1

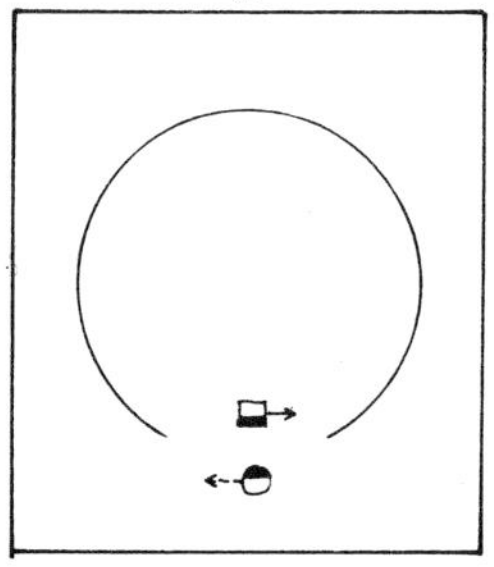

3—4

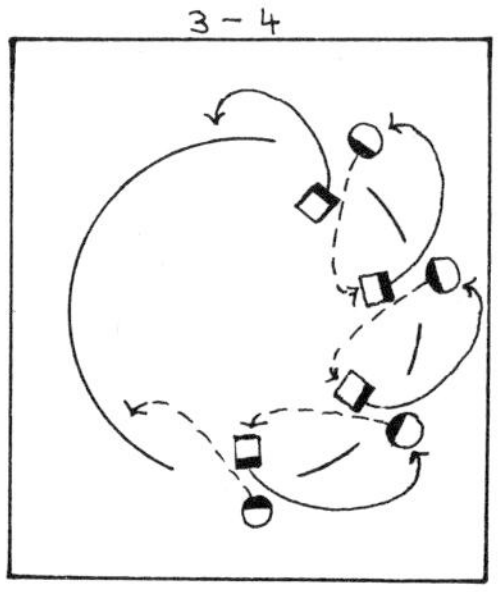

7—8

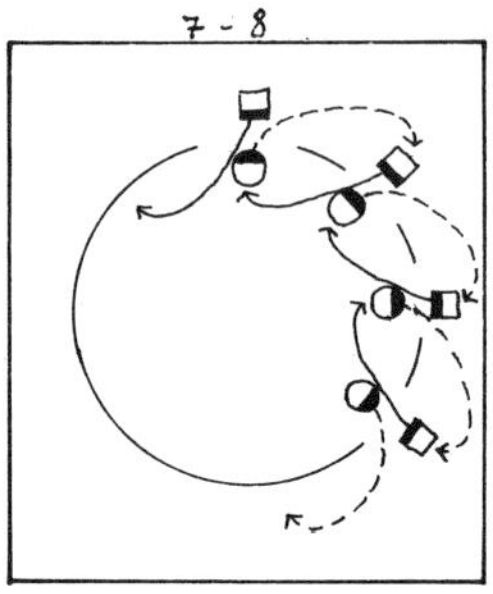

3. Tanz-Strophe

1. Teil: Prozession vor- und rückwärts

2. Teil: ○ zur Kreismitte und zurück, □ um eigenen Platz

Takt

1—4 Prozession vorwärts auf Kreislinie genau wie Takt 1—4 der 1. Tanz-Strophe
Grundschritt l

5—8 Prozession rückwärts
Grundschritt r

5 Simple r schräg rückwärts r mit Kopfwendung r

6 Simple l schräg rückwärts l mit Kopfwendung l

7—8 double r paarweise zur Kreislinie eindrehen (□ rückwärts, ○ vorwärts tanzen und Hände lösen (□ legt r Hand mit auf l Hüfte, ○ trägt Hände frei)

		□	○
9	*simple l*	seitwärts l Kopfwendung l	schräg vorwärts l Kopfwendung l
10	*simple r*	seitwärts r Kopfwendung r	schräg vorwärts r Kopfwendung r
11—12	*double l*	l herum einen Kreis um eigenen Platz Tz.Z. 4	Weiter auf Kreismitte zu und während Takt 12 eine halbe Drehung um l Schulter Tz.Z. 4
13	*simple r*	seitwärts r Kopfwendung r	schräg vorwärts r Kopfwendung r
14	*simple l*	seitwärts l Kopfwendung l	schräg vorwärts l Kopfwendung l

4

15—16 *double r*

□ ○ tanzen auf vorgeschriebenem Weg (Blick zueinander), Ausgangsposition einnehmend. Tz.Z. 1

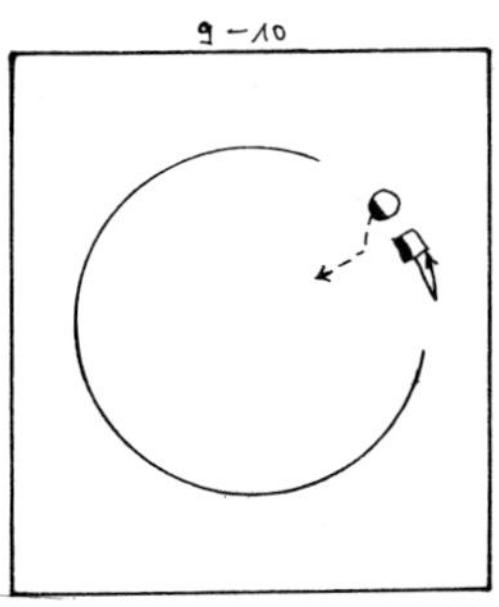

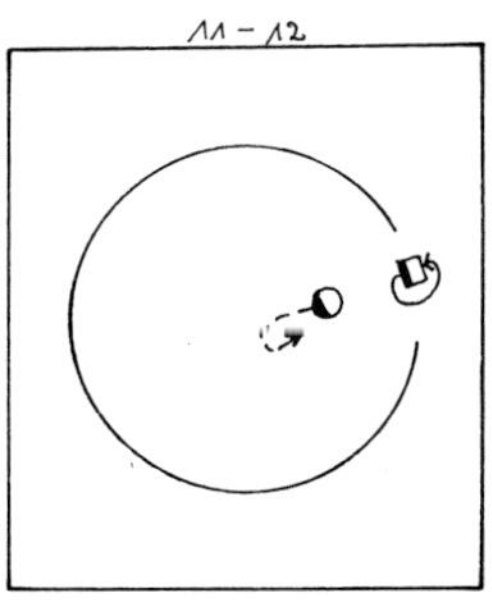

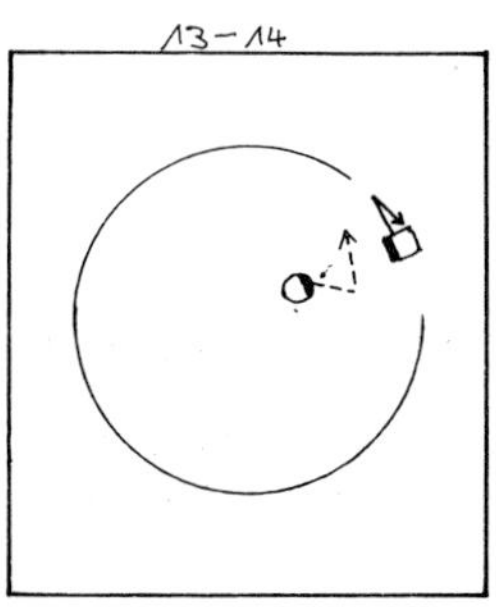

4. Tanz-Strophe: Prozession[7] wie Strophe 1 (mit Grundschritt r rückwärts ad lib.)
5. Tanz-Strophe: Heckenform wie Strophe 2
6. Tanz-Strophe: Prozession wie Strophe 1 und 4 (mit erstem Grundschritt r rückwärts ad lib.)

Reverenz (4 taktig)

Varianten

Als Beginn: Tanz-Aufzug der Paare (auch von zwei allmählich die Kreislinie erreichenden Gruppen von je vier Paaren getanzt) statt eröffnender Reverenz und Kreisprozession (Strophe 1).

Als Abschluß: Hinaustanzen der Paare statt Kreisprozession (Strophe 6) und abschließender Reverenz.

[7] *»La Pavanne vient d'Espagne & est ainsi nommée, parce que ceux qui la dancent font des roues l'un devant l'autre à la façon des Paons, & avec telle gravité que la cape et l'espée ne nuisent de rien ...« (Mersenne »Harmonie universelle« 1636). »Die Pavane kommt aus Spanien und wird so genannt, weil die Tanzenden nach Art der Pfauen mit solcher Würde voreinander herstolzieren, daß Umhang und Degen nicht stören.«*

Galliarde

»Galliarda, Italié Gagliarda, est strenuitas, fortitudo, vigor, in Frantzösischer Sprach Gaillard oder Gaillardise und heißt eine gerade Geschwindigkeit. Weil demnach der Gaillard mit Geradigkeit und guter Disposition mehr als andere Täntze muß verrichtet werden, also hat er ohne Zweiffel den Namen daher bekommen. Die Italiäner nennen ihn gemein Saltarelli, da bisweilen amorosische Texte darunter gesetzt seyn, welche sie in Mascaraden selbst singen und zugleich tantzen, obgleich keine Instrumente darbey vorhanden.« (Prätorius »Terpsichore« 1612).

Sprang der Herr kraftvoll und hoch, so machte die Tänzerin »leichtfüßige Sprünge, kunstvolle Fleurets und blitzartige Drehungen» (Zuccolo »La pazzia del ballo« Padova 1549). Königin Elisabeth von England, eine der gewandtesten Tänzerinnen ihres Hofes, pflegte noch im Alter von 56 Jahren jeden Morgen 6–7 Galliarden als körperliche Übung zu tanzen. Sagte Arbeau, ein schneller Branle sei »besonders gut für den Winter geeignet«, so war es eine Galliarde nicht minder. Schon nach wenigen Takten »wallt das Blut«; denn der Eindruck des Tanzes soll »lustig und kühn« sein und »composé de mouvements gaillards«. Er verlangt, daß ohne »niedere Schritte« mit ständigen Hüpfern, dazu Beinstößen (der Herr mit »grue«: Kranichschritt = hohem Stoß, die Dame mit »pied en l'air«, leichtem, fast schleifendem Fußvorstrecken), Beinkreuzen (hoch als *grue*, niedriger als *pied croisé*) wie auch »dem großen Sprung mit nachfolgender Position« (*Cadenz* genannt) getanzt wird und in die *Cadenz* ad lib. *Entrechats, Capriolen, Tours en l'air* eingeschaltet werden. Eine gut getanzte Galliarde zeigt deutlich, daß auf ihrer Kunstfertigkeit ein guter Teil unserer heutigen Ballettpraxis beruht.

Nach historischer Angabe wurde die Galliarde als einziger Tanz mit dem Hut *in der Hand* aufgeführt – Arbeau und andere Schriftsteller, wie Tanzbilder (s. Abb. 18 und 19) beweisen, daß viele Tänzer ihn nach der Reverenz wieder aufsetzten. Sicherer war es jedenfalls, ihn in der Hand zu behalten, um ihn nicht zu verlieren bei der »stürmischen Art dieses Tanzes«. »Manche fielen sogar bei den Sprüngen, welche große Gelenkigkeit erforderten, zu Boden, was ihnen den Spott und das Gelächter der Anwesenden zuzog.« Das zunächst ruhige Zeitmaß der Galliarde wurde später rascher genommen, und so erhielt die Galliarde in Deutschland den Namen »Geißtanz«. Sie war hierher erst spät gekommen. Sastrow beschrieb nach dem Reichstag zu Augsburg 1548 einen ihm gänzlich unbekannten Tanz »Algarde«: »er thete ab und zu gewaltige Sprünge, sie auch; wuste jme von allen Seiten zu begegnen, daß es mit Lust anzusehen war«, und Thomas Platter erwähnt sie noch 1595 als ihm »fremd« (zitiert bei Sachs).

18

Die Galliarde wurde zum Tanze gesungen und gespielt, »oft beides vereint«. Tanz zum Lied findet von selbst sein rechtes Maß der Bewegung. Auch die nachfolgende Tanz-Darstellung sieht eine gesungene und eine gespielte Galliarde im Wechsel als Begleitung vor.

»Ich rathe Ihnen, nach der Reverenz fein bescheiden am Boden zu tanzen, außerdem mit der Tänzerin eine Tour durch den Saal zu machen, dann sich von ihr zu

19

verabschieden (congé), sie allein tanzen zu lassen, während Sie Ihre 5 Pas nun höher ausführen, bis Sie sich wieder vor ihr befinden«, lehrte Arbeau seinem Schüler und sagte weiter:

»Seit einiger Zeit tanzt man die Galliarde in einer Weise, welche Lyonnaise heißt, bei welcher der Tänzer sich von seiner Tänzerin verabschiedet und sich zurückzieht. Nachdem die Tänzerin nun nach seinem Weggehen allein eine Weile den Tanz fortgesetzt hat, wählt sie sich einen anderen Partner, den sie nun ihrerseits, nachdem sie miteinander getanzt, verläßt ... diesen Wechsel setzt man fort, solange die Galliarde gespielt wird.« (vgl. Choreographie, welche die leichte Heiterkeit der Galliarde-Varianten »Lyonnaise« oder »del piantone«, in denen solo getanzt wird und Partner gewechselt werden, im kurzen Solo der Damen aufklingen läßt.)

18

»Fein bescheiden am Boden«, dem Tourdion gleich, sollte der Tanz der Galliarde begonnen werden. Der Tourdion war der lebhafte Tanz der »basse danse«, ihr 3. Teil. Tourdion und Galliarde hatten gleiche Art von Musik und gleiche Schrittart; aber der Tourdion wurde flacher (als »Gaillarde par terre«) und daher schneller getanzt. Die Paare hielten sich während des Tanzes bei der Hand, während sie sich in der Galliarde nach dem kurzen Umgang lösen mußten, sobald der Werbetanz mit seinen hohen Sprüngen, Fuß-Stößen und Drehungen begann.

Die stürmischsten Sprünge mit Fassung und Drehung verlangte jedoch die »Galliardische Volta, »wo man einander an schamigen Orten fasset, und welche durch die Zauberer aus Italien nach Frankreich ist gebracht worden«, wie A. Czerwinski in seiner Übersetzung des Arbeau (aus Joh. Prätorius »Buch gegen den Tanz« Leipzig 1668) zitiert. Arbeau erklärte seinem Schüler: »Die Volte ist eine bei den Provençalen[1] gebräuchliche Art der Gaillarde, welche, wie der Tourdion,

[1] *»Immer wieder erheben französische Schriftsteller den Anspruch auf den französischen Ursprung des Walzers; die Volte sei seine Mutter. Das Hochheben der Tänzerin kann aber schon um Jahrhunderte früher in Deutschland nachgewiesen werden, das geschlossene Drehen fällt dem Franzosen Montaigne in Deutschland als etwas Ungewohntes auf, und das Anfassen unter dem Blankscheit ... wird schon Jahrzehnte, bevor die Volte auch nur den Weg von der Provence nach Paris fand, in Westfalen abgebildet. ... Die Volte selbst hat ihr angebliches Kind nicht mehr gesehen: Mersenne führt sie zuletzt noch 1636 unter den lebenden Tänzen an.« Curt Sachs.*

»La Volte monstre ce semble par son nom qui signifie torner, qu'elle vient d'Italie, car elle se danse tornant.« M. Mersenne »Harmonie universelle« 1636.

im Dreivierteltakt getanzt wird ... Wollen Sie nun wenden, so lassen Sie die linke Hand der Dame los, legen Ihren linken Arm über deren Rücken, fassen Sie mit der linken Hand am Leibchen, an ihrer Hüfte, und greifen gleichzeitig mit Ihrer rechten Hand unten ans Corsett-Blankscheit, um ihr daran sowohl wie mit dem Druck Ihres linken Schenkels, beim Springen zu helfen ... Ich überlasse es nun Ihrem Urtheile, ob ... bei der Volte nicht die Sittlichkeit und Gesundheit gefährdet wird ...«

18

Abb. 20 zeigt eine frühe italienische Galliarde (1480), 100 Jahre vor Arbeaus Beschreibungen, mit Handfassung eines Paares auch während des Tanzes. Der Ausdruck der Tänzerin ist der Armhaltung entsprechend gehemmt. Die vielen Grundschrittarten mit ihren Verbindungsmöglichkeiten und hohen Anforderungen – in der Orchésographie allein finden wir fast 20 Tabulaturen – lassen die Galliarde zu einem Tanz echter Kunstfertigkeit werden, zumal alle gewählten Schritt-Formen und Verbindungen, die mit dem linken Fuß begonnen wurden, als Wiederholung mit beginnendem rechten Fuß getanzt werden müssen (oder umgekehrt). »Lustig und aufgeräumt muß man sein, um sie zu tanzen.« Diese Forderung gilt heute wie damals bei Studium und Ausführung des »Cinq-pas«, wie die Galliarde häufig genannt wurde, »sink a pace« finden wir bei Shakespeare, denn fünf Schritte: vier kleine Hüpf-Schritte und ein hoher Sprung-Schritt sind ihr Grundmotiv. Dieses erstreckt sich als Hemiole über 2 Takte im Dreischlag und gleicht hierin dem frühen Menuett-Schritt.

20

Wir finden den Tanz um 1480 in Italien zuerst erwähnt. 1529/30 druckte Attaingnant in Paris die erste große Sammlung von Galliarden[2], in England wird sie erst später, 1541, nachgewiesen. Bis 1650 wurde sie getanzt, ihre »Schwester«, die Pavane, um ein halbes Jahrhundert überlebend.

[2] *Neudruck »Pariser Tanzbuch« von Pierre Attaingnant, Paris 1529/30, für Melodie-Instrumente (Edition Schott) wie »Musik aus früher Zeit« für Klavier (Edition Schott), welcher das Galliardenbeispiel (Musik II) der folgenden Choreographie entnommen ist.*

Galliarde

Galliarde
Tanz für drei Paare[1] mit zwei Tanz-Strophen
nach einer holländischen Galliarde[2] (anonym um 1600) und
nach einer Französischen Galliarde (gedruckt bei Attaingnant Paris 1530)

Reverenz

1. Tanz-Strophe: Tanz auf Geraden, Bögen und Halbkreisen
2. Tanz-Strophe: abwechselnder Solotanz, Schreitwege und großer Kreis der Tänzerinnen mit Passagères Révérences

Da Capo ad lib.
Reverenz

Ausgangs- und Schlußhaltung der Paare: gegenüber in Doppelhandfassung nach Caroso (Abb. 6)

Ausführung des Grundschrittes l (zweitaktig)
(alle Hüpfschritte sind auf Zehenspitzen auszuführen)
Ausgangshaltung: 4. Pos. l (l Bein unbelastet und gestreckt vor r Bein aufgesetzt)
Im Laufe des Tanzes (nach Lösen der Handfassung) ist die Armhaltung frei zu wählen oder den historischen Bildbeispielen anzugleichen, welche die Hände meist auf die Hüften gelegt zeigen.

Takt	Zählzeit	
1	1	Gewicht auf l Fuß (in 4. Pos. l) übertragen und hochhüpfen r Bein: □ Grue, ○ Pied en l'air
	»und«	l Fuß berührt wieder den Boden r Bein gestreckt senken
	2	r Fuß in 4. Pos. r aufsetzen, Gewicht übertragen und hochhüpfen l Bein: □ Grue, ○ Pied en l'air
	»und«	r Fuß berührt wieder den Boden l Bein gestreckt senken
	3	wie Zählzeit 1 in Takt 1[3]
2	1	wie Zählzeit 2[4] in Takt 1
	2	Gewicht auf l Bein übertragen und Großer Sprung aus 4. Pos. l[5]
	3	4. Pos. r (Gewicht bleibt auf l Fuß, r Bein unbelastet und gestreckt vor l Bein aufgesetzt)

Grundschritt r mit umgekehrter Fußsetzung

[1] *Die Choreographie ist mit wenigen Änderungen ebenfalls für ein Einzelpaar (Paar 1) auszuführen. In Galliarde II wäre der Kreisweg der Tänzerin auch für den Tänzer — jedoch in entgegengesetzter Richtung (statt seiner Reverenzen) gültig.*
Auch als Solotanz für einen Tänzer oder eine Tänzerin ist die Choreographie abzuwandeln. Von dem Prinzen Johann Ernst von Sachsen wurde 1612 berichtet, er habe »den Galliard ganz allein mit solcher Zier und Wohlanstand, mit so feiner Mensur und anmutiger Grazie getanzt, daß jedermann es rühmte« (Böhme 1886), und die »Morgen-Galliarden« der Königin Elisabeth wurden bereits im Vorkapitel geschildert.
[2] *Der historischen Praxis entsprechend (s. Vorkapitel: Prätorius) wäre die Melodie der Galliarde I (Wie sal my troetelen) zum Tanze zu singen: als vierstimmiger Liedsatz für gemischte Stimmen (solistisch oder chorisch besetzt) oder als Sologesang mit begleitendem Instrumentalsatz.*

Grundschritt-Schema

Grundschritt-Schema (zweitaktig im 3/4 Takt)

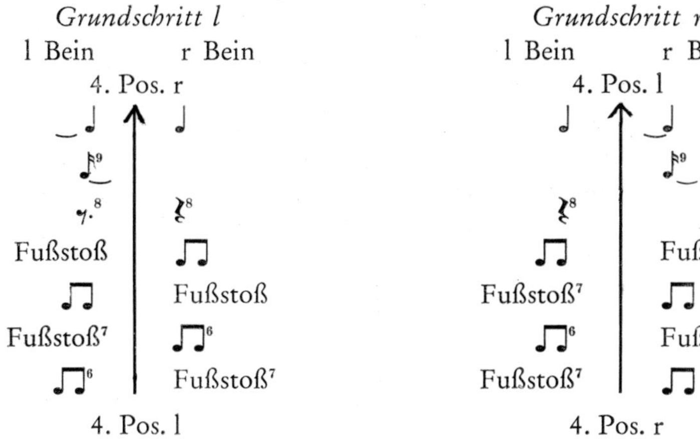

Positur r (Arbeau)

Grundbewegungen

Entretaille

Grundbewegungen[10]

Entretaille r (ein Grundschlag)
mit r Fuß an die Stelle des l springen (Chassé) und nachhüpfen
l Bein dabei zur Grue l (s. Grue) vorstoßen

Entretaille l mit umgekehrter Fußsetzung

[3] Die Wiederholung der Zweischrittgruppe erzeugt ein unsymmetrisches Taktbild und bekundet das hemiolische Wesen dieses Tanzes (vgl. Menuett-Grundschritt).

[4] »Von den 5 Schritten der Galliarde ist es der vierte, der die Bereitschaft des Körpers zum Sprunge tragen muß und daher die größte Spannung besitzt (J. Ecorcheville, »Vingt Suites d'Orchestre du XVII Siècle«, Paris-Berlin 1908). Der erste Takt jedes zweitaktigen Grundschrittes ist also auftaktig zu empfinden. Dieses Gesetz gilt auch für die musikalische Interpretation.

[5] Bei körpertechnischer Gewandtheit können während des »Großen Sprunges« (»grand sault« im Gegensatz zu dem ständigen »petit sault« des Grundschritthüpfers von Arbeau genannt) »Capriolen geschnitten, Entrechats gekreuzt« oder 1—2 Drehungen um die Körperachse als »Tour en l'air« ausgeführt werden.

[6] »Der Galliardenschritt besteht in einem kleinen Sprung (Hupf) auf dem Standbein und Heben des Spielbeins. Er ist der liebe alte gewöhnliche Tänzersprung, den unsere Kinder auf der Straße ganz von selbst annehmen, den die alten Italiener Zoppetto nannten, die späteren Franzosen Contretemps ...« (Oscar Bie). »Schulhüpfer« nennen wir diese Bewegungsart heute.
Statt der Hüpfschritte (ihr Abstand wird von Cesare Negri mit 4 Finger breit angegeben) können einfach springende Schritte (ohne Nachhüpfer) ausgeführt werden, die Arbeau als »passable«, aber als nicht »gaillard« bezeichnet. Mit diesen einfachen Sprungschritten gestaltet M. Dolmetsch ihre »Frog Galliard« von Thomas Morley.
Die Metronom-Angaben maßgeblicher Tanzanweisungen schwanken daher beträchtlich, wir finden bei M. Dolmetsch für den Nachhüpfschritt 56, für den Sprungschritt 100, bei M. Wood 144.
Für die folgende Choreographie wäre etwa 104 für den gehüpften, 120 für den gesprungenen Schritt vorzuschlagen.

[7] □Grue r, ○ Pied en l'air r.

[8] □ Großer (hoher) Sprung, ○ mittlerer Sprung, bedeutet »Schweigen der Füße«. Arbeau: »Le sault majeur qui est quasi un silence des pieds.« Sault majeur im Gegensatz zu sault mineur, dem ständigen kleinen Sprung (d. h. Hupf) des Galliardenschrittes (daher »Cinq Pas« als Name statt Gaillarde im Französischen).

[9] Das rückwärtige Bein als Standbein soll etwas eher als das mit der Fußspitze in 4. Pos. vorgesetzte Spielbein aufkommen (vgl. Ausführung in »Grundbewegungen«).

[10] Viele Schritte der Galliarde sind nach charakteristischen Tierbewegungen genannt: Grue = Kranichschritt (lat. grus = Fußstoß nach vorne), Ruade = Ausschlagen der Pferde (nach hinten), Ru de vache = Kuhstoß (seitlich).

Fuß kreuzen

Fuß kreuzen r (Arbeau)

rückwärts

Fuß kreuzen (Pied croisé) r (ein Grundschlag)
Schritt l und nachhüpfen
r Bein leicht gebeugt mit abwärts gerichteter Fußspitze und auswärts gedrehtem Knie vor l Bein kreuzen
□ r Hacken fast kniehoch gehoben (Abb. Arbeau)
(auch à la *Highland Fling* auszuführen, vgl. Gavotte)
○ r Fußspitze dicht über dem Boden

Fuß kreuzen l mit umgekehrter Fußsetzung

Fuß kreuzen rückwärts r (ein Grundschlag)
Schritt l mit Nachhüpfen
r Bein gebeugt mit abwärts gerichteter Fußspitze und leicht auswärts gedrehtem Knie hinter r Bein kreuzen
□ r Hacken in Wadenhöhe gehoben (Abb. 18)
○ r Fußspitze dicht über dem Boden hinter l Hacken

Fuß kreuzen rückwärts l mit umgekehrter Fußsetzung

Großer Sprung

Großer Sprung (bedeutet »hoher Sprung« am Platz für □
mittlerer Sprung, d. h. gemäßigter Sprung am Platz für ○),
»grand sault« von Arbeau im Gegensatz zu »petit sault«, dem Hüpfer des Grundschrittes genannt.

aus 4. Pos. l: nach Gewichtübertragung auf das l Bein vom Boden abschnellen und hochspringen, dabei das r Bein mit abwärts gerichteter Fußspitze bis zur Streckung nach vorne stoßen und beim Fall unbelastet in 4. Pos. r aufsetzen (mit abwärts gerichteter Fußspitze), nachdem das l Bein als Standbein vorher den Boden berührte und das Körpergewicht übernahm.

aus 4. Pos. r: mit umgekehrter Fußsetzung

Arbeau erklärte zum Sprung in die »postures«, wie er die heutige 4. Pos. r und l nannte, »daß sie gefälliger und hübscher sind, wenn der rückwärts stehende Fuß etwas *früher* als der vorne stehende auf den Boden kommt, anstatt beide zugleich, was leicht so wirken kann, als würde man einen Hafersack auf den Boden abladen«. Für sehr geschickte Tänzer beschrieb Arbeau den »Großen Sprung« als *Capriole* (s. Kapitel Tanz-Schritte). Eine Variation als *Entrechat* oder als *Tour en l'air* wäre dem Charakter des Tanzes ebenfalls gemäß.
Cadence (Kadenz) wurde der große Sprung und der auf ihn folgende Fall in die umgekehrte Position genannt. Carosos Beschreibung dieser Schlußposition entspricht fast einer heutigen *5. Pos.* (jedoch in Parallelstellung der Füße). So wäre die »Kadenz« auch in 5. Pos. ad lib. zu beenden.
Die Arme können, falls sie frei getragen werden, während des großen Sprunges leicht einwärts nach oben und beim Fall wieder aus- und abwärts in die Anfangshaltung geführt werden.

Grue = Kranichschritt:* Fußstoßschritt für den □ (ein Grundschlag) *Grue*

Grue r (ein Grundschlag)

Takt Zählzeit

1 1 Schritt (Sprungschritt) l in 4. Pos. l (auf Zehenspitzen)
r Bein mit abwärts gerichteter Fußspitze leicht auswärts drehen und bis zur Streckung gerade vorstoßen (Arbeau: »als wolle man jemandem einen Tritt versetzen«) Abb. Arbeau, Abb. 18 und Leuchter-Branle S. 91

»und« nachhüpfen auf l Bein (auf Zehenspitzen)
r Bein gestreckt senken
Kopf und Schultern werden bei diesem Schritt leicht nach r gerichtet (Arbeau: »bei der Grue r will man die r Seite zeigen«). Werden die Arme frei getragen, so wird die r Hand etwas nach außen gesenkt und die l Hand leicht auf- und einwärts geführt.

Grue l (Arbeau)

Grue l mit umgekehrter Fußsetzung und Körperhaltung

Grue gekreuzt (Grue croisée) r (ein Grundschlag)
wie Grue r, jedoch das r Bein schräg vor l Bein strecken (vgl. Grundschritt Gavotte)

Grue gekreuzt l mit umgekehrter Fußsetzung

Pied en l'air[11] = leichter Fußhebeschritt der ○ (ein Grundschlag) *Pied en l'air*
Pied en l'air r

1 1 Schritt (Sprungschritt) l in 4. Pos. l (auf Zehenspitzen)
r Bein leicht, fast schleifend, mit abwärts gerichteter Fußspitze vorstrecken

»und« nachhüpfen auf l Bein
r Bein gestreckt senken

Pied en l'air l mit umgekehrter Fußsetzung

Ruade

Ruade l (Arbeau)

Ruade = Hufschlag, Ausschlagen (ein Grundschlag)
Ruade r: das Entgegengesetzte der Grue r

1 1 Schritt (Sprungschritt) l in 4. Pos. l (auf Zehenspitzen)
r Bein mit abwärts gerichteter Fußspitze gebeugt nach hinten heben

»und« nachhüpfen auf l Bein (Abb. Arbeau)
r Bein senken (oder bis zur Anschlußposition des nächsten Schrittes = 4. Pos. r nach vorne durchschwingen)

Ruade l in umgekehrter Fußsetzung

* *(»Der Mensch entnimmt die Bewegung der ihn umgebenden Umwelt und zwingt sie dann der Welt in seiner eigenen Weise wieder auf. Sehr deutlich wird das in solchen Tänzen, die Tierbewegungen nachahmen. Denn auch die Tiere tanzen. Im Zoologischen Garten sehen wir etwa, wie die Kraniche tanzen ...« G. van der Leeuw »Vom Heiligen in der Kunst« Gütersloh 1957).*

11 *Mit dem Pied en l'air Schritt wurde der Tourdion (Nachtanz der Basse Danse) von □ und ○ getanzt, wodurch er mit Handfassung und in schnellerem Tempo auszuführen war. Der gleichen Grundschrittform wegen nannte man den Tourdion auch »Gaillarde par terre«.*

Ru de vache

Ru de vache = Kuhstoß

Wie die Ruade, jedoch mit seitlichem Beinstoß (wie der Charleston) auszuführen. Selten gebraucht (»guieres mis en pratique«)

Tanzschritt-Formen

Tanzschritt-Formen

double Schritt

double Schritt[12] (viertaktig)

double l

vor- oder rückwärts mit flach über den Boden gesetzten, fast gleitenden Schritten und leichtem abschließenden Hochstrecken des Körpers über dem Standbein (pavoneggiare) auszuführen.

Takt	
1	l Fuß in 4. Pos. setzen
2	r Fuß in 4. Pos. setzen ad lib. mit »ondeggiare« (leichtem Heben auf Zehen und wieder Senken) auszuführen
3	l Fuß in 4. Pos. setzen
4	r Fuß in 1. Pos. ansetzen, auf Zehenspitzen heben und Hacken wieder senken

double r mit umgekehrter Fußsetzung

double Schritt mit Reverenz

double Schritt l mit Reverenz l (viertaktig)

1—3	der obigen double Form entsprechend auszuführen
4	Reverenz: l Bein beugen (Standbein) r Bein gestreckt mit abwärts gerichteter Fußspitze unbelastet vorsetzen, Oberkörper gestreckt aus der Hüfte beugen und die Reverenz durch zügige Handbewegung begleiten

double Schritt r mit Reverenz r mit umgekehrter Fußsetzung

Fleuret

Fleuret[13] *l* (zwei Grundschläge)

Takt	Zählzeit	
1	1	kleiner Schritt l (auf Zehenspitzen)
	»und«	kleiner Schritt r (auf Zehenspitzen)
	2	kleiner Schritt l (auf Zehenspitzen) r Fuß vorstrecken (r Bein leicht auswärts gedreht und gestreckt, Fußspitze abwärts gerichtet) Werden die Arme frei getragen, so wird bei beginnendem Fleuret l die l Hand leicht ab- und auswärts, die r Hand leicht auf- und einwärts geführt.

Fleuret r (zwei Grundschläge)
mit umgekehrter Fußsetzung und Armbewegung

[12] *Vgl. Pavane.*

[13] *Fleuret ... »c'est un Pas de Bourrée« (P. Rameau 1725). »Fleurets, von denen Rappieren und Fecht-Degen also genennet, weil nemlich dergleichen Schritte gemeiniglich bey dem Fechten so wol vor- als rückwärts gebrauchet werden« (G. Taubert 1717). Die Italiener Caroso und Negri gebrauchten das Wort »fioretti« (fleuret) jedoch im Sinne von »Verzierung«.*

○ *Fußkreuzschritt* I

○ *Fußkreuzschritt* I *r* (zweitaktig)

Takt	Zählzeit	
1	1	Fuß kreuzen l
	2	Fuß kreuzen r
	3	Pied en l'air l
1	1	Pied en l'air r
	2	Mittlerer Sprung aus 4. Pos. r
	3	4. Pos. l

○ *Fußkreuzschritt* I *l* mit umgekehrter Fußsetzung

○ *Fußkreuzschritt* II

○ *Fußkreuzschritt* II *r* (zweitaktig)

Takt	Zählzeit	
1	1	Fuß kreuzen l (*ohne* kurzes Nachhüpfen auf r Bein)[14]
	2	Hupf auf r Bein (l Bein bleibt gekreuzt)
	3	Fuß kreuzen r (*ohne* kurzes Nachhüpfen auf l Bein)
2	1	Hupf auf l Bein (r Bein bleibt gekreuzt)
	2	Mittlerer Sprung aus 4. Pos. r
	3	4. Pos. l

○ *Fußkreuzschritt* II *l* mit umgekehrter Fußsetzung

Passagère Révérence

Passagère Révérence l (zweitaktig)

Takt	Zählzeit	
1	1	l Bein bogig schwingend zurückführen (Rond de jambe l) und in 4. Pos. r (○ 5. Pos. r ad lib.) einsetzen □ Rückverlagern des Gewichtes auf l Standbein r Bein unbelastet mit abwärts gerichteter Fußspitze gestreckt aufgesetzt lassen, Oberkörper gestreckt aus der Hüfte beugen und die Reverenz mit zügiger Handbewegung (Abnehmen und Auswärtsführen der Kopfbedeckung andeutend) begleiten ○ Beugen beider Knie und leichtes Heruntergehen mit aufgerichtet bleibendem Oberkörper und leichtem Kopfneigen
	2	verharren
	3	Fuß kreuzen l (Hupf auf r Bein) mit Aufrichten
2	1	l Fuß bleibt gekreuzt (Hupf auf r Bein)
	2	Großer Sprung aus 4. Pos. l
	3	4. Pos. r

Passagère Révérence r mit umgekehrter Fußsetzung

[14] *Vgl. Fußnote 6 Seite 75.*

□ *Schluß-Passage*

□ *Schluß-Passage l* (viertaktig)
Galliarden-(Hüpf-)Schritte und Passagère Révérence l

Takt	Zählzeit	
1	1	Grue r
	2	Grue l
	3	Grue r
2	1	Grue l
	2	Grue r
	3	Grue l
3–4		Passagère Révérence l (s. Passagère Révérence)

□ *Schluß-Passage r* mit umgekehrter Fußsetzung

○ *Solo Passage*

○ *Solo-Passage l* (viertaktig)
2 Fleuret Schritte (l, r) 2 Pied en l'air Bewegungen (r, l) durch Hüpfschritte l und r mit anschließender Passagère Révérence l

Takt	Zählzeit	
1	1, 2	Fleuret l (s. Fleuret)
2	3, 1	Fleuret r
	2	Pied en l'air r (Hüpfschritt l)
	3	Pied en l'air l (Hüpfschritt r)
3–4		Passagère Révérence l (s. Passagère Révérence)

○ *Solo-Passage r* mit umgekehrter Fußsetzung

□ *Solotanz-Schritt (Werbetanz)*

Capriole (Arbeau)

□ *Solotanz-Schritt l* (Werbetanz) zweitaktig

Takt	Zählzeit	
1	1	Fußkreuzen rückwärts r
	2	Entretaille r (Grue l)
	3	Grue r
2	1	Grue l
	2	Großer Sprung aus 4. Pos. l mit Wendung zur ○ (Capriole, Entrechat oder tour en l'air ad lib.)
	3	4. Pos. r: ausgeführt als tiefe Reverenz (l Bein gebeugt, r Bein vorgestreckt) oder als Kniefall (Abb. 20)

□ *Solotanz-Schritt r* (Werbetanz) mit umgekehrter Fußsetzung

Sprungschritt vorwärts (margin)

□ *Sprungschritt vorwärts r* (zweitaktig)

Takt	Zählzeit	
1	1	Fuß kreuzen rückwärts l (ohne kurzes Nachhüpfen auf r Bein)[15]
	2	Hupf auf r Bein
	3	Grue r (ohne kurzes Nachhüpfen auf l Bein[15])
2	1	Hupf auf l Fuß
	2	Großer Sprung aus 4. Pos. r
	3	4. Pos. l

□ *Sprungschritt vorwärts l* mit umgekehrter Fußsetzung

rückwärts (margin)

□ *Sprungschritt rückwärts l* (viertaktig)

Takt	Zählzeit	
1	1	Fuß kreuzen r (ohne kurzes Nachhüpfen auf l Bein[15])
	2	Hupf auf l Bein r Bein bleibt gekreuzt
	3	Fuß kreuzen l (ohne Nachhüpfen auf l Bein[15])
2	1	Hupf auf r Bein l Bein bleibt gekreuzt
	2	Grue r
	3	Grue l
3	1	Ruade r
	2	Entretaille r (Grue l)
	3	Fuß kreuzen r
4	1	Fuß kreuzen l
	2	Großer Sprung aus 4. Pos. l[16]
	3	4. Pos. r

□ *Sprungschritt rückwärts r* mit umgekehrter Fußsetzung

[15] *Diesem Hupf im doppelt langsamen Tempo (Augmentation = Vergrößerung) steht im »Fleuret« eine doppelte Schrittschnelligkeit (Diminution = Verkleinerung) gegenüber.*
[16] *Die durch Schrittkombination bedingte Verlegung der »Kadenz« (= Großer Sprung mit nachfolgender Pos.) auf den 11. und 12. Grundschlag der Musik heißt Passage. Arbeau erwähnt, daß sogar Passagen von doppelter Länge möglich wären, die jedoch durch den lange ausfallenden Sprung »etwas langweilig« wie für das Gedächtnis recht kompliziert würden.*

Choreographie

Reverenz (s. Kapitel Reverenzen)
aus Grundhaltung beginnend (Doppelhandfassung Abb. 6)
und mit Handreichen[17] (□ r Hand, ○ l Hand), bei dem Eindrehen zur Tanzrichtung endend

1. Tanz-Strophe Holländische Galliarde (um 1600)

Tanz auf Geraden, Bögen und Halbkreisen

Takt
1–2 Grundschritt l
3–4 Grundschritt r
(□ in Takt 4 mit dem großen Sprung 1/2 Drehung um r Schulter ausführend)

Platzwechsel □ und ○
5–6 Grundschritt l
7–8 Grundschritt r
(□ und ○ sehen sich ständig an. Sie nehmen, nach dem großen (○ mittleren) Sprung, sich aufrichtend, kurz wieder Doppelhandfassung (ad lib.)

9–16 wie Takt 1–8
(in entgegengesetzter Tanzrichtung beginnend)

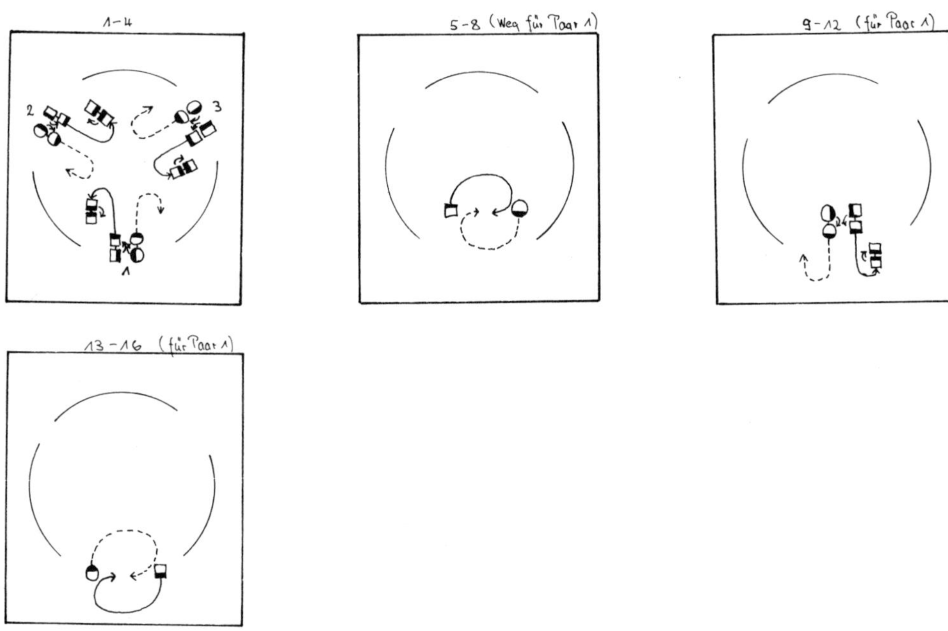

[17] *ad lib. ist der Tanz ohne Handfassung mit freier Armführung zu beginnen.*

Takt

17—20 □ *und* ○ *tanzen rückwärts, einander ansehend*
□ Sprungschritt rückwärts l
○ double l (die Schritte leicht bogig und fast schleifend ausführend)

□ und ○ Platzwechsel auf Halbkreisen, sich ansehend
21—22 Grundschritt r
23—24 Grundschritt l

25—26 *auf kleinen Kreisbögen zur Frontalstellung*
□ Sprungschritt vorwärts r
○ Fußkreuzschritt I r
27—28 □ Sprungschritt vorwärts l
○ Fußkreuzschritt I l

17-20

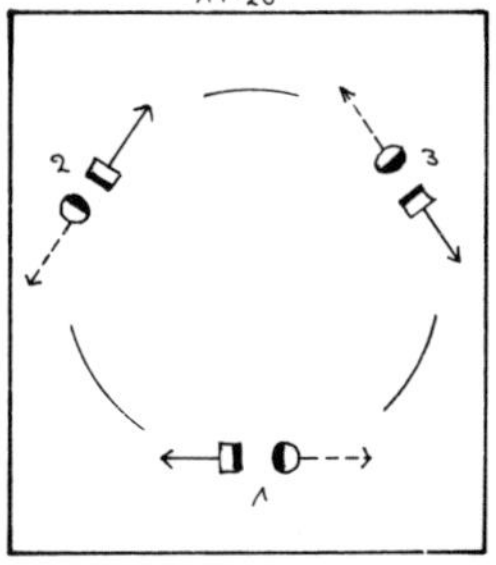

21-24 (für Paar 1)

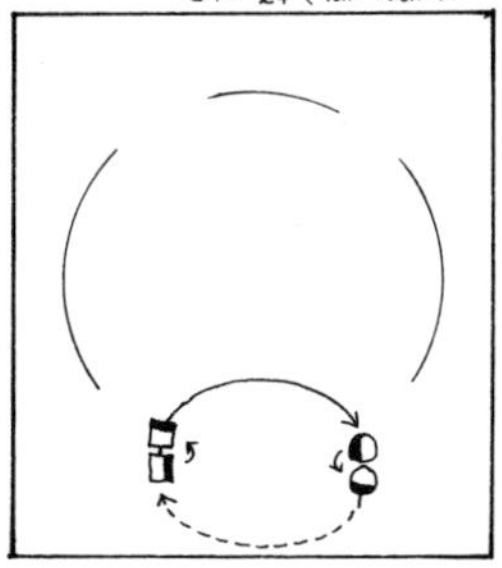

25-28 (für Paar 1)

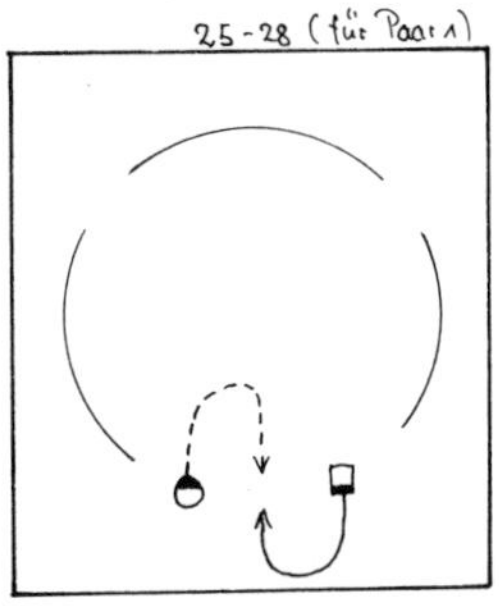

Takt 29—40: wie Takt 17—28
in Schritt- und Wegform:
29—32 wie Takt 17—20
Schrittformen jedoch r beginnen

29-32 (für Paar 1)

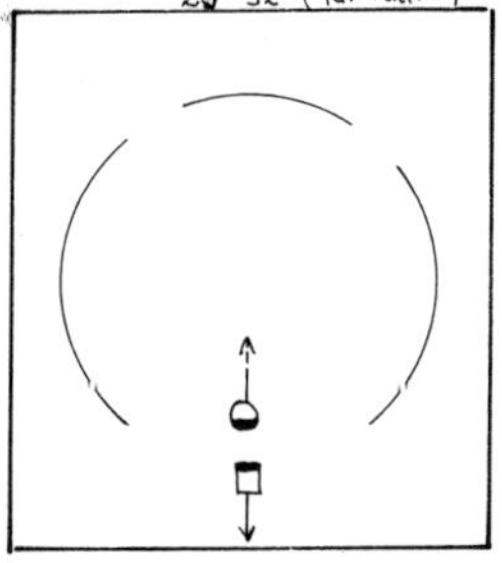

33-36 (für Paar 1)

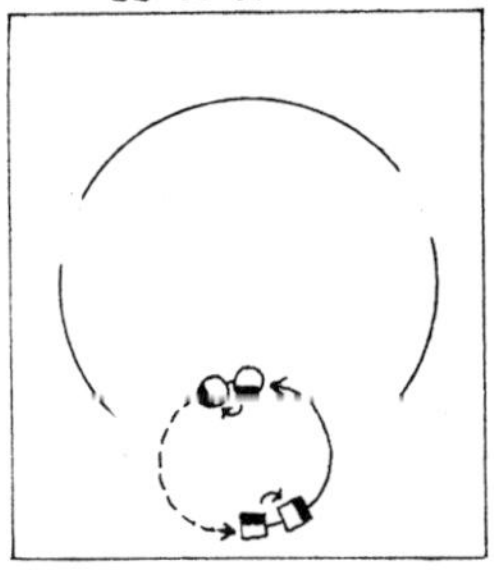

37-40 (für Paar 1)

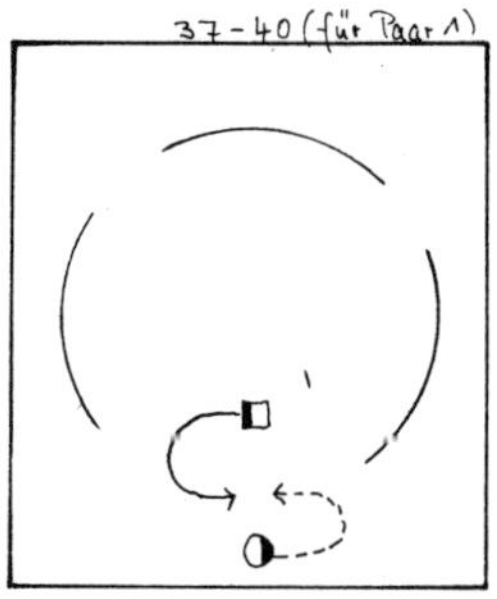

□ und ○ *Platzwechsel auf Halbkreisen*
33—36 wie Takt 21—24
Schrittformen jedoch l beginnen und in linker Kreisrichtung tanzen

37—40 *auf kleinen Kreisbögen zur Frontalstellung*
wie Takt 25—28
Schrittformen jedoch l beginnen und in l Kreisrichtung tanzen. Die Paare erreichen die Anfangsplätze des Tanzes und enden in der Doppelhandfassung (Grundhaltung) des Anfanges.

2. *Tanz-Strophe* Französische Galliarde (um 1530)
Abwechselnder Solotanz, Schreitwege und großer ○ Kreis mit Passagères Révérences

Takt 1—8
Solotanz Paar 1 (□ »Werbetanz«)
Schreitwege Paare 2 und 3 an neue Plätze

Paar 1

	□ *»Werbetanz«*		○
Takt		Takt	
1—2	Solotanz-Schritt l	1—4	double Schritt l
3—4	Solotanz-Schritt r	5—8	double Schritt r
5—8	wie Takt 1—4		

(○ tanzt, immer zum □ gewendet, mit bogig geführten, fast schleifenden Schritten rückwärts)

Paare 2 und 3 (Handfassung □ r, ○ l)

1—4 □ ○ double Schritt l
5—8 □ ○ double Schritt r

Alle Paare nehmen in Takt 8 wieder Doppelhandfassung: Paar 1 steht wie zu Beginn des Tanzes, die □ von Paar 2 und 3 stehen jedoch außerhalb der Kreislinie ihren innerhalb der Kreislinie stehenden ○ gegenüber

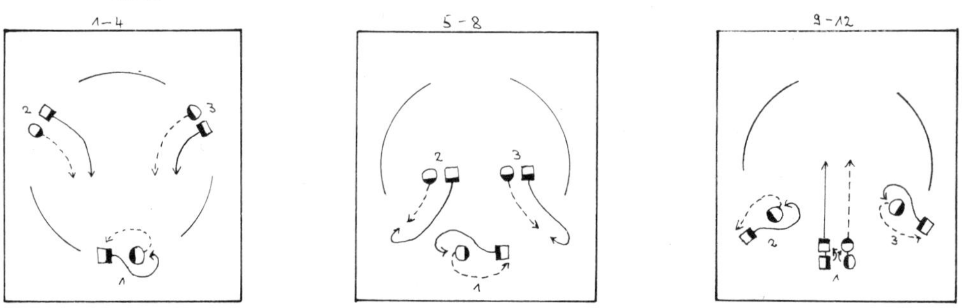

9—16 wie Takt 1—8 in der Schrittform, jedoch im Austausch der Paare:
Paar 2 und 3 tanzen wie vorher Paar 1
□ Solotanz-Schritt (Werbetanz)
○ double Schritt l und r
Paar 1 wie vorher Paare 2 und 3:
□ ○ Schreitweg (double Schritt l und r), jedoch durch die Kreismitte auf die gegenüberliegende Seite gehend
Alle Paare enden wieder in Doppelhandfassung (Grundhaltung):
□ außerhalb, ○ innerhalb der Kreislinie

13–16

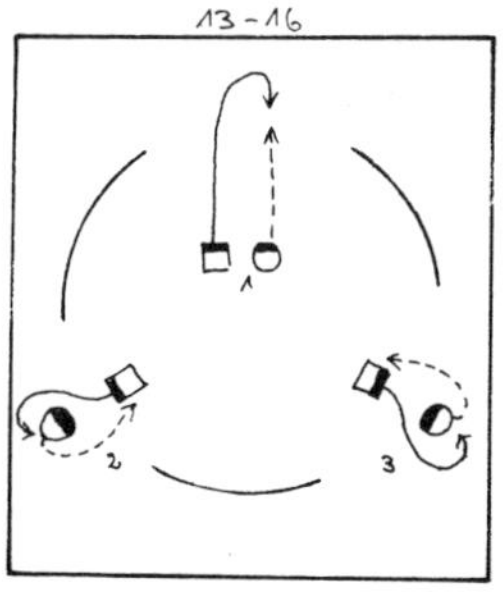

17–20

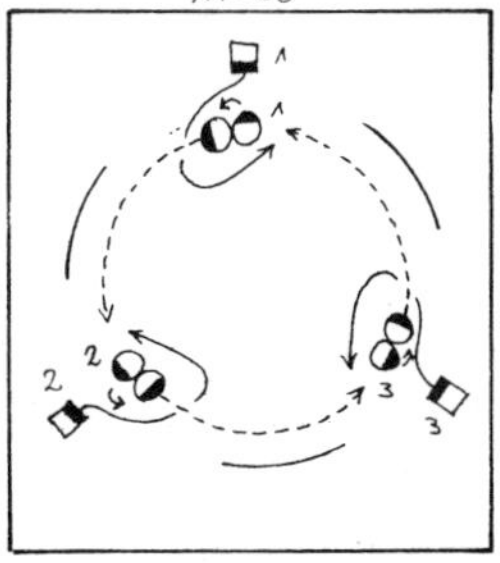

21–24

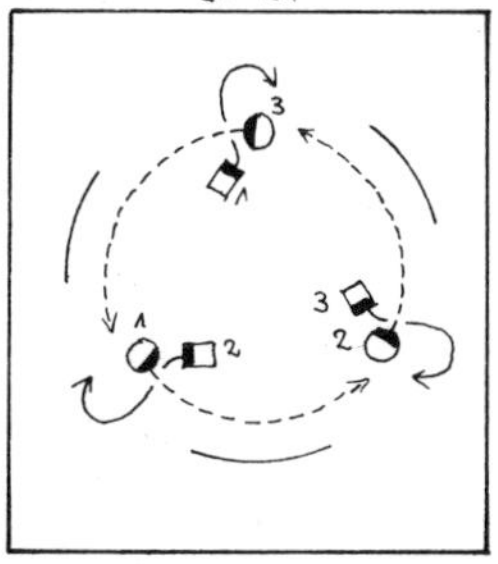

Takt 17—28
Großer Kreis der ○ mit Passagères Révérences
Reverenzen der □

17—20 ○ »Solo-Passage l«: mit Fleuret-Schritt l beginnend und anschließender Passagère Révérence l[18]
□ double Schritt l mit Reverenz[18] (in den Kreis hineingehend)
(Reverenz in guter Pos. zueinander ausführen)

21—24 ○ »Solo-Passage r«: mit Fleuret-Schritt r beginnend und anschließender Passagère Révérence r
□ double Schritt r mit Reverenz (hierbei aus dem Kreis herausgehen und sich der ankommenden ○ entgegenwenden)

25–28

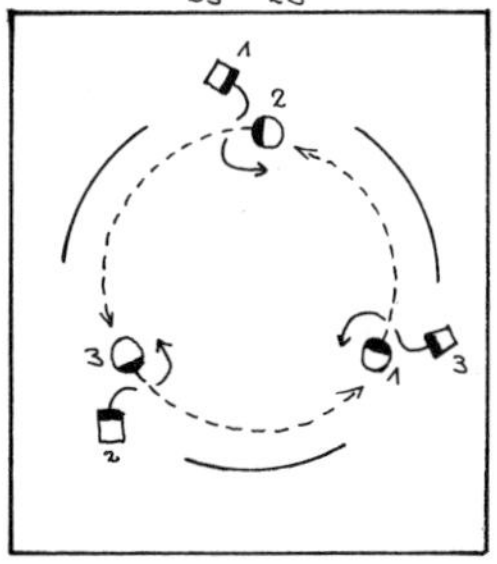

29–32

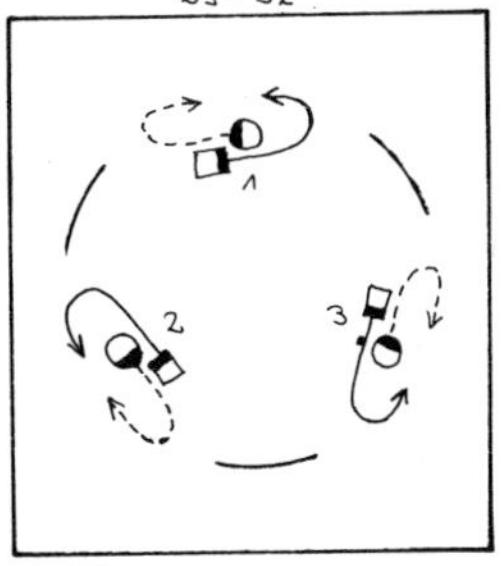

25—28 ○ »Solo-Passage l«: mit Fleuret-Schritt l beginnend und anschließender Passagère Révérence l (wieder vor dem eigenen Partner stehend)
□ Schluß-Passage l: Galliarden-Hüpfschritte mit anschließender Passagère Révérence l (hiermit in den Kreis hineintanzend und sich allmählich zur ankommenden ○ wendend)

29—32 wie Takt 25—28, Schrittformen jedoch r beginnen.
□ und ○ tanzen auf bogenförmigen Linien in entgegengesetzter Richtung, bis sie sich wie zu Anfang auf der Kreislinie gegenüberstehen

[18] *Im Sinne historischer Praxis (Galliardenform »La Lyonnaise« mit Partnerwechsel) können hier — wie nach der nächsten Passagère Révérence — gemeinsame Tanzfiguren der jeweils neuen Partner eingefügt werden).*

Takt 33—40 wie Takt 1–8 (Werbetanz □) jetzt von allen Paaren gleichzeitig getanzt und mit dem Unterschied, daß ○ nicht schreiten, sondern tanzen:

33—36 □ Solotanz-Schritt l und r (Werbetanz)
○ Fußkreuzschritt II l (r Fuß kreuzen)

37—40 □ Solotanzschritt r und l (Werbetanz)
○ Fußkreuzschritt II r (l Fuß kreuzen)

Der Tanz endet in der Doppelhandfassung des Anfangs. Zum Erreichen einer einwandfreien Schlußposition können □ auf den Drehsprung verzichten und sich gleich ihrer ○ zuwenden.
Aus der Doppelhandfassung heraus ist die Reverenz (ad lib.) wie zu Anfang des Tanzes zu gestalten, jetzt jedoch schneller — etwa auf der Länge eines klingenden Schlußakkordes — ausgeführt.
Die Choreographie kann wiederholt werden, und nach Ablauf der beiden Tanz-Strophen stehen die Paare auf ihren ursprünglichen Plätzen.

Zur choreographischen Gestaltung:
Die Galliarde ist ein echter Improvisationstanz und sollte in geschickter Anreihung seiner Schrittfolgen immer neue Varianten erfahren. Verbindlich ist für diese (ob als zweitaktige Grundschritt- oder beliebig verlängerte freie Kombinations-Schrittform) ihre genaue Wiederholung, die jedoch mit entgegengesetztem Fuß begonnen wird, wozu der »große = hohe Sprung« mit Positionswechsel als Abschluß erforderlich ist. Diese Regel gibt dem Tanz, auch in räumlich formaler Hinsicht, eine große Systematik und Klarheit.
Arbeau entwickelt in seiner »Orchésographie« (1588) entsprechende Vorschläge wie ein virtuoses Zahlenspiel: Schrittabläufe, die durch Fleurets auf eine beliebige Vielzahl schneller, raumgewinnender Schritte gesteigert (s. Strophe 2 Takt 25/26) wie durch Reduzieren von Schritten zu einem »Tanz am Platz« (mit Einfügen von Entrechats, Tours en l'air etc.) von balletthafter Eleganz werden können.

Allemande

Ihr Alter ist nicht genau zu bestimmen. Ihre Herkunft mag wie diejenige der Basse Danse auf die Estampie[1], einen ruhigen Schreittanz, zurückzuleiten sein. »Die Allemande ist ein bei den Deutschen gebräuchlicher Tanz von mittlerem Zeitmaß, von dem ich glaube, daß er zu den ältesten unserer Tänze zählt«, sagte Arbeau in Frankreich 1588 (Orchésographie) und fuhr fort: »... ein geselliger Tanz, den Sie mit mehreren anderen zugleich tanzen können, indem Sie eine Dame bei der Hand führen und andere Paare sich hinter Ihnen aufstellen[2]. In England charakterisierte sie Thomas Morley 1597[3] als »fitly representing the nature of the people, whose name it carrieth, so that no extraordinary motions are used in dancing of it«.

Angeblich kam erst nach einer Tanzpublikation des Engländers W. Brade 1609 der Name *Allemande* auch in Deutschland in Gebrauch, wo man diese Art zu tanzen als »Deutscher Tanz«, oft nur als »Dantz« oder »Ball« bezeichnete. In seinem Werk »Syntagma musicum« (1619) schrieb M. Praetorius von ihr: »Allemande heist soviel als ein deutsches Liedlein[4] oder Täntzlein ... ist aber dieser Tantz nicht so fertig und hurtig ... als der Galliard.« Die vermißte Hurtigkeit — allen Vortänzen und Umgängen zu eigen — wurde aber in der Tanzpraxis durch die Form der *Tripla* ausgeglichen, durch welche aus der Melodie des getretenen Tanzes (4/4) der Hupfauf (3/4) wurde. Ursprünglich war der Name dieser Umwandlung *Proportio tripla*, welche, bald nur noch als *Proportz* oder *Tripla* bezeichnet, den uralten, belebend wirkenden Gegensatz *binär-ternär* als gemessen schreitend und bewegt springend in Zeitmaß, Rhythmus und tänzerischer Bewegung charakteristisch für den Begriff »Deutscher Tantz« darstellte. Eine Fülle von Namen bezeichnet vor allem den »Nachdantz«: Hopeldantz, Hupfauf, Sprunck, Proportio, Saltarello[5].

[1] *Diese früheste Form höfischen Einzelpaartanzes ist möglicherweise im 12. Jhdt. aus dem Reigenschritt des Burgunder Branle hervorgegangen (den Arbeau als ständigen Wechsel von double Schritten links und rechts beschrieb, wie er ihn ebenfalls für die Tabulatur der Allemande aufzeichnete); denn im Gefolge der Prinzessin Beatrix von Burgund, die im Jahre 1156 mit Kaiser Friedrich I (Barbarossa) vermählt wurde, befand sich der Troubadour Guiot de Provence, der auf die Bildung der deutschen Minnesangepoche von entscheidendem Einfluß war, in welcher die Sitte höfischen Tanzes eine wesentliche Rolle zu spielen begann.*

[2] *Daher glaubte Herr von Wedel (»Queen Elisabeth and some Foreigners«) bei seinem Besuch am englischen Königshof (1585), als er an der Aufstellung zu einer Pavane teilnahm, es solle eine Allemande getanzt werden: »... evidently the processional form was distinctly German in his eyes« (M. Wood »Historical Dances« S. 17). Und noch 1742 schrieb das »Ritter-Exercitien-Lexicon«: »Deutschland nebst vielen andern Provintzen hat noch die alte Tantz-Art, Paar-weis hinter einander zu tantzen, beybehalten ...«*

[3] *A plain and easy introduction to practical music. Neudruck London 1952.*

[4] *Noch 1732 drückte es J. G. Walther in seinem »Musicalischen Lexicon« ähnlich aus: »Allemande ... ein Teutsches Kling-Stück, oder vielmehr Schwäbisches Lied, weil vorzeiten die Alemannen Schwaben-Land besessen ...«*

[5] *August Nörmigers Bezeichnungen: Tanntz »Ach Gott thu mir beystehen« — Der Sprungk drauff (Tabulatur Dresden 1598) zeigt die enge Zusammengehörigkeit von kirchlichem und weltlichem Leben und eine Parallele zu Frankreich, wo am Hofe nach Melodien von Psalmen getanzt wurde (s. Einführungs-Kapitel).*

21

Almain und *up-spring* nannte man dieses zur Zeit Shakespeares in England ebenfalls beliebte Verhältnis von Vor- und Nachtanz[6], das ebenfalls Pavane und Galliarde zu einem Paar gebunden hatte und den Sinn aller späteren Suitenbildungen ausmachte, nämlich einem ruhigeren einen bewegteren Tanz folgen zu lassen.
Arbeau drückte es in seiner Allemanden-Tabulatur ähnlich aus: »... in der dritten Abteilung haben Sie die *Pas* in schnellerem Tempo und gedrängter zu machen, wobei Sie kleine Sprünge hinzufügen, wie bei der Courante ...«, während die zwei ersten Abteilungen paarweise durch den Saal mit Umkehren ohne einander loszulassen, bei gleichbleibender Schrittart double l double r getanzt worden waren. Da man sich oft gegenseitig die Tänzerinnen zu rauben begann, mußte der Tanz in größter Bewegung und heftigem Durcheinander enden. Den »saltarello tedesco« nannten die Italiener ihren fröhlichen Nachtanz.
1680 fand die Allemande Eingang am französischen Hof in Form einer »Varietät, deren Reiz in ungezwungen schöner Haltung des Oberkörpers und anmutiger Verschlingung und Entwicklung der Arme« bestand[7].
In einer deutschen Tanzanweisung des 18. Jahrhunderts finden wir daher »à l'Allemande: auf teutsche Art beyde Hände ... oder mit durcheinanderge-

[6] *»We Germans have no changes in our dances;*
An almain and an up-spring, that is all.«
läßt George Chapman, der bedeutende englische Dramatiker und Ilias-Übersetzer (1559–1634) in »Alphonsus Emperor of Germany« sagen.

[7] *Hatte Mersenne 1636 geschrieben, sie sei nicht mehr in Gebrauch, so wurde sie durch diese erfolgreiche Umgestaltung erneut beliebt. Ihre Musik wurde zum ersten Tanz der Instrumental-Suite gewählt, in welcher ihr Name bis heute lebendig blieb. Ihr Zeitmaß wurde von einigen Komponisten zum Zwecke kunstvoll figurierter Durcharbeitung bis auf ein Adagio herabgemindert.*

22

schränkten Armen sich beyde Hände geben ...« (Th. F. Petersen. Hamburg 1768)[8]. Und noch heute bedeutet im schottischen Country Dance »Allemande« den Platzwechsel zweier Paare mit der Fassung beider Arme, wie sie Abb. 21 zeigt, die als Ausgangshaltung für die Choreographie der Allemande diente, während im American Square Dance »Allemand right and left« nur ein einfaches Händereichen im Sinne einer »tour de main« Fassung bedeutet.

Um 1760 war die Blütezeit der Allemande in Paris. Jeder Tanzlehrer unterrichte sie anders, schrieb S^{r}. Guillaume, M^{e}. de Danse, in seinen Werken über die Allemande, die durch ihre schönen Figurinen bekannt wurden (Abb. 23). Die beliebteste Tanzform der Allemande war das Viereck zu vier Paaren, im Country Dance »Square eight« genannt. Diese Form zeigt uns St. Aubins berühmtes Bild »Le Bal Paré« (Abb. 22) auf welchem die Allemande als eine der letzten Tänze höfischer Prachtentfaltung dargestellt ist.

Das vordere Paar (das hinten entsprechend tanzende ist verdeckt) bewegt sich — mit den hinter dem Rücken gefaßten Händen — auf kleiner Kreislinie. Diese typische Fassung wird in den Cotillons, die Giovanni Gallini[9] 1771 in London herausgab, als »Allemande« bezeichnet. Die Form der Drehung als Tanzschritt der Tänzerin unter dem Arm des Tänzers, wie sie St. Aubin von den seitlichen Paaren zeichnete, gibt es ebenfalls als Cotillonfigur[10]. Sie hat ihr bekanntes Vorbild im alpenländischen Tanz.

Kann St. Aubins Bild als Höhepunkt einer Allemandendarstellung betrachtet werden, so gab Voltaire[11] dem Tanz eine entsprechende Apotheose:

[8] *Praktische Einleitung in die Choreographie.*
[9] *»Critical observations on the art of dancing, to which is added a collection of cotillons or French dances.«*
[10] *»Le Pouvoir de la Beauté«. Tanzform bei M. Wood »Historical Dances«.*
[11] *L'hôte et l'hôtesse. Divertissement 1776. Übers. nach van der Leeuw »Vom Heiligen in der Kunst«.*

Das Menuett ist im Abstieg[12];
Ach, wir haben das Ende gesehen
Der Courante und der Sarabande:
Wir können edlere Lockungen feiern;
Laßt uns ewig lieben, verehren
Die göttliche Allemande.

»... und bald formte die schöne Haltung der Allemande mit dem ins Schwerelose abgewandelten Schritt des Ländlers den Walzer (Abb. 23 und 28) ... Die großen Stilformen waren stets Dreiertakte.« (O. Bie)

In Böhmen soll die kunstvolle Art der Allemande bis in die zweite Hälfte des 19. Jhdts. getanzt worden sein, während die Allemande in Frankreich zu Napoleons Zeit kaum mehr als ein mit Touren versehener »Deutscher Walzer« gewesen ist.

»Die Deutschen« hießen um 1800 alle Drehtänze, und Mozart schrieb 1787 aus Prag:

»Ich sah aber mit ganzem Vergnügen zu, wie alle diese Leute auf die Musik meines Figaro, in lauter Contretänze und Deutsche verwandelt, so innig vergnügt herumsprangen ...«

Beethoven gab 1795/96 seine sechs »Deutschen« für Klavier und Violine jedoch als »Allemanden« heraus, und sogar noch 1801 nannte Weber seine frühen Walzer »Douze Allemandes pour le Piano Forte«.

Die Choreographie bringt die Ausdeutung der von Arbeau angegebenen Grundschritte zu seiner Beschreibung des Tanzes, von Paaren einzeln oder hintereinander aufgestellt auszuführen. Die Armfassung zeigt kleine Variationen, die den Figuren der Bildtafeln entsprechend zu erweitern wären. In der Tripla soll zügige Lebendigkeit voll leichtem Übermut des echten Hupfaufs kreisen.

»Die Allemande hat etwas sehr Artiges und Fröhliches und macht dem Zuschauer großes Vergnügen.« J. G. Sulzer »Theorie der schönen Künste« Berlin 1772.

23

[12] *Der Grundriß des vorher berühmten »Menuet en huit« war ebenfalls ein Viereck gewesen (s. Choreographie).*

Allemande

Allemande
Tanz für 6 Paare
mit 5 Tanz-Strophen
nach der Allemande und Tripla von Joh. Herm. Schein (1586–1630)
aus dem »banchetto musicale«
Reverenz (s. Kapitel »Reverenzen der Renaissance«:
Galliarde nach französischer Manier. Zweitaktig ohne folgenden Branle)
1. Tanz-Strophe: Solo der Paare 1 und 1a auf Geraden und kleinen Kreislinien
2. Tanz-Strophe: Tanz aller Paare auf Geraden und kleinen Kreislinien
3. Tanz-Strophe: Tanz aller Paare auf bogen- und kreisförmigen Linien
4. Tanz-Strophe: Zwei kleine Kreise von je 3 Paaren
5. Tanz-Strophe: Tripla auf großem Kreis

Grundhaltung: Tz.Z. 1 und Abb. 21
Tanzpaare 2, 2a, 3 und 3a nehmen nach der Reverenz mit l Hand die l Hand des Partners in Brusthöhe (andere Fassung ad lib.) und gehen in Takt 24 der 1. Tanz-Strophe beim Eindrehen zu ihrer Ausgangsstellung in die Doppelhandfassung über (r Hände in Kopfhöhe gefaßt), während Paare 1 und 1a sofort die Doppelhandfassung einnehmen.

Grundschritte: simple und double Schrittformen

Grundschritt I vorwärts

Grundschritt I (zweitaktig) *vorwärts:*

Takt	Zählzeit	double l
1	1	l Fuß in 4. Pos. l vorwärts setzen
	2	r Fuß in 4. Pos. r vorwärts setzen
	3	l Fuß in 4. Pos. l vorwärts setzen
	4	r Bein vor l Bein kreuzen, strecken und in der Schwebe halten (l Bein weder beugen noch auf ihm nachhüpfen*) Tz.Z. 1 und Abb. Leuchter-Branle
		double r
2		wie double l, jedoch in gegengleicher Fußsetzung auszuführen

Leuchter-Branle. Aus der Zeit der Valois.

seitwärts

Grundschritt I (zweitaktig) *seitwärts:*
rhythmisch wie Grundschritt I vorwärts, jedoch seitwärts in der Folge 2. Pos., 5. Pos., 2. Pos. auszuführen
In jedem 6. Takt, als Abschluß der Tanzphase mit der musikalischen Phrase, ist das r Bein in 1. Pos. anzusetzen (also nicht zu kreuzen).

* *In England wurde dieser letzte Schritt gehüpft.*

Grundschritt II

Grundschritt II (eintaktig)

simple l

Takt	Zählzeit[1]	
1	1	l Fuß in 2. Pos. l seitwärts setzen
	2	r Bein vor l Bein kreuzen und gestreckt in der Schwebe halten (l Bein weder beugen noch auf ihm nachhüpfen)
		simple r
	3	r Fuß in 2. Pos. r seitwärts setzen
	4	l Bein vor r Bein kreuzen, strecken und in der Schwebe halten (r Bein weder beugen noch auf ihm nachhüpfen)

Diese *simple* Schrittform ist einer Allemande einzufügen »dort, wo die Musik es erfordert« (Arbeau), d. h. wo eine Verkürzung der musikalischen Phrase hörbar wird (Takt 15).

Grundschritt III
(Tripla-Schritt)

Grundschritt III: Tripla-Schritt mit Hüpfer (viertaktig im 3/4 Takt)

double l (leicht schräg vorwärts nach l)

1	1	l Fuß in 4. Pos. l vorwärts setzen
	3	r Fuß in 4. Pos. r vorwärts setzen
2	1	l Fuß in 4. Pos. l vorwärts setzen
	3	Nachhüpfen auf l Fuß und r Bein vor l Bein kreuzen mit gleichzeitiger leichter Körperwendung nach r zum Beginn des double r schräg vorwärts
		double r (leicht schräg vorwärts nach r)
3		wie double l, jedoch in gegengleicher Fußsetzung auszuführen

Aufstellung der Paare:

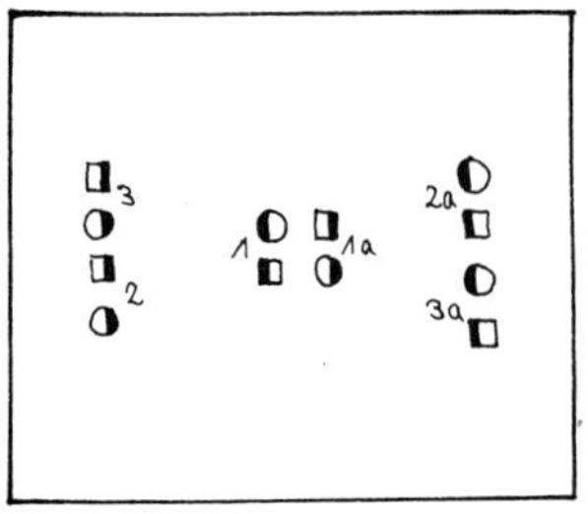

1

1. Tanz-Strophe

Solo für Paare 1 und 1a

Die anderen Paare stehen, l Hände gefaßt, auf ihren Plätzen

Choreographie

Takt	
1–5	□ und ○ tanzen mit Grundschritt I geradeaus[2]
6	(r l r) wird am Platz mit 1/2 Drehung r herum getanzt (mit Senken der r Arme und Heben der l Arme), so daß ○ nun in umgekehrter Grundhaltung an l Seite des □ steht

[1] *Nicht aufgeführte Zählzeiten bedeuten Bewegungsübergang oder Verharren in der erreichten Position.*

[2] *Der entstehende Tanzweg ist ein von der schematischen Geraden (oder dem Kreis) mit dem jeweiligen double Schritt nach l oder r abweichender Zickzack-Weg, der bei großer Tanzfläche nur angedeutet, auf kleiner Fläche jedoch raumsparend in die Breite getanzt wird.*

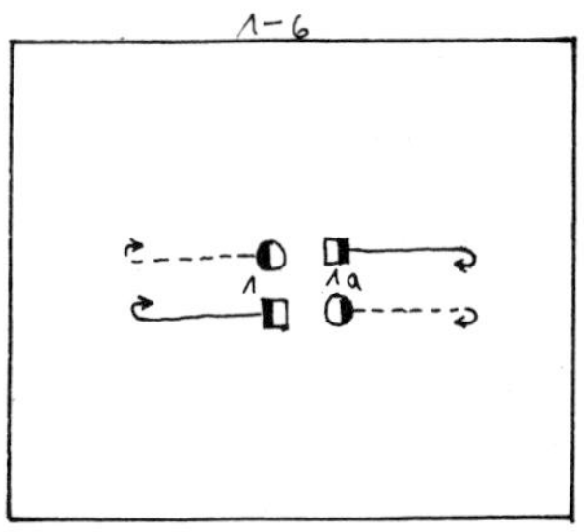

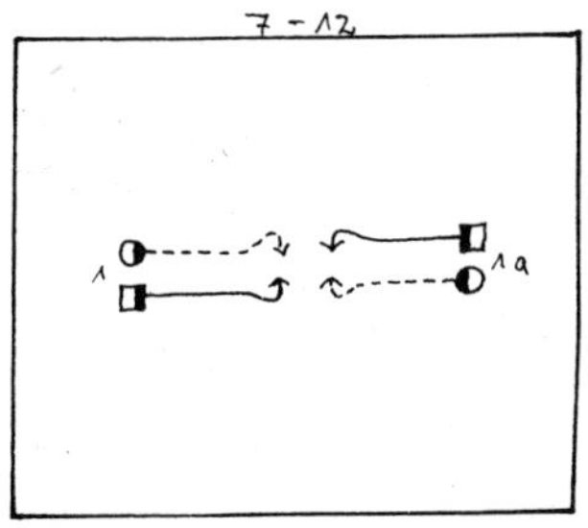

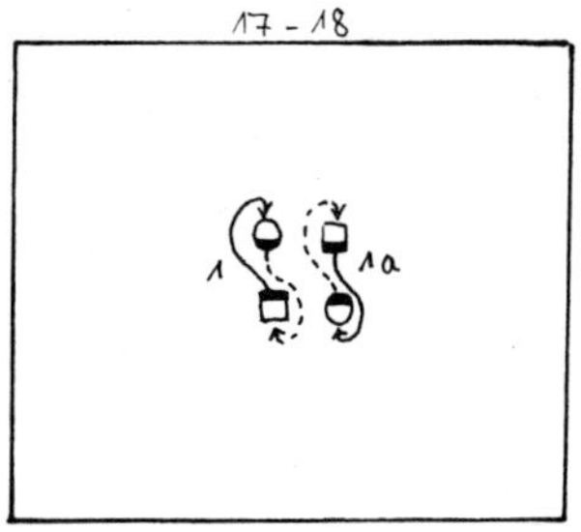

7—11 □ und ○ tanzen mit Grundschritt I an Ausgangspunkt zurück

12 (r l r) wird von ○ mit 1/4 Drehung r, von □ mit 1/4 Drehung l herum getanzt, so daß sie sich unter den jetzt bogenförmig gehobenen Armen (Rosette) ansehen
Tz.Z. 2 und Abb. 23 Figur 3

2

13 Grundschritt I (l) nach l, r Hände gefaßt, Front zueinander (Tz.Z. 3)

14 Grundschritt I (r) nach r, l Hände gefaßt, Front zueinander, dann Hände lösen und Arme leicht geöffnet in Schulterhöhe tragen

15 Grundschritt II am Platz[3]

16 Grundschritt I (l) um l Schulter mit 1/2 Drehung (Pirouette) auf l Ballen begonnen

17 r Hände fassen und mit Grundschritt I (r) auf Partnerplatz tanzen (tour de main)

18 mit Grundschritt I (l) zueinander wenden und Doppelhandfassung zur Rosette nehmen (wie Takt 12)

19—23 Wiederholung der Tanzform von Takt 13—17, jedoch mit gegengleicher Schrittsetzung auf umgekehrtem Tanzweg

24 alle Paare mit Grundschritt I (r) zur Ausgangsstellung eindrehen und Doppelhandfassung (Grundhaltung) einnehmen

3

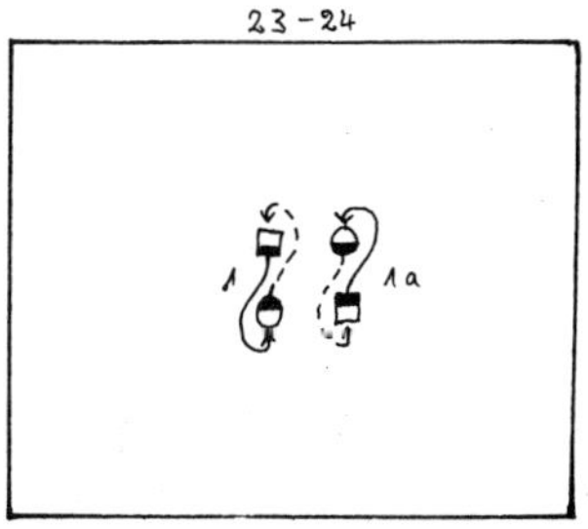

[3] *Bei Allemandenmusik ohne Simple-Motiv kann (Takt 15—16) der Kreis um den eigenen Platz zweitaktig (double l, double r) getanzt oder eine Drehung der ○ unter dem Arm des □ (Abb. 23 Figur 4) oder eine frei zu wählende Form eingeschaltet werden (Abb. 22 und 23).*

2. Tanz-Strophe

Takt

1–12 Auf den angegebenen Wegen tanzen alle Paare hin und zurück, wie in Tanz-Strophe 1 für Paare 1 und 1a beschrieben

13–24 wie Strophe 1, jetzt von allen getanzt

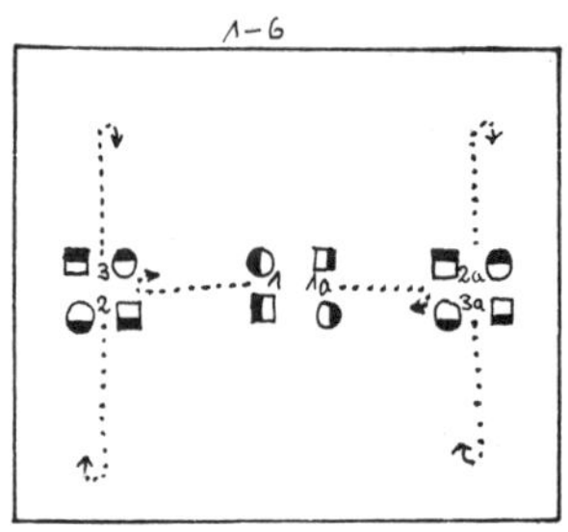

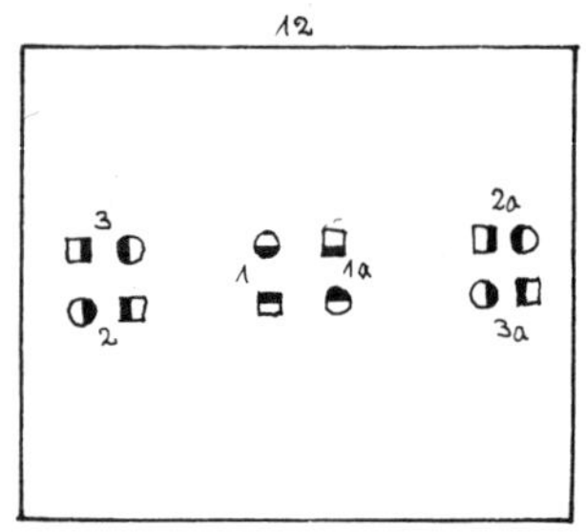

3. Tanz-Strophe

1–12 genaue Wiederholung der Strophe 2, nur führt der Weg die Paare statt auf einer Geraden auf kreisförmig gebogener Linie hin und zurück

13–24 wie Strophe 2

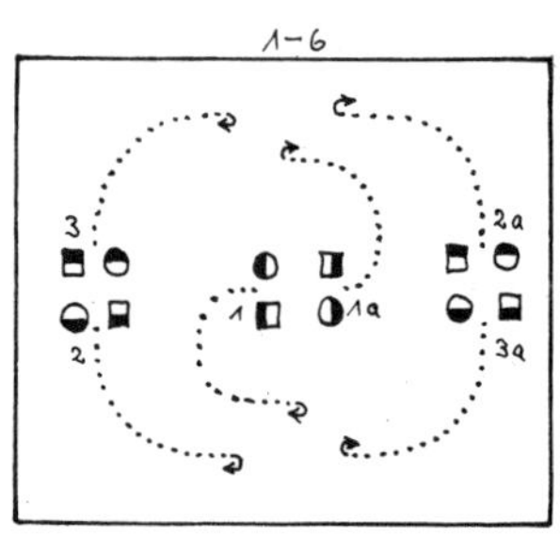

4. Tanz-Strophe

Zwei Kreise

1–6 Wiederholung von Schritt- und Bewegungsfolge der Strophen 1–3 auf gemeinsamer Kreislinie von je 3 Paaren

7–12 Tanz auf den gleichen 2 Kreisen in umgekehrter Richtung

12 □ dreht die ○ mit $^1/_2$ Wendung (um ihre r Schulter) zu sich, so daß der Grundschritt l von ○ zur Kreismitte, von □ aus Kreis heraus getanzt wird

13–24 wie in den Strophen 1–3

24 enden die Paare in Grundhaltung so ausgerichtet, daß in der folgenden Tanz-Strophe (Tripla) die Paare 1 und 1a als erste ihrer Gruppe auf der großen Kreislinie vorantanzen können

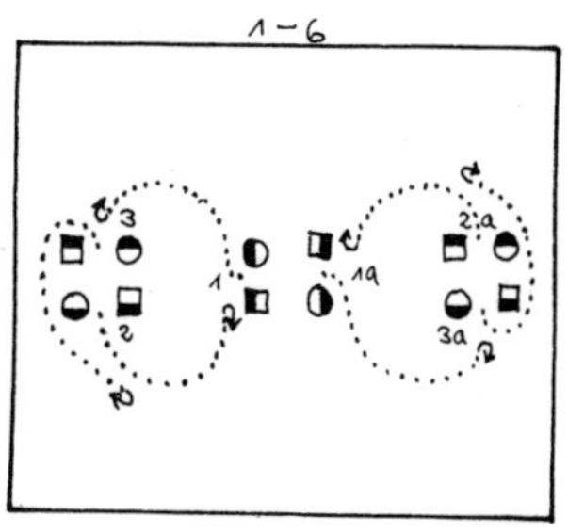

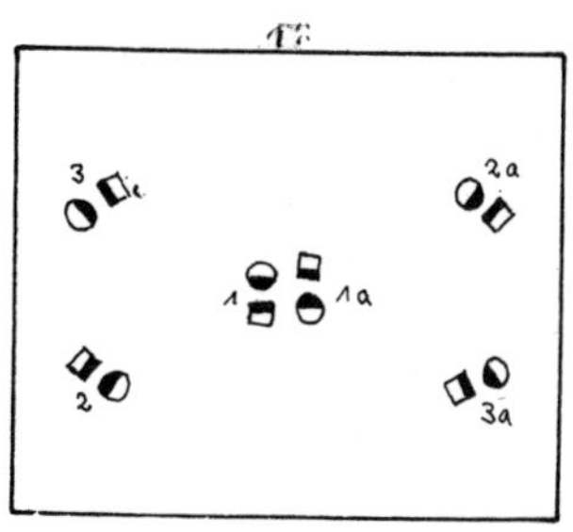
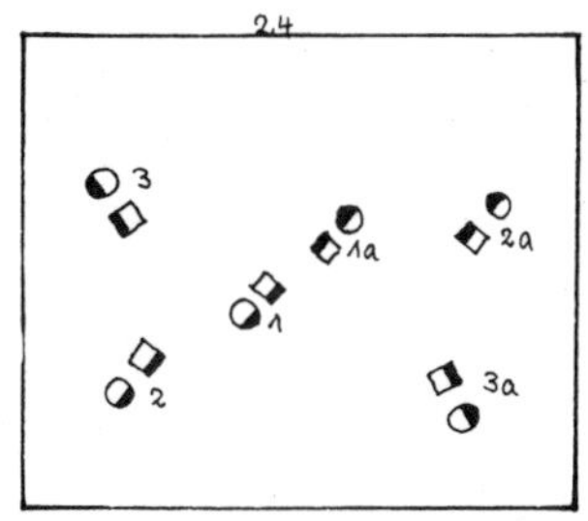

5. Tanz-Strophe

Tripla (Grundschritt III)

($^2/_2$ Takt wird zu $^3/_4$ Takt in schnellem Zeitmaß) rasch und leicht zu tanzen

(»Die Taktänderung führt zur Temposteigerung«. Vgl. Fußnote 3 Seite 14)

Takt

1—20 Die Paare erreichen die große Kreislinie (Takt 4) und tanzen auf ihr fort

21—24 □ tanzen fast am Platze und führen ○ dabei im Halbkreis l um sich herum, so daß □ fortab außen tanzen

25—32 Tanz in Gegenrichtung

33—36 □ tanzen (umgekehrt wie in Takt 21—24) mit $^1/_2$ Drehung r um die fast am Platz tanzenden ○ herum, und der Tanz endet

37—48 in ursprünglicher Tanzrichtung

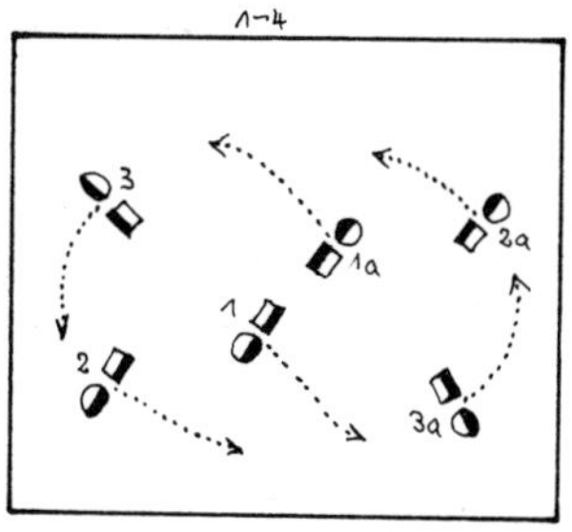

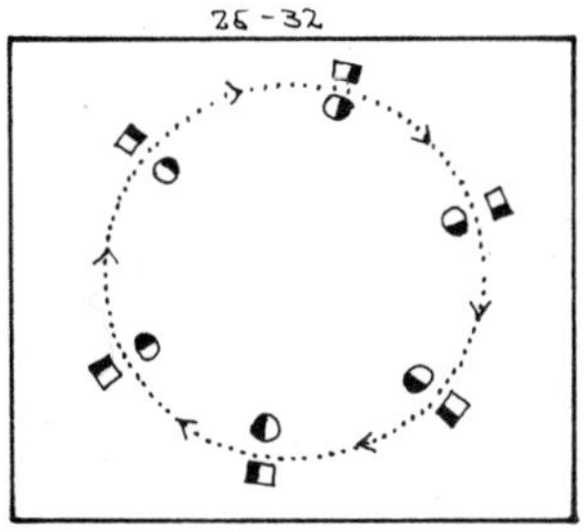

Es ist reizvoll (falls eine günstig gelegene Tür oder Kulisse vorhanden sind) wenn die Tänzer, von einem Paar geführt, in Takt 37—48 von der Tanzfläche wegtanzen. Gegebenenfalls können die letzten Musiktakte wiederholt werden, bis das letzte Paar den Tanzplatz verließ.

Die Symmetrie der Allemanden-Choreographie gibt die Möglichkeit, in einem großen Raum die Paarzahl zu verdoppeln und die Choreographie zweifach darzustellen. Dann wäre nach der Tripla auf zwei Tanzkreisen eine 2. Tripla auf einem gemeinsamen großen Kreis anzufügen.

Auf einer Bühne von wenig Tiefe und ohne die Möglichkeit, von ihr abzutanzen, kann die Tripla beendet werden, indem sich die Tanzpaare (taktweise nacheinander aufhörend) vorne an der Rampe aufreihen und mit dem letzten Paar zusammen eine gemeinsame Reverenz (mit einfacher Handfassung □ r ○ l) nach vorne ausführen.

Im Zusammenhang mit der von Arbeau erwähnten Sitte des Hintereinandertanzens der Paare könnte die Allemande durch ein entsprechendes Hereintanzen der Paare als Vorspiel begonnen werden. Die Tänzer erreichen auf geschickt improvisierten Wegen die vorgeschriebenen Ausgangsplätze der Choreographie und geben hierdurch dem Schluß des Tanzes — dem Abtanzen aus dem Triplakreis — eine sinnvolle Entsprechung.
»The processional form does seem to be characteristically German. And when we danced Almains at the English court (they must have been very popular because we have so many) we altered them by adding simple figures which is characteristic of us«. (M. Wood, Brief an den Verf.)
Die Choreographie folgt dieser Sitte altenglisch höfischen Allemandentanzes, der »singles face to face, a double round in own place, a double into partners place« wie auch die Wiederholung »step to step into the own place« kannte, wie es J. P. Cunningham für den Zeitraum von 1570—1670 an Hand der Quellen u. a. für »The Queens Almain« vergleichend aufzeigt (»Dancing in the Inns of Court« London 1965).

Courante
Gottfried Taubert: »Rechtschaffener Tantzmeister«, Leipzig 1717:
»Das XXV. Capitel handelt von der Courante ingemein, und zwar, daß sie ihren Nahmen à currendo oder von dem Frantzösischen vocabulo courant her habe, und daß sie, weil alle Fundamenta dieses gantzen Exercitii darinne enthalten sind, der allerschwerste Tantz sey. Darneben werden diejenigen Maîtres ihres Irrthums überführet, welche die Courante verachten und selber nicht verstehen. Ferner, daß sie eigentlich zweyerley, als *Courante simple* und *Courante figurée* sey. Noch ferner, daß diese beyden Couranten wieder auf zweyerley Weise, als *an* und *von der Hand* getantzet werden; doch ist die Courante ›an der Hand‹ die gebräuchlichste und leichteste, weyl dabey das Frauenzimmer allezeit an der Hand geleitet wird: ›Von der Hand‹ aber um so viel schwerer und rarer, weil dabey das Frauenzimmer, von der Hand loß gehend, alles dasjenige, was die Manns-Personen auf der lincken Seite mit dem rechten Bein verrichten, auf der rechten mit dem lincken machen, & contra.«
Die Raumform der Höfischen Courante (in der am meisten verbreiteten Art der »Courante simple an der Hand«) hatte einen einfachen Grundriß: »Etliche tantzen sie gerade und in einer schnurgleichen Linie auf- und abwarts, andere länglicht viereckicht, noch andere länglicht- oder ovalrund, und wieder andere achteckicht« (G. Taubert).
Die auf gegengleichen Vier- und Dreiecken zu tanzende Form der »Courante simple von der Hand« bringt die nachfolgende Choreographie.

24

Die in Schritt, Bewegung und Haltung erscheinende Grandezza wurde durch die Grazie des Menuetts, das man als »Tochter der Courante« bezeichnete, abgelöst: zwei der Hauptschritte (Pas tendu und Demy Coupé) und die zweitaktig phrasierende Form des »Porte les Bras« sind ihnen gemeinsam eigen. Beide wurden dem Zeremoniell des »Bal Paré« eingefügt und stets vom König selbst zuerst getanzt: unter Louis XIV die Courante, unter Louis XV das Menuett[1].
Die Courante war im Laufe von 200 Jahren in das Gegenteil ihres Ursprungs verkehrt worden: die uns durch Arbeau überlieferte Grundschrittform der frühen Courante zeigt einen Tanz mit dem bei der Pavane bereits beschriebenen Schrittschema »simple—simple—double« in ständig nach links und rechts wechselnder Bewegung, jedoch hüpfend und springend ausgeführt (s. Choreographie Hüpf-Courante)[2]. Thomas Platter berichtete 1596 von einer bewegten Schiffsfahrt auf der Rhône, daß sie kreuzen mußten »comme quand on danse la Courante« (zitiert bei Sachs). Diese Art der Beschreibung paßt zu derjenigen von Mersenne 1636 als »hüpfendem Hin und Her«[3].
Der echte Hüpf-Impuls fehlt Arbeaus Tabulatur durch die binäre Gleichmäßigkeit der Grundwerte. Die Änderung vom $^4/_2$ zum $^6/_4$ Takt ergibt die Möglichkeit, einen kürzeren, tänzerischen Nachhüpfschritt einzufügen und das ternär gewordene Grundschrittschema für alle seiner achttaktigen Länge entsprechenden Sing- oder Spielmusiken geeignet zu machen[4].
Dieses Schema wird leicht erlernt und durchgehalten: eine Bestätigung, daß dieser aus umständlicher Beschreibung herausgeschliffene Schritt ein echter Couranten-Schritt ist. Er paßt genau zu dem von Arbeau entworfenen, heiteren Bild des Tanzes. »Zu meiner Zeit«, sagte er (also gegen 1540), »wählten drei junge Leute drei Mädchen und stellten sich mit ihnen in der Reihe auf. Der erste Tänzer führte seine Tänzerin ans andere Ende des Saales und ließ sie dort stehen, während er zu den anderen zurückkehrte. Die beiden anderen Tänzer taten dasselbe, so daß dann die Damen auf dem einen, die Herren am anderen Ende des Saales allein waren. Sobald der dritte Herr zurückgekehrt war, begann der erste mit allerlei Sprüngen und verliebten Gebärden, wobei er seine Beinkleider streckte und sich das Hemd zurechtzog, sich wieder seiner Tänzerin zu nähern, die ihn aber nun mit der Hand abwehrte und ihm den Rücken kehrte, worauf er wieder

[1] *Gemeinsam erscheinen beide Tänze in der von Pécour um 1700 komponierten, von Feuillet* und *Rameau in Tanzschrift übertragenen, beliebten Tanz-Suite des französischen Hofes »La Bourgogne« (das Menuett hier jedoch im $^3/_8$ Takt in seiner heiter bewegten Form des Passepied, der ursprünglich ein Volkstanz der oberen Bretagne war): Courante—Bourrée—Sarabande—Passepied.*

[2] *Die Musikbeispiele »La corante du Roy« und »Hüpfende Hanna« entsprechen in ihrer Struktur genau dem Aufbau des Tanzschritt-Schemas.*

[3] *»... toute cette dance n'est qu'une course sautelante d'allées et de venues depuis le commencement jusques à la fin.«*

[4] *»Die Frantzosen schreiben ihre Couranten mit weißen Noten* ◇ 𝅗𝅥, *die Engellender aber gemeiniglich mit schwartzen* ◆ ♩ *welches mir denn besser gefelt. Sintemahl die Couranten auff einen gar geschwinden Tact musiciret werden müssen. Ich habe sie aber bald mit schwartzen bald mit weißen Noten ohn Unterschied gesetzet und stehet eim jeden frey, wie er sie tactiren oder tractiren wolle«, schrieb 1612 M. Praetorius in seiner »Terpsichore«, die »Allerley frantzösische Däntze und Lieder, wie dieselbige von den Frantzösischen Dantzmeistern in Frankreich gespielet und ... zur recreation und ergötzung ganz wol gebraucht werden können«, enthält. Von ihren Tanzformen heißen über 150 Courante, Courrante oder Courrant, die im $^3/_2$ oder $^6/_4$ Takt notiert sind.*

25

zurückging und sich trostlos zeigte. Ebenso taten die anderen. Hierauf aber tanzten alle drei ihren Damen entgegen, ließen sich vor ihnen auf das Knie nieder, und baten mit gefalteten Händen um Gnade und Verzeihung; dann ließen sich die Tänzerinnen von ihren Herren in die Arme schließen und tanzten mit ihnen die Courante zu Ende.«

»Zu meiner Zeit«, sagte der 1519 in Dijon geborene Arbeau von dieser Art der Courante, »cette danse nous vient d'Italie« hatte Laure Fonta in ihrer Ausgabe des Arbeau'schen Werkes 1888 hinzugefügt, und bei Larousse finden wir »Paartanz im schnellen Zweischlag« ergänzt. Zu diesen Bemerkungen passen entscheidend jene Worte Czerwinskis in seiner Übersetzung von Arbeau's Orchésographie (1878), daß der Rhythmus der frühen Couranten ein den italienischen Volksmelodien entsprechender $^{6}/_{8}$ Takt gewesen, die Notation jedoch statt in $^{3}/_{8}$ Gruppen in je $^{3}/_{2}$ Werten[4] erfolgt sei, wie sie die Couranten zeigen, die am Hofe von Heinrich II.[5], Carl IX. und Heinrich III[6] getanzt wurden, die im ersten Band der Collection Philidor (1690) enthalten sind[7]. »La Corante du Roy«, die neben einer »Volte du Roy« im Tabulaturbuch B. Schmid d. Ä. (Straßburg 1577) enthalten ist, muß ebenfalls zu dieser Zeit am französischen Hof getanzt worden sein[8].

1515 wurde die Courante zum ersten Mal in Frankreich schriftlich erwähnt[9]. Das von Arbeau entworfene und in der Choreographie angedeutete Tanzbild muß bald darauf entstanden sein. Auch Shakespeare gab ihr das Beiwort »swift«, in Deutschland forderte Kuhnau sie 1689 noch »etwas hurtig« gespielt — aber in

[5] *1519–1559, vermählt mit Katharina von Medici.*

[6] *1551–1589, letzter Valois.*

[7] *André Danican-Philidor, seit 1659 Instrumentalist und Komponist am französischen Hof, Bibliothekar und Sammler der Musikbibliothek zu Versailles.*

[8] *Sie weist mit dem 1740 datierten, ebenfalls für die Hüpf-Courante gewählten Musikbeispiel »Hüpfende Hanna« in der Motivbildung des 2. Teiles eine so große Ähnlichkeit auf, daß in diesem eine spätere Variante zu vermuten ist.*

[9] *Claude Marot, »Épître des Dames de Paris«, zitiert bei Sachs.*

Frankreich war sie zu einem Tanz »très grave« im »tempo largo«[10] geworden. Sie war der Haupttanz des französischen Hofes, der erklärte Lieblingstanz Ludwigs XIV, welcher als einer der besten Tänzer des Hofes galt und bei der Courante »une grace infinie« entfaltet haben soll. »Elle inspire un air de noblesse. Louis XIV la préférait à toutes les autres danses. Ses mouvements sont très essentiels ... pour bien exécuter les autres danses.«
Die »Académie royale de Danse« hatte aus ihr das Schulbeispiel aller Tänze geformt, so daß man sie den »Doctor-Tanz« zu nennen pflegte.
Gottfried Tauberts »Rechtschaffener Tantzmeister« (1717) beschrieb den Couranten-Takt als »Sechs Viertheil-Tact mit je drey Viertheils-Noten« (der auch durch zwei zusammengehörige Takte im 3/4 oder 3/2 Takt gebildet werden kann, wie es das Musikbeispiel der *Courante von der Hand* zeigt); die Schrittanreihung aller Courantenformen muß im Zusammenhang von zwei Dreiergruppen stehen, wie er durch das phrasierende »Porte les Bras« des Tänzers in den Formen der höfischen Courante während des ganzen Tanzes sichtbar gemacht wird[11]. In diesem Sinne ist auch Matthesons Anweisung (1739) zu verstehen: »Wenn die Courante getantzt werden soll, findet sie ihre unumstoßliche Regel, die der Componist genau in Acht nehmen muß ... Kein andrer Tact, als der Dreihalbe 3/2 hat dabey Statt. Soll aber diese Melodie dem Clavier dienen, so wird ihr mehr Freiheit vergönnet[12]; auf der Geige (die Viol da Gamba nicht ausgeschlossen) hat sie fast keine Schrancken, sondern suchet ihrem Nahmen, durch immerwährendes Lauffen, ein völliges Recht zu thun: doch so, daß es lieblich und zärtlich zugehe. Die Sing-Couranten kommen der Tantz-Art am nähesten[13], ob sie wol, eigentlich nur das tempo di Corrente, die Bewegung, und eben nicht die gantze Form derselben gebrauchen ...«

10 *»Der Couranten Tact oder vielmehr der Rhythmus, welchen die Couranten als Tänze erfordern, ist der allerernsthaffteste, den man finden kan.« J. G. Walther »Musicalisches Lexicon« 1732.*

11 *Die von Mersenne 1636 angegebene freie Wahl der Taktart (»L'on peut luy donner telle mesure que l'on voudra«) überrascht; denn in der Musik des 17. Jhdts. suchen wir vergeblich nach Tanzcouranten in gerader, binärer Taktart. Die im alla breve geschriebene Courante von Lully aus »Le mariage forcé« stellt sicher eine Bühnen-Caprice dar (Comédie et Ballet du Roy 1664). Französische Besonderheiten kennzeichnen ebenfalls Worte Matthesons (1739): »Lully hat sehr viele Marsche in der ungeraden Zeit Maaße gesetzet, sich aber stets dabey die stolzen Abzeichen und das Krieger-Wesen äußerst angelegen seyn lassen.«*

12 *Bachs Couranten der Französischen und Englischen Suiten stehen im 3/4 und 3/2 Takt, die Correnten der Partiten im 3/8 3/4 3/2 Takt. Die Courante der IV. Französischen Suite und die Corrente der I. Partita haben den ausnahmsweise dreigeteilten Grundschlag im 3/4 Takt.*
»The Italian C. answers more nearly to the etymological meaning of its name, since it consists chiefly of running passages ...
The chief point of the French C. may be briefly summed up thus: triple time, prevalence of dotted rhythms, alternations of 3/2 and 6/4 times and polyphonic treatment.
One more species of C. remains to be noticed, which ... attempts to combine the two preceding ones, the French change of rhythm and the Italian runs. Most of Handels Courantes belong to this class.« Groves Dictionary London.

13 *z. B. Courante »O wie so schön und gut« in »Der Musikant« (Möseler Verlag). Die bekannte Maien-Courante (aus dem Lautenbuch Ernst Scheeles 1619 stammend und textiert »Wie schön blüht uns der Maien« gesungen) ist ursprünglich 16 taktig (vgl. W. Tapperts Tabulaturübertragungen »Sang und Klang aus alter Zeit« Berlin 1906). Sie wäre durch ein 2 taktiges Nachspiel an die vierzehn 6/4 Takte des Liedes wieder dem Schrittschema anzugleichen und könnte der Hüpf-Courante als Begleitung dienen.*

14 *Menuett und Bourrée*

Gemeinsam ist durch die Jahrhunderte fast allen Couranten der musikalische Auftakt, der die lebhafte Art eines Tanzes vorzubereiten pflegt (vgl. Gavotte und Gigue). In der höfischen Courante ist er meist verkürzt und ermöglicht der Musik das spontane Folgen zu der vom Tanzpaar begonnenen Beugung vor dem ersten Schritt der mehrtaktigen Reverenz: aus fröhlich gehüpftem Werbetanz wurde Vollendung höfischer Gemessenheit, und der ursprünglich weit genutzte Raum wurde zu schmal bemessener, exakt geometrischer Figur, wie es die nachfolgenden Choreographien aufzeigen. Schrieb 1717 noch Tauberts »Rechtschaffener Tanzmeister«: ». . . Es gebühret der Courante der Vorzug für denen übrigen beyden Fundamental-Täntzen[14], und dieses nicht allein darum, weil durch gantz Franckreich und an vielen Orten in Teutschland, sonderlich auf Academien bey den gewöhnlichen Wochen-Bals: Wie auch auf den Tantz-Böden bey der Information der Anfang mit der Courante gemachet wird, sondern vielmehr darum, weil ein Maître seinen Scholairen alles . . . am besten durch die Courante demonstriren und beybringen kan . . .«, so wurde sie bald darauf nur noch gelehrt und nicht mehr gesellschaftlich gepflegt.
Ihr Platz als zweiter Tanz der klassischen Instrumental-Suite und einige Sing-Couranten (»Wie schön blüht uns der Maien«[13] u. a.) lassen sie bis heute erklingen.

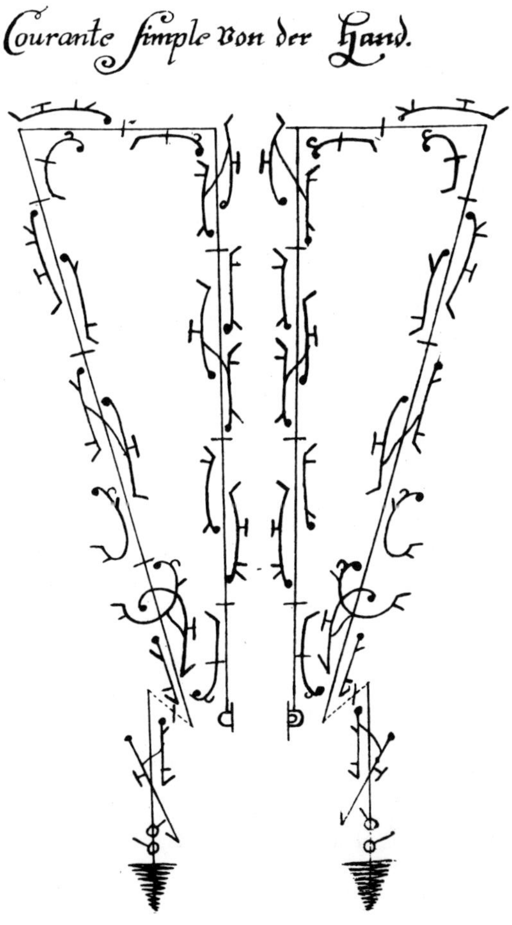

Courante simple von der Hand (Figur II) in Tanzschrift Beauchamps-Feuillet

Hüpf-Courante

Hüpf-Courante
Tanz für 3 Paare
oder für 1 Paar (Choreographie von Paar 3)
mit 4 Tanz-Strophen nach »La Corante du Roy« (Tabulaturbuch 1577)
oder nach der Courante »Hüpfende Hanna« (anonym – um 1740)[1]

Der Grundschritt ist eine sich regelmäßig wiederholende Folge von simple (s) und double (d) Hüpfschritt-Formen, die in ebenfalls regelmäßigem Wechsel einmal links (l), einmal rechts (r) begonnen werden.
Er wird von allen Tänzern ununterbrochen, auch am Platz, weitergetanzt.

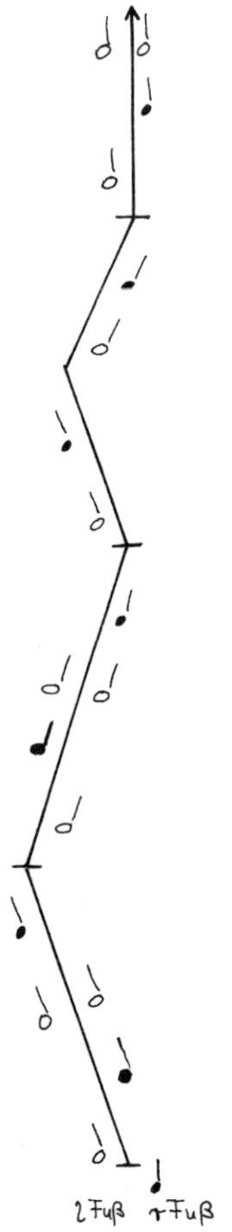

Grundschritt links (l), mit Sprung nach l beginnend
als rhythmisches und als rhythmisch-graphisches Schema dargestellt:

Rhythmisches Schema:

Takt	Zählzeit[2]		
	6	aus 1. Pos.	Hupf auf r Bein (mit leichtem Vorschwingen des l Beines)[3]
1	1	simple l	Sprung auf l Bein
	3		Sprung auf r Bein[4]
	4		Sprung in 1. Pos.
	6	simple r	Hupf auf l Bein
2	1		Sprung auf r Bein
	3		Sprung auf l Bein
	4		Sprung in 1. Pos.
	6	double l	Hupf auf r Bein
3	1		Sprung auf l Bein
	3		Hupf auf l Bein
	4		Sprung auf r Bein
	6		Hupf auf r Bein
4	1		Sprung auf l Bein
	3		Sprung auf r Bein
	4		Sprung in 1. Pos.

Grundschritt r bringt die gleiche Systematik,
jedoch mit Hupf auf l Bein und Sprung auf das r Bein beginnend.

[1] *Die beiden Couranten, deren zweite wie eine späte Variante der ersten anmutet, sind ad lib. in strophenweisem Wechsel zu spielen.*
[2] *Nicht aufgeführte Zählzeiten bedeuten Bewegungsübergang oder Verharren in der erreichten Position.*
[3] *Das Spielbein ist* immer *leicht vor zu schwingen.*
[4] *Hier würde das Hüpfen auf l Bein statt des Sprunges auf das r Bein (in Takt 2 dann umgekehrt) reizvoll den Charakter der frühen Courante betonen, so wie es 1878 Czerwinski in seiner Übersetzung der Orchésographie von Arbeau beschreibt, in welcher es jedoch »puis saulterez sur le pied droict« heißt. Man wähle ad lib.*

Arbeau lehrte, zur Ausführung des (bei ihm geradtaktigen) Grundschrittes ergänzend, bei einer Ermüdung die Nachhüpfschritte auszulassen. Diese Art würde das Bild einer leicht schwingend getanzten Pavane bedeuten, da beide Tänze auf gleichem Grundschrittschema von simple, simple, double basieren. Diese Variation wäre ad lib. (z. B. für das Auftreten oder für die *am Platz* zu tanzenden Schritte) anzuwenden.

Choreographie

Reverenz
(s. Kapitel »Reverenzen der Renaissance«: Galliarde nach französischer Manier ohne Branle)

1. Tanz-Strophe	Platzwechsel
	Paarweise nach vorne
	Kanon
2. Tanz-Strophe	Treffen und zurück
	Treffen und paarweise nach vorne
	□ und ○ Reihen trennen
3. Tanz-Strophe	Kanon (paarweise) auf Schräge
	Ellipse
4. Tanz-Strophe	In Reihe nach vorne und zurück
	Paarkreise
	In Reihe nach hinten und drehen
	In Reihe durchgefaßt nach vorne

1. Tanz-Strophe
Platzwechsel
Paarweise nach vorne
Kanon

Takt	
1–2	*Grundschritt l:* □ auf ○ zu, die am Platz tanzen
3–4	○ l an □ vorbei auf deren Ausgangsplätze (ohne sich umzudrehen) □ am Platz der ○ 1/2 Drehung um r Schulter
	Grundschritt r
5–6	□ tanzen den ○ nach, bis sie (etwas l) hinter ihnen stehen ○ tanzen am Platz (vgl. obige Anweisung Arbeau)
7–8	□ legen r Hand auf r Hüfte der ○, sie reichen sich l Hände (entspr. Tz.Z. 2) und tanzen auf kleinem Bogen nach vorne zur Mitte

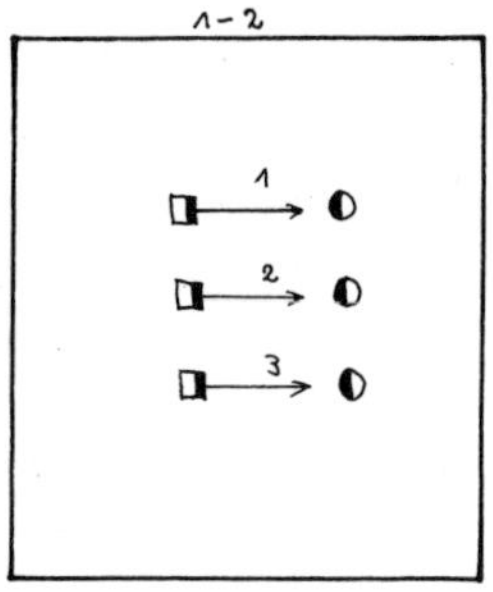

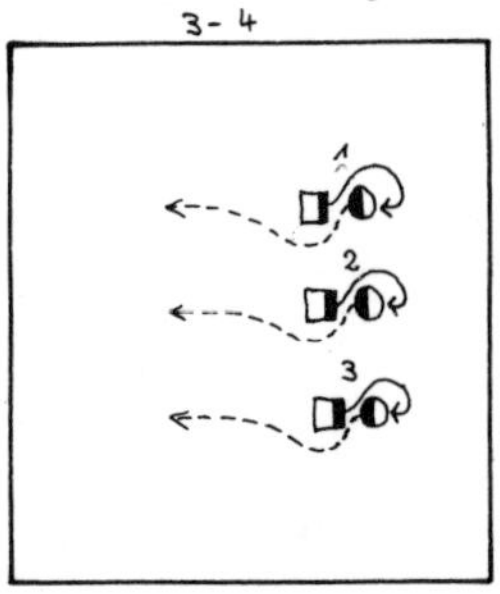

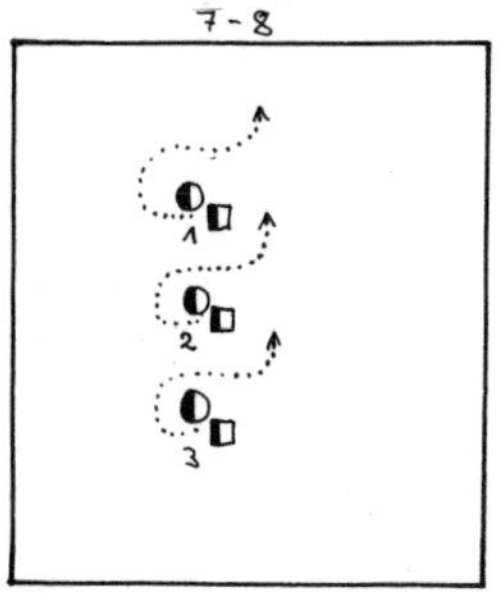

Grundschritt l

Takt

9–10 Paare 1 und 2 nehmen einfache Handfassung (□ r, ○ l Hand) (entspr. Tz.Z. 1) und tanzen rückwärts (nach vorne gewendet bleibend) □ 3 und ○ 3 trennen sich und tanzen schräg nach vorne (□ nach l, ○ nach r)

11–12 □ 2 und ○ 2 trennen sich und tanzen schräg nach vorne (□ nach l, ○ nach r)
□ 3 und ○ 3 tanzen auf den Außenseiten rückwärts
□ 1 und ○ 1 tanzen in der Mitte rückwärts (Tz.Z. 1)

Grundschritt r

13–14 □ 1 und ○ 1 trennen sich und tanzen schräg nach vorne (□ nach l, ○ nach r)
□ 2 und □ 3 tanzen l außen rückwärts
○ 2 und ○ 3 tanzen r außen rückwärts

15–16 alle □ tanzen außen l rückwärts
alle ○ tanzen außen r rückwärts
und drehen sich in Takt 16 zueinander, so daß sie wie zu Anfang an ihren Ausgangspunkten stehen

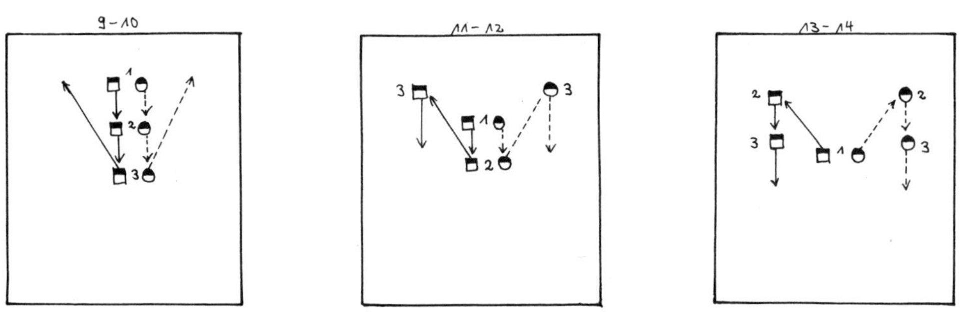

2. Tanz-Strophe
Treffen und zurück
Treffen und paarweise nach vorne
□ und ○ Reihen trennen

Grundschritt l

1–2 alle □ und ○ tanzen aufeinander zu

3–4 alle □ und ○ drehen sich um l Schulter und tanzen an Plätze zurück, sich dort um l Schulter wieder zueinander drehend

2

Grundschritt r

5–6 alle □ und ○ tanzen wieder aufeinander zu und drehen sich nach vorne ein (□ wie in Strophe 1 etwas l hinter ○ stehend und in gleicher Art Hände fassend; s. Tz.Z. 2)

7–8 Paare tanzen auf vorgeschriebenen Wegen nach vorne (Tz.Z. 2), lösen Handfassung und nehmen einzeln hintereinander Aufstellung

Grundschritt l

Takt
9—10 □ drehen um r Schulter und tanzen nach hinten
○ drehen um l Schulter und tanzen nach vorne
und drehen um l Schulter $^1/_2$ herum

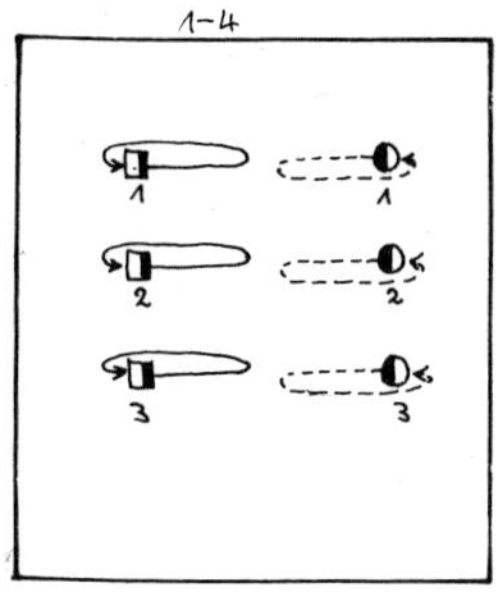

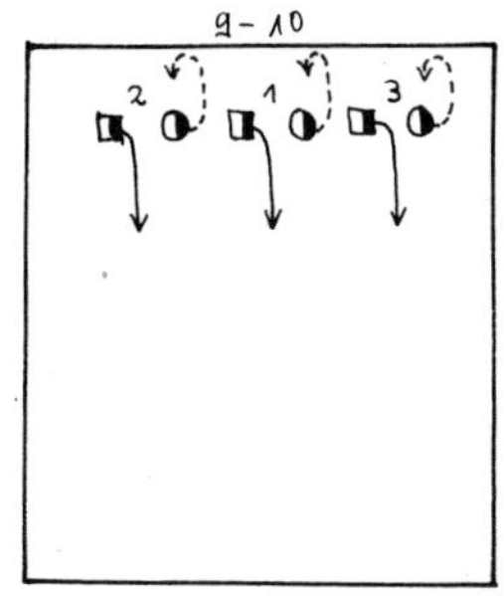

11—12 ○ tanzen nach hinten zwischen die □, die am Platz $^1/_2$ Drehung um l Schulter tanzen

13—14 □ tanzen nach vorne, dort $^1/_2$ Drehung um Grundschritt r Schulter am Platz ausführend
○ tanzen weiter nach hinten

15—16 □ tanzen nach hinten zwischen die ○ Reihe, dort $^1/_2$ Drehung um l Schulter ausführend
○ tanzen am Platz $^1/_2$ Drehung um r Schulter, Handfassung nehmen (□ r, ○ l Hand).

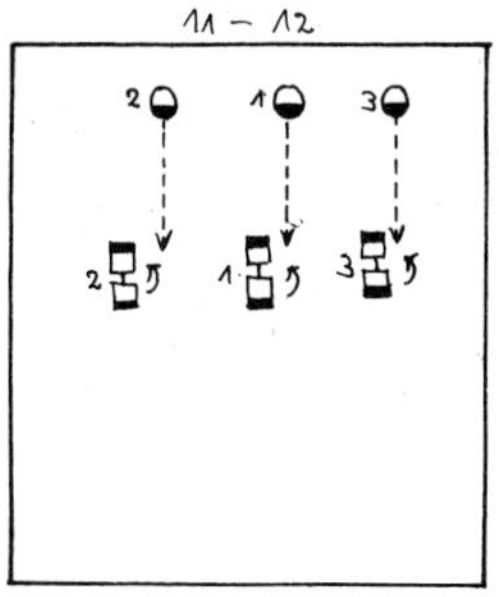

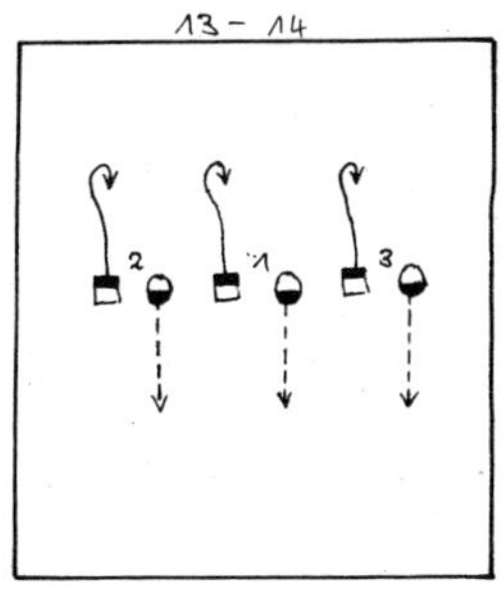

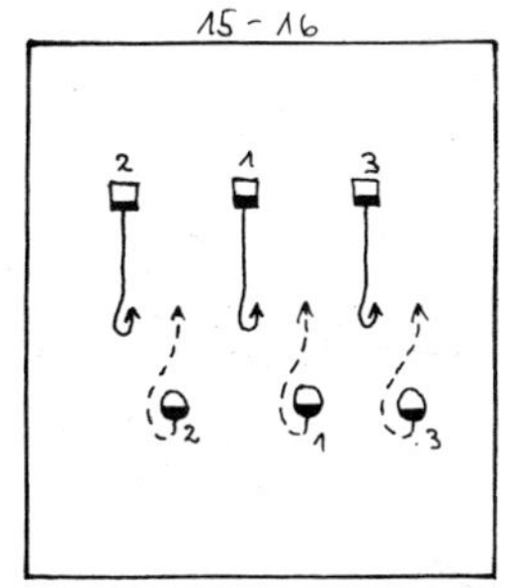

3. Tanz-Strophe
Kanon paarweise
Ellipse

Grundschritt l

1—2 Paar 3 tanzt schräg nach vorne
Paare 1 und 2 tanzen am Platz (vgl. Anweisung Arbeau S. 103)

3—4 Paar 3 tanzt weiter schräg vor,
Paar 1 tanzt ebenfalls schräg vor
Paar 2 tanzt am Platz

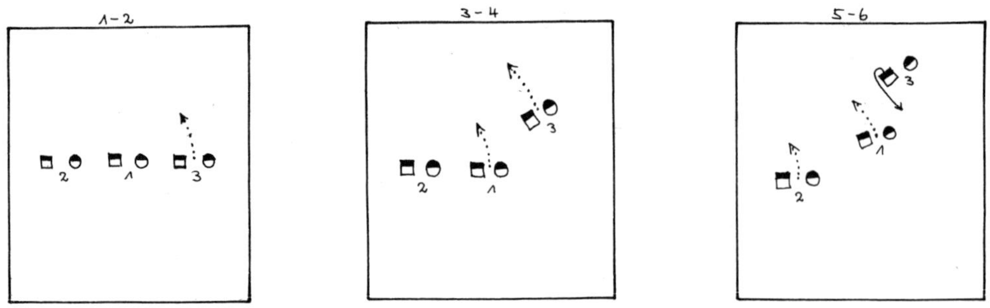

Grundschritt r

3

Takt

5–6 Paar 3 trennt sich: □ 3 tanzt ½ Drehung um l Schulter und dann schräg nach hinten zu (Tz.Z. 3)
○ 3 tanzt am Platz
Paar 1 tanzt weiter vor
Paar 2 beginnt schräg vor zu tanzen

7–8 □ und ○ der Paare 1 und 2 trennen sich
□ 1 und 2 tanzen wie □ 3 schräg nach hinten zu, dort (in Takt 8) ¼ Wendung um r Schulter ausführend
alle ○ tanzen am Platz (in Takt 8 ¼ Wendung um l Schulter ausführend, so daß die für Takt 9 als Ausgangspunkt angegebene ellipsenförmige Aufstellung entsteht

Grundschritt l

4

9–12 alle □ tanzen auf vorgeschriebenem Weg l herum
alle ○ tanzen auf vorgeschriebenem Weg r herum

13–16 Paare treffen sich nacheinander (Tz.Z. 4) und tanzen (□ r, ○ l Hand gefaßt) auf einer Geraden vorwärts und enden in Takt 16 hintereinanderstehend in der Raum-Mitte

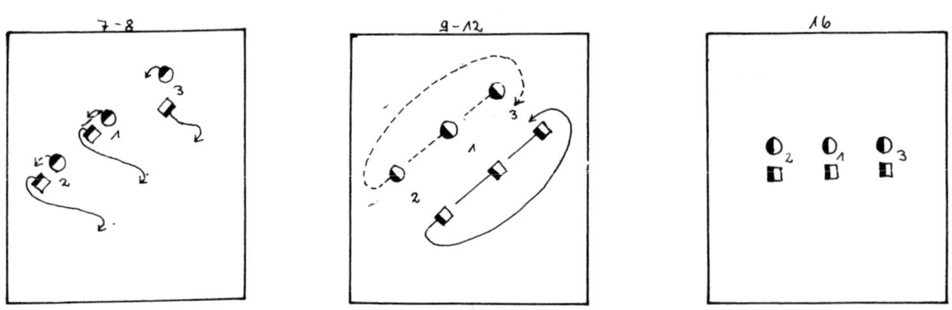

4. Tanz-Strophe

In Reihe nach vorne und zurück
Paarkreise
In Reihe nach hinten und drehen
In Reihe durchgefaßt nach vorne

Grundschritt l

Takt
1—2 paarweise $^{1}/_{4}$ Drehung r herum ausführen
3—4 nach vorne tanzen

Grundschritt r

5—6 paarweise $^{1}/_{2}$ Drehung r herum ausführen
7—8 nach hinten tanzen, $^{1}/_{4}$ Drehung zueinander ausführen und Doppelhandfassung nehmen (Abb. 6)

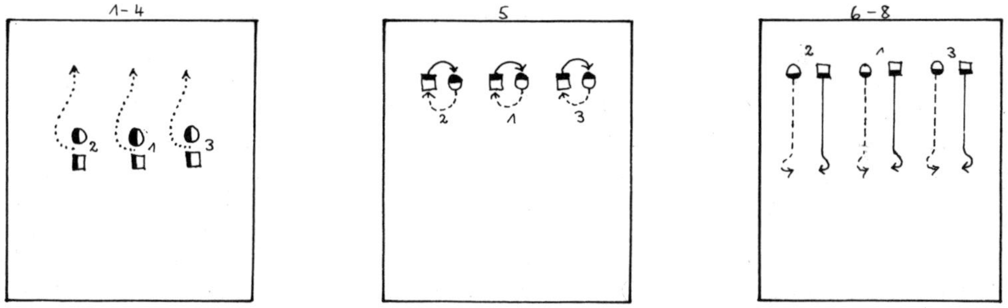

Grundschritt l

9—10 Paare mit Doppelhandfassung $^{1}/_{2}$ Ronde l herum tanzen und Handfassung zur Einhandfassung (□ l, ○ r Hand) lösen

11—12 nach hinten tanzen

Grundschritt r

13—14 Handfassung lösen. □ um l Schulter, ○ um r Schulter zueinander und weiter nach vorne drehen
15—16 alle zu einer Reihe durchfassen und nach vorne tanzen

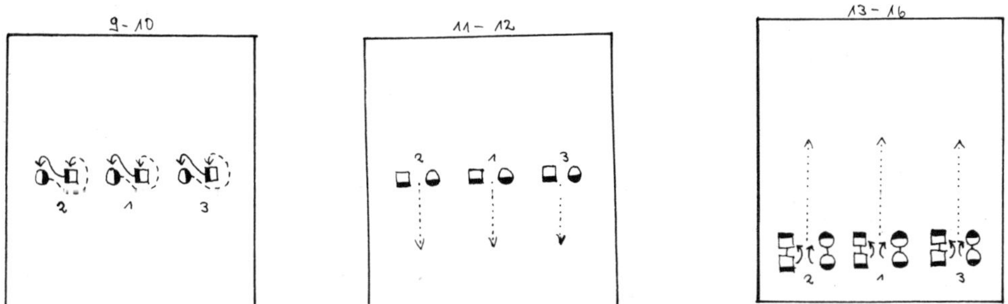

Auf einer Tanzfläche mit genügender Tiefe können die Drehung nach vorne und das Durchfassen zu einer Reihe bereits in Takt 12 ausgeführt werden, um in Takt 13—16 einen ganzen Grundschrittablauf mit seinem hüpfend-springenden »hin und her« nach vorne tanzen zu können.
Der abschließende Sprung in die 1. Pos. ist mit besonders elastischer Beugung auszuführen, und die Arme aller Tänzer sind beim Heben frei und weit ausgebreitet (mit kleiner Fermate, statt einer Reverenz) zu tragen.

Die Hüpf-Courante kann als Einleitung zur ersten Tanz-Strophe auf großer Tanzfläche als »Farandole« (von einem Tänzer angeführter Schlängelreigen) getanzt werden (Abb. 33 und Gavotte Tz.Z. 6).

Courante von der Hand

Courante von der Hand[1]
»Danse de Bal«[2] für ein Paar

nach der Courante aus der Suite in fis moll von Christian Ritter (etwa 1650—1725) Rekonstruktion nach der in Tanzschrift überlieferten Choreographie in »Rechtschaffener Tantzmeister oder gründliche Erklärung der Frantzösischen Tantz-Kunst« von Gottfried Taubert, Leipzig 1717 (s. Abb. S. 101).

Ausführung
der Reverenzen, Grundschritte und des dazu gehörigen »Porte les Bras« s. Kapitel »Die gebräuchlichsten Tanzschritte« und »Reverenzen des Barock«

Choreographie
Schrittbeschreibung für □ (○ gegengleich)

Takt	
1—5	Reverenz

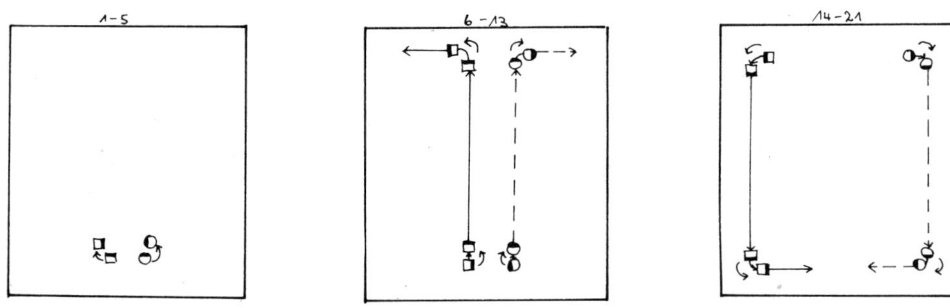

6	Pas tendu l mit 1/4 Drehung l
7	Pas grave r
8	1/2 Coupé l
9	1/1 Coupé r l
10	1/2 Coupé r
11	1/1 Coupé l r
12	Pas tendu l mit 1/4 Drehung l (Tz.Z. 1)
13	Pas grave r

1

[1] *Auch »Courante Simple von der Hand« genannt im Gegensatz zur »Courante Figurée von der Hand«.*
[2] *Auch »Danse de Cérémonies« genannt. »In der Courante, dem feierlichen, schweren, langsamen Eröffnungstanz der Einzelpaartänze, hat sich — der Form und dem Charakter nach — die Erinnerung an die Renaissance erhalten ...« (O. Bie »Der Tanz« S. 195)*

Takt

14 Pas tendu l mit $^1/_4$ Drehung l
15 Pas grave r
16 $^1/_2$ Coupé l
17 $^1/_1$ Coupé r l
18 $^1/_2$ Coupé r
19 $^1/_1$ Coupé l r
20 Pas tendu l mit $^1/_4$ Drehung l
21 Pas grave r

22 Pas tendu l mit $^1/_4$ Drehung l
23 Pas grave r
24 $^1/_2$ Coupé l
25 $^1/_1$ Coupé r l
26 $^1/_2$ Coupé r
27 $^1/_1$ Coupé l r
28 Pas tendu l mit $^1/_4$ Drehung l
29 Pas grave r

22 – 29

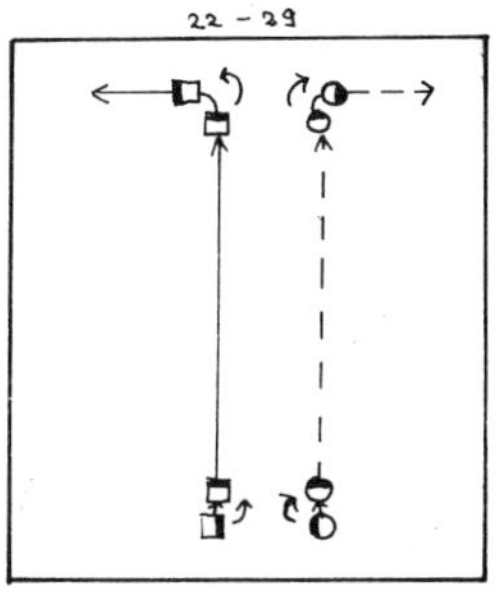

30 – 36

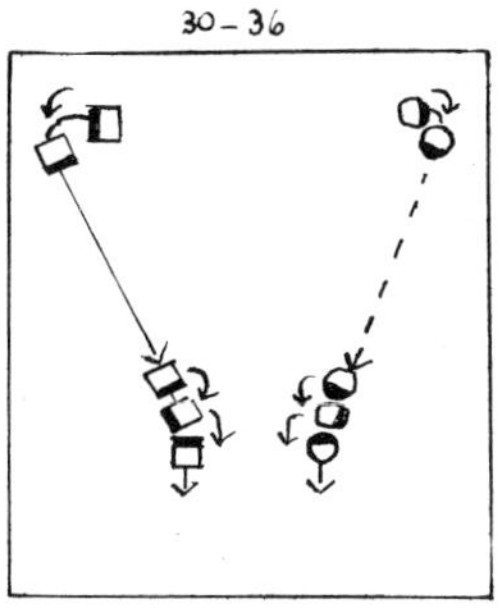

37 – 40 (41)

30 Pas tendu l mit $^1/_4$ Drehung l
31 Pas grave r
32 $^1/_2$ Coupé l
33 $^1/_1$ Coupé r l
34 $^1/_2$ Coupé r mit $^1/_4$ Drehung r (Tz.Z. 2)
35 $^1/_1$ Coupé l r mit $^3/_8$ Drehung r (r Fuß auf Bogenlinie zurückschleifen)
36 $^1/_2$ Coupé l rückwärts zur Ausgangsstellung und Hände reichen (□ r ○ l)

2

37—(40)41 Reverenz

Sarabande

Sarabande

Die jüngsten amerikanischen Forschungen haben erwiesen, daß eine Sarabande (çarauanda = zarabanda) 1569 zum Fronleichnamsfest in Mexiko (Pátzacuaro, Michoacán) getanzt und auf einen 6 strophigen Text des 1536 in Spanien geborenen und ausgewanderten Pedro de Trejo gesungen worden ist (Robert Stevenson »The Sarabande – a dance of American descent« und »The Mexican origins of the Sarabande« Washington 1962/63). Den Reim »el criador es ya criatura«[1] auf »çarauanda ven y dura«[2] hatte Trejo vor den Inquisitions-Zensoren zu verantworten. Über die Art des Tanzes und der Musik ist nichts überliefert. Bald darauf ist die Sarabande von einer Frau allein und paarweise zum Klang von Kastagnetten (und Schellentrommel nach Belieben dazu) in Spanien getanzt worden. In beiden Formen wurde sie als obszön und leidenschaftlich beschrieben – und 1598 von Philipp II als schamlos verboten. Peitschenhiebe, Galeere, Ausweisung drohten, doch man tanzte sie – vielleicht war so strenges Verbot sogar der Grund ihrer schnellen Verwandlung in einen höfischen Tanz, in dessen Form sie bald in Europa beliebt wurde.

Die der Sarabande bis vor kurzem zugeschriebene maurisch-arabische Herkunft stützte sich auf das Wortgebilde ser-band (»mit dem Turban auf dem Kopf«) oder auf das persische sar-band (Kranz zum Befestigen des weiblichen Kopfputzes) oder auf Fr. M. Böhmes Anschauung: »Nach meiner Entdeckung halte ich das Wort für arabisch-maurischen Ursprungs. Ich fand nämlich persisch-türkische Gesangsstücke mit dem Worte Ser-a-band und Ser-a-bend überschrieben. Die Musikstücke haben mit der Sarabande des Abendlandes gleichen Rhythmus« (»Geschichte des Tanzes in Deutschland« 1886). Zarabanda, der Name einer Schnabelflöte Guatemalas, ließ ihre Herkunft aus den neuspanischen Kolonien in Amerika vermuten, da Tänze oft den Namen eines Instrumentes annahmen (Musette, Tambourin, Gigue, Piva u. a.) und Schmähschriften gegen sie dorthin wiesen (u. a. von G. B. Marino »L'Adone« Paris 1623). Daß die *Chaconne* diesen Weg gegangen war, finden wir an maßgeblicher Stelle »verbrieft« (Lope de Vega 1618). Curt Sachs fügt hinzu, daß dieser erste Mischlingsrassen-Tanz (Chacona mutata), der nach Europa kam, in Lissabon noch im 19. Jhdt. – ebenfalls bei einer Fronleichnamsprozession – getanzt wurde.

»Besonders provocativ muß die Sarabande gewesen sein, die ungefähr 1588 bekannt wurde und ihren Namen von einem ›Teufel von Weib‹ in Sevilla oder Guayaquil an der Westküste von Südamerika haben soll«, schrieb als Hinweis bereits A. Czerwinski 1862 in seiner »Geschichte der Tanzkunst« und fuhr fort: »Der Pater Mariana ließ sich angelegen sein, sie in einem eigenen Kapitel seines Buches ›De Spectaculis‹ zu bekämpfen, indem er ihr vorwirft, mehr Unheil angerichtet zu haben als die Pest.« Stevenson zitiert Worte des empörten Paters Juan de Mariana (1536–1624), der von denen, die eine Sarabande sangen und

[1] *Etwa: »Der Schöpfer ist bereits selbst ein Geschöpf.«*
[2] *»Sarabande, komm und bleibe!«*

tanzten, sagte, daß sie »employ gestures and words equal to the lewdest kisses and embraces used in brothels«.
Thomas Platter, der Schweizer Arzt, beschrieb die Sarabande als Reise-Eindruck (1599) aus Barcelona: »50 Männer und Frauen, Kastagnetten schnalzend, meist in Rückwärtsbewegungen mit lächerlichen Verrenkungen des Leibes, der Hände, der Füße...« Hierbei darf zum Vergleich nicht unerwähnt bleiben, daß selbst noch im 20. Jahrhundert einem nordeuropäischen Betrachter spanischer Tanz und spanisches Tanz-Gebaren als faszinierend, aber in vieler Hinsicht als fremdartig erscheinen. Die Beziehung der Bewegungen, und nicht körperlicher Kontakt (Prinzip der höfischen Sarabande, s. nachfolgende Choreographie), sind auch heute noch das Entscheidende am spanischen Figuren-Tanz, der seine Urformen vorgebildet findet im Tanz der Naturvölker des Sudans, Arabiens, Japans, Indonesiens, Mittelamerikas und Australiens (Sachs).
Bildhafter offener Paartanz der Urvölker kennt zwei Motive: das astrale und das geschlechtliche. Zu ersterem gibt Sachs das Beispiel der mexikanischen Cora: Mädchen und Knaben tanzen in der Kirche die Erdmutter und den Morgenstern. Zu dem zweiten, dem Symbol des Fortbestehens, fügt er das Gesetz der eindeutigen Steigerung bei Totentänzen in jüngeren Kulturen von Südamerika über Polynesien, Mikronesien und Afrika bis zu den Kanarischen Inseln hin. So mag sich auch der Brauch, daß Sarabanden und Chaconnen vor allem am Fronleichnamstag getanzt und gesungen wurden, erklären. Was jedoch im 16. Jhdt. in Amerika natürlich erschien, mußte zu gleicher Zeit in Spanien entfesselnd wirken — der Kontrast der Kulturen war zu stark[3].
Cervantes erwähnte die Sarabande 1613 als »etwas Neues«. 1618 wurde sie (an Stelle einer Pavane) mit dem Tourdion (schneller Nachtanz der Basse Danse, auch »Gaillarde par terre« genannt) am spanischen Hof getanzt, kurz darauf finden wir sie im »Ballet de cour« in Paris. Richelieu tanzte sie in großartiger Weise am französischen Hof und die »Bourgogne« um 1700 als Folge von 4 beliebten Tänzen (Courante, Bourrée, Sarabande, Passepied) schloß sie ein.
»Man tanzte sie, wie die Bourrée endete, zu Paaren gegenüber« (Bie). Padre Mersenne beschrieb ihre Schritte als »composéz de tirades ou de glissades«. In den späteren Tanzanweisungen und Dictionnaires des 18. Jahrhunderts (Rameau, Lambranzi, Martinet, Desrat, Trévouz u. a.) lesen wir als Schrittformen: »Coupé, Pas grave, Contretemps, Fleuret, Pas de Sisson, Pas de Bourrée et Pas de Menuet«[4]. »Plus lente que le menuet avec lequel elle représente quelque analogie. Sara Candar la dansa la première en France. sarao = bal en Espagne. Sarabande et Chaconne ont venu des Sarasins.« Mattheson beschrieb die Sarabande »zum Singen, zum Spielen, zum Tanzen«. »So hat dieselbe keine andere

[3] *Die Rumba (»ein sehr obszöner Tanz zu Paaren, dessen Hauptattraktion in unanständigen Verdrehungen des Beckens besteht«, Suárez, zitiert bei J. Jahn »Rumba Macumba«, Afrocubanische Lyrik, 1957) könnte von der* Yuka *herkommen und diese wiederum von der* Calinda *der Sklavenzeit abstammen (J. Jahn »Muntu« 1958). Sie haben gleiche Bewegungsart und wurden aus frontal gestellten Männer- und Frauenreihen heraus getanzt. Genau wie Th.* Platter *die* Sarabande *1599 in Barcelona erlebte, beschrieb* Père Labat *sie in der Form als* Calinda *noch 1698 auf den Antillen (»Nouveau Voyage aux Isles d'Amérique« Paris 1722). Die Heimat der Sarabande in dieser Richtung zu suchen, liegt nahe.*
[4] *»Pas de Menuet« setzte sich allmählich aus allen Tanzschritten zusammen und wies unzählige Figurationen auf, weil in der Darstellung des Begriffes »Menuett« die Tanzkunst gipfelte (vgl. Choreographie Sarabande und Solo-Gavotte).*

Leidenschaft auszudrücken als die Ehrsucht ... daß sie keine lauffenden Noten zuläßt, weil die Grandezza solche verabscheut und ihre Ernsthafftigkeit behauptet.«

Zum Tanz wurden keine schnellen Notenwerte gespielt, sondern erst der folgende Instrumentalsatz (Double) variierte die ruhige Melodie des Tanzes. Ähnlich finden wir es bei Bach in den Instrumental-Suiten als Sarabande und »les agréments de la même Sarabande« bezeichnet. Das altfranzösische Lied »Amours, amours« benannte man »Sarabande«. Wie das ihm ähnliche katalanische Lied »Le mal d'amor« zeigt es die typischen Rhythmen des Tanzes. Kunstlieder wurden im Sarabandenstil geschrieben. Caldaras »Come raggio di sol« enthält Melodie-Wendungen, die genau der von uns gewählten Corelli-Sarabande entsprechen. Praetorius notierte 1612:

und nannte sie Sarabande und Courant Sarabande, »dieweil aber wegen Varietät dieser art Däntze bald ein geschwind bald langsamer Tact müsse gehalten werden«. »Sarabande Courante: simple et gai, peu à peu elle devint grave et sérieuse et à 6 temps.« (Dictionnaire Brenet)

Aus der heißblütigen Art der amerikanischen, bald nach Spanien gedrungenen Sarabanden läßt sich der lebhafte Tanzcharakter der frühen höfischen Sarabande erklären. In England wurde die Sarabande als Country Dance bewegt getanzt (u. a. Adson's Saraband in Playford »The English Dancing Master« 1650). »Because of their surprising speed, the first sarabandes printed in England[5] immediately bring to mind the first sarabandes printed in Spain (1674, 1677) ... they are recognizable cognates ...« (Stevenson »The Sarabande«). Von *Kuhnau* wurde der Grundschlag langsam, von *Schmicorer* Adagio, von *Quantz* als »Pulsschlag« verlangt. Eine deutlich fallende Tempokurve läßt sich von den französischen Sarabanden (Courante — Sarabande) bei Prätorius (Terpsichore 1612) bis zu den von edler Melodik geprägten Largo-Formen Corellis verfolgen (vgl. Sarabande d moll aus der Sonata di camera für Violine op. 5 der Choreographie).

Über Tanzschritte der Sarabande im 17. Jhdt. ist wenig zu finden. Steht bei Lajarte der Bericht »Les soldats espagnoles dansaient la Sarabande devant la procession de la Fête Dieu (Milan, 1688)«, so sagt uns dieser genau so wenig wie derjenige über Ninon de Lenclos, die berühmte Courtisane, welche um 1650 mit der Sarabande die Pariser bezauberte (»La fameuse courtisane y déployait une grace infinie«). Genauere und selten zu findende Beschreibungen datieren erst nach 1700. Der anonyme »Maître de Danse« I. H. P.[6] gibt in seinem Buch (1705) die Form einer »Kammer-Tantz« Sarabande (sie ist, ohne daß es erwähnt wird, dem von Pécour komponierten, von Feuillet in Tanzschrift gezeichneten

[5] *»... 17. century: especially prominent in the English school a rapid Saraband in very quick 3/4 (Suites of M. Locke. Purcell Sonata). During the same period the S. actually had some vogue transformed into an English country dance (Playford).« Groves Dictionary 1954.*

[6] *Unter I. H. P. ist Johannes Pasch zu vermuten (»Beschreibung wahrer Tanzkunst« Franckforth 1707. Auch C. J. von Feldtenstein gab 1767 sein erstes Buch, »Die Kunst, nach der Chorographie zu tanzen« als C. J. V. F. heraus, und Thoinot Arbeaus Name ist ein Anagramm aus Jehan Tabourot.*

26

»Recueil de Dances« Paris 1700, entnommen), welche der nachfolgenden Choreographie als Grundlage diente.
Die Klarheit der Tanzwegzeichnung steht in keinem Verhältnis zu der Umständlichkeit der Beschreibung der Schritte, deren erster hier folgen möge (er wird in der Tanz-Sprache kurz »rond de jambe« genannt): »Hier wird hinten Creutzweiß gesetzt, gebeugt und auff der Spitze beyder Füße eine Pirouette halb herum und zwar das Frauenzimmer auff die lincke und die Mannsperson auff die rechte Hand, also, daß der hinten gesetzte nach dem Drehen vorstehe, eh aber dieses gemacht wird, muß der Fuß, so hinten soll gesetzt werden, ein wenig voraus geführet werden, doch dergestalt, daß beyde Knie steiff bleiben ...«
Die Sarabande als »Danse Haute« verlangte die Beherrschung des hohen »Port de bras«: »Was aber das Porte les Bras bey den hohen Täntzen betrifft, als: Sarabanden, Giquen ..., welche gemeiniglich Solo und frey getantzet werden, sage ich, kan ein honettes Frauenzimmer ohne Scheu eben so, wie die Manns-Personen mit frey geführten Armen ... auch wol mit *Castagnettes* tantzen.« (G. Taubert, 1717)
Die Sarabande wurde mit gegengleicher Schrittsetzung der Partner getanzt: »... dabey die Frauenzimmer alles dasjenige, was die Manns-Personen auf der lincken Seite mit dem rechten Bein verrichten, auf der rechten mit dem lincken machen ...«, so wie es die reizvoll (mit zwei tanzenden Lordsöhnen, mit Musik und dem in Tanzschrift gezeichneten Weg) gestaltete Tafel Tomlinsons (Abb. 27) zeigt.
Im Gegensatz zu den meisten anderen Tänzen, die durch ihre Übernahme in die Kunstmusik erst ihren musikalischen Höhepunkt erreichten, nachdem ihre getanzte Form schon vergessen war, erlebte die Sarabande ihre Blüte zur Zeit des Tanzes selbst. Sie errang sich den Platz des melodisch betonten Tanzes in der Instrumental-Suite zwischen Courante und Gigue. Über 1750 hinaus scheint sich ihre getanzte Form nicht gehalten zu haben[7] – dagegen wurde ihr noch im 20. Jhdt. in der französischen Klaviermusik durch Debussy (Pour le Piano: Prélude – Sarabande – Toccata) eines ihrer schönsten und ihren besonderen Charakter auf geniale Weise deutende Klangbeispiele geschenkt, das Ravel voll impressionistischen Zaubers orchestrierte.

[7] *Sarabande: »Air d'une Danse grave ... se dansoit autrefois avec des* Castagnettes. *Cette danse n'est plus en usage, si ce n'est dans quelques vieux Opéra François.« Rousseau »Dictionnaire de musique« 1777.*

Folie d'Espagne

»Ein alter und bekandter Spanischer Tantz, welcher nur von einer Person allein getantzet wird, es sey Manns- oder Weibes-Person. Er scheinet gewisser maßen zur *Sarabanden-Art* zu gehören. Denn es ist mehr gutes in solcher alten Melodie, die sich nur auf eine kleine Quart erstrecket, als in allen Mohren Täntzen, die jemals mögen gefunden werden.«

Valentin Trichter, Ritter Exercitien-Lexicon« Leipzig 1742

Die Melodie – wahrscheinlich aus Portugal[1] mitgebracht – hat als erster Michel Farinelli 1672 in Paris durch seine Komposition für den berühmten Geiger Guilleaume Dumanoir bekannt gemacht (»Farinellis Division on a Ground«, 1685 bei Playford, London, erschienen, sind 10 Variationen über die Melodie). In seiner Selbstbiographie schreibt Farinelli: »... mes folies d'Espagne ... ont paru avant les pièces de Monsieur Corelli ... et, en effet, mon manuscrit contient la Basse continue des Follies Traditionelles.«[2]

In vielen Formen gespielt, parodiert (d. h. textiert gesungen) erscheint die kleine achttaktige Tanz-Melodie bald in ganz Europa (bei Bach in seiner Bauernkantate: »unser trefflicher, lieber Kammerherr«). Ihre Beliebtheit ließ ebenfalls viele *Tanz*formen entstehen. G. Taubert in seiner deutschen Übertragung der Feuillet'schen Tanzschrift (1717) gibt »Die Folie d'Espagne mit einer fünffachen Variation für ein Frauenzimmer ... welche zu Paris in der Oper getantzet worden«[3] unter Hinzufügung der Kastagnettenstimme[4], welche ad lib. für die Interpretation der Sarabanden-Choreographie zu übernehmen wäre.

Von dem Schlagen der Castagnetten

814 mit der lincken Hand einmahl schlagen
815 mit der rechten Hand einmahl schlagen
816 mit beyden Händen zugleich einmahl schlagen
817 mit der lincken Hand rollen, oder rasseln, ohne schlagen
818 mit der rechten Hand rasseln ohne schlagen
819 mit beyden Händen zugleich ohne schlagen klappern
820 mit beyden Händen schlagen und zugleich rasseln
821 viel Tacte nach einander hindurch rollen
822 mit der einen Hand rollen, indem die andere schläget

»Bey dem Schlagen der Castagnetten, oder höltzernen Klappern, werde ich mich der musicalischen Noten bedienen, welche eben so viel gelten, und sollen auf

[1] *La Folia: ursprünglich ein zu Kastagnetten (und anderen Instrumenten) lebhaft und schnell getanzter alter Karnevalstanz Portugals, der von Spanien übernommen und dort von ein oder zwei Tänzern in ebenfalls lebhafter Sarabandenart getanzt wurde.*

[2] *Andreas Moser, »Zur Genesis der Folie d'Espaigne«, Archiv für Musikwissenschaft 1918/19, Bückeburg/Leipzig, Breitkopf und Härtel.*

[3] *Die Choreographie der Variationen stammt von Feuillet (»Receuil de Dances« Paris 1700). Sie stellt das ideale Beispiel eines von edler Grandezza getragenen Solotanzes dar, der jedem mit den Grundformen barocken Tanzstils vertrauten »Dilettanten« (○ oder □) darstellbar ist. Seine Rekonstruktion aus der Tanzschrift folgt in einer späteren Veröffentlichung.*

[4] *Die Sitte, zu kastagnettenähnlichen Instrumenten zu tanzen (Krotalen, Krotalon gr. = Klapper) gab es schon in der Antike. Arbeau zitierte Vergil: »Crispum sub Crotalo docta movere latus« und sagte weiter, »Macrobius läßt in seinem dritten Buche der Saturnalien, Capitel 14, den Horus sagen, daß die vornehmen Knaben und die jungen Mädchen aus den guten Häusern Roms mit crotales tanzten ...«*

beyde Seiten der Linien, die einen darüber, und die andern darunter gesetzet werden. Die Noten, welche darüber stehen, deuten an, daß man mit der lincken Hand schlagen müsse, und die unter der Linie stehen, bedeuten, daß man mit der rechten Hand schlagen solle.«

»Wenn man nun alle diese Dinge gefasset und sich wohl eingebildet hat, so setzet man die Air in die Noten, hernach bezeichnet man das Schlagen der Castagnetten darunter, wie sonsten eine Partitur, so daß eine jedwede Mensur zu schlagen just auf die drüber gesetzte Mensur der Air passe und sich schicke.

831 Exempel davon

832 Ist die Air zu dem folgenden Couplet von der Folie d'Espagne

833 Ein Stück von der Folie d'Espagne zu samt den Zeichen, wie die Arme zu bewegen und die Castagnetten zu schlagen, daraus zu ersehen, welcher gestalt die vorhergehenden Regeln ad usum zu bringen.«

Gottfried Taubert »Rechtschaffener Tanzmeister« 1717
Des II. Buches XLV. Capitel: Hauptschlüssel zu der Chorégraphie (Feuillet 1701)

27

116 Sarabande: »Pas grave or march« aus Kellon Tomlinson »The art of dancing« London 1724

Sarabande
»Dance de Bal«[1] für 1 oder 2 Paare (bzw. 2 oder 4 Tänzer oder Tänzerinnen)[2] mit 2 Tanz-Strophen
nach der Sarabande in d-moll aus op. 5 von A. Corelli (1700)

Sarabande

1. Tanz-Strophe: bringt □ und ○ mit spiegelgleicher Choreographie auf die Gegenseite des Raumes.
2. Tanz-Strophe: bringt die genaue Wiederholung der 1. Tanz-Strophe und die Rückkehr an den ursprünglichen Platz.
Grundhaltung der Arme: Hohes Port de Bras entsprechend einer mit Kastagnetten[3] getanzten Armhaltung.

Schrittbeschreibung des
Pas de Menuet (Variation): Schrittrhythmus ♩ 𝅗𝅥 | ♩ 𝅗𝅥 |
r l r l

Pas de Menuet (Grundschritt)

Zählzeit	
3	beugen
1	r Fuß auf vorgeschriebenem Tanzweg vorsetzen
2	l Fuß in 5. Pos. r hinten ansetzen mit leicht rückschwingender Bewegung des Oberkörpers (Tz.Z. 1) l herum, das Gewicht auf l Fuß übertragen
3	beugen (Tz.Z. 1)
1	r Fuß in 4. Pos. r vorsetzen
2	l Fuß in 5. Pos. l vorsetzen

Eine freie Figuration, derer man allmählich hunderte tanzte: »Alle Koloraturen ließen sich jetzt auf dem Menuett nieder«, schrieb Oskar Bie (Der Tanz, 1919) und zitierte sie nach G. Taubert (1717), welcher »denen figurirten Pas und Menuet-Variationibus« siebzig Seiten ausführlicher Beschreibung widmete (s. Anhang Solo-Menuett).
Ausführung der weiteren Grundschritte s. Kapitel »Die gebräuchlichsten Tanzschritte des Barock«.

[1] *»Zu la belle Danse können wol auch die Sarabandes und Chaquonnes gerechnet werden. Sie müssen aber aus doucen Schritten bestehen weilen diese la belle Danse erfordert.« L. Bonin »Neueste Art zur Galanten und Theatralischen Tantzkunst« (1712).*
[2] *Auch für einen einzelnen Tänzer (bzw. Tänzerin) ist die Choreographie in leichter räumlicher Abwandlung durchzuführen.*
[3] *Kastagnettenstimme s. »Folie d'Espagne«.*

Choreographie

Tanz-Strophe 1 (dargestellt für 1 Tanzpaar)
□ und ○ gegengleiche Fußsetzung
Tanzbeschreibung für □

Reverenz[4]

Takt	Zählzeit	
1	1, 2	Rond de jambe r (aus 3. Pos. r)
	3	r Fuß in 5. Pos. l einsetzen und beugen
2	1, 2	auf Zehenspitzen erheben und 1/2 Pirouette r herum
	3	Hacken senken
3	1	Pas tendu r
	2	Pas tendu l
	3	Pas tendu r
4		Pas grave l
5, 6		Pas de Menuet (Variation) ♩ 𝅗𝅥 | ♩ 𝅗𝅥 | mit 1/4 Drehung r je Takt r l r l (Tz.Z. 1)
7, 8		Pas de Menuet (Variation) weiter geradeaus zum Ausgangsplatz mit 1/2 Drehung r enden, l Fuß in 5. Pos. r oder in 1. Pos. setzen

1

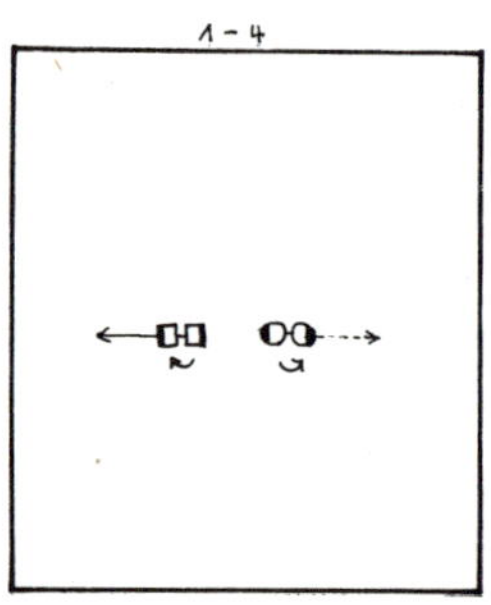

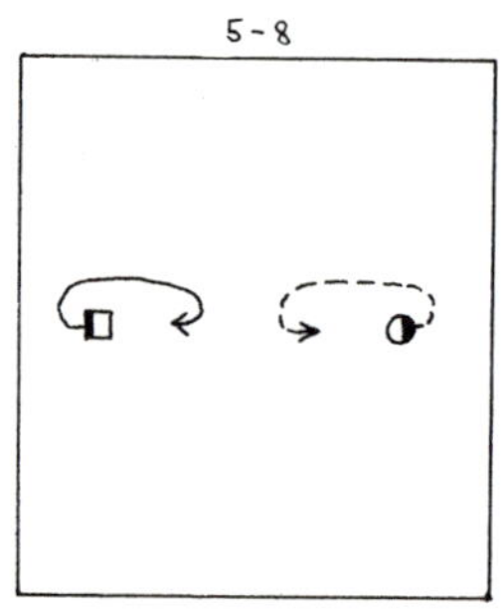

9—16		Schrittfolge wie 1—8
9	1, 2	Rond de jambe r
	3	r Fuß in 5. Pos. l einsetzen und beugen

[4] *Da die Sarabande als Gesellschafts- wie als Bühnentanz erschien, kann ohne Reverenz mit Erheben der Arme zum »hohen Porte les Bras« während der beiden letzten Takte des Vorspiels begonnen werden.*
Reverenz-Formen ad lib. auszuwählen:
in 4 Takten
I aus der Gegenüberstellung der Partner heraus (s. Kapitel »Reverenzen des Barock«)
II wie verkürzte 3 taktige Couranten-*Reverenz (s. Kapitel »Reverenzen des Barock), in Takt 4 gleichzeitiges Erheben der Arme zum hohen »Porte les Bras«*
in 8 Taken
III wie große Couranten-Reverenzen (5 Takte) mit gedehntem Schluß:
Takt 6 weiter verneigt bleiben
Takt 7 Aufrichten
Takt 8 Erheben der Arme zum hohen »Porte les Bras«
Die Begleitung zu einer 4 taktigen Reverenz ist aus den beiden ersten und letzten Takten des Musikbeispiels zu bilden.

Takt	Zählzeit	
10	1 } 2 }	auf Zehenspitzen erheben und $^{1}/_{2}$ Pirouette r herum
	3	Hacken senken
11	1	Pas tendu r
	2	Pas tendu l
	3	Pas tendu r
		mit diesen drei Schritten aneinander linksschultrig vorbeigehen (Platzwechsel)
12		Pas grave l
13 } 14 }		Pas de Menuet (Variation) mit $^{1}/_{8}$ Drehung r beginnen, weiter geradeaus auf Tanzweg nach außen
15 } 16 }		Pas de Menuet (Variation) weiter geradeaus auf Tanzweg mit $^{3}/_{8}$ Drehung r in 5. Pos. l enden

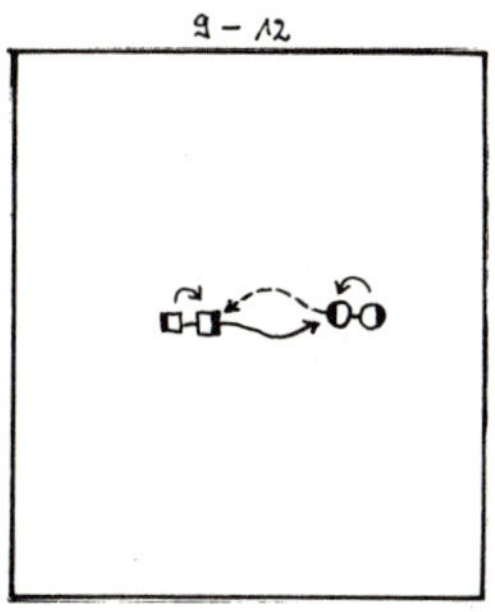

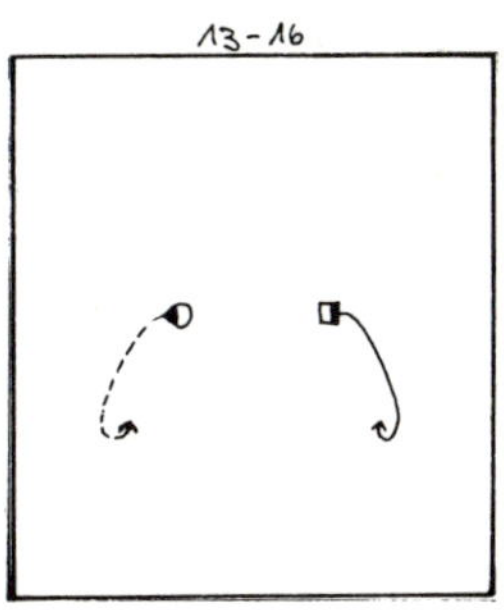

17	Pas de Bourrée r (r l r)
18	Pas de Bourrée l (l r l)
19	Pas de Bourrée r
20	Pas de Bourrée l (enden in 3. Pos. r)
21	Pas de Balancé l
22	Contre Balancé r (battiert)
23	$^{1}/_{4}$ Drehung l und 3 Pas tendus l r l (3. Schritt mit $^{1}/_{8}$ Drehung l)
24	$^{1}/_{4}$ Drehung l als Pas grave r

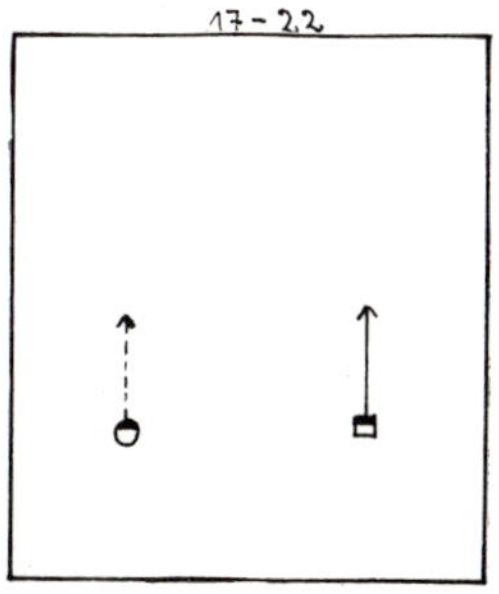

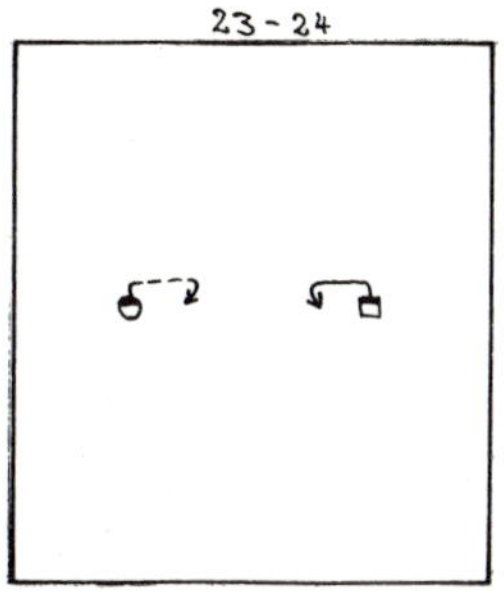

25	Pas de Bourrée l
26	Pas de Bourrée r
27	Pas de Bourrée l
28	Pas de Bourrée r (enden in 3. Pos. l)

Takt	
29	Pas de Balancé r
30	Contre Balancé l (battiert)
31	$^3/_8$ Drehung r mit 3 Pas tendus r l r
32	Pas grave l (über vorne bogig zurück in 3. (5.) Pos. r »streichen«)

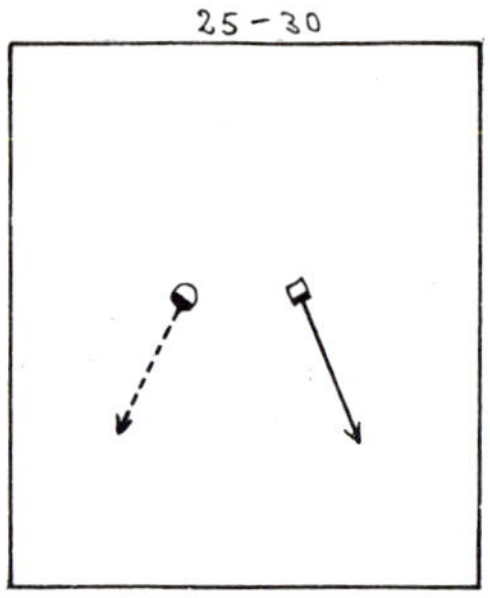

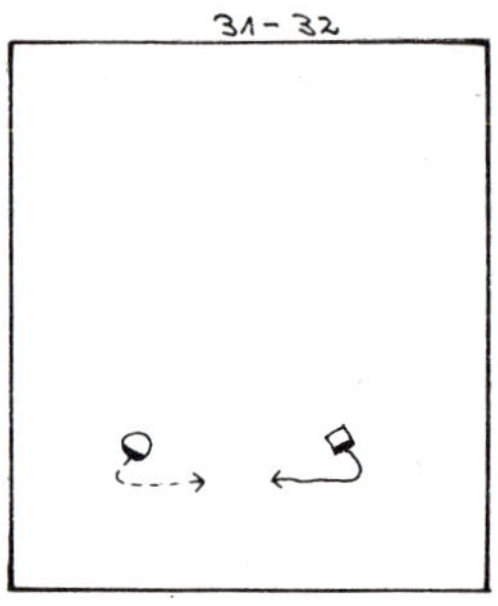

Tanzstrophe 2 bringt die genaue Wiederholung der 1. Tanzstrophe in umgekehrter Raumrichtung. Die Tanzenden stehen in Takt 32 wie zu Beginn des Tanzes und führen mit dem Pas grave folgende Abschlußreverenz aus:

□ Pas grave l vorwärts, dann r Bein über vorne auf Bogenlinie zurück in 4. Pos. l streichen und verneigen (jede Bewegung während einer Taktlänge)

○ Pas grave r vorwärts, dann l Bein über vorne auf Bogenlinie zurück in 5. Pos. r streichen und Knie beugen (jede Bewegung während einer Taktlänge) vgl. Schlußhaltung der Couranten-Reverenz

Choreographie für zwei Paare

Tanz-Strophe 1

Choreographie für zwei Paare (punktsymmetrisch)

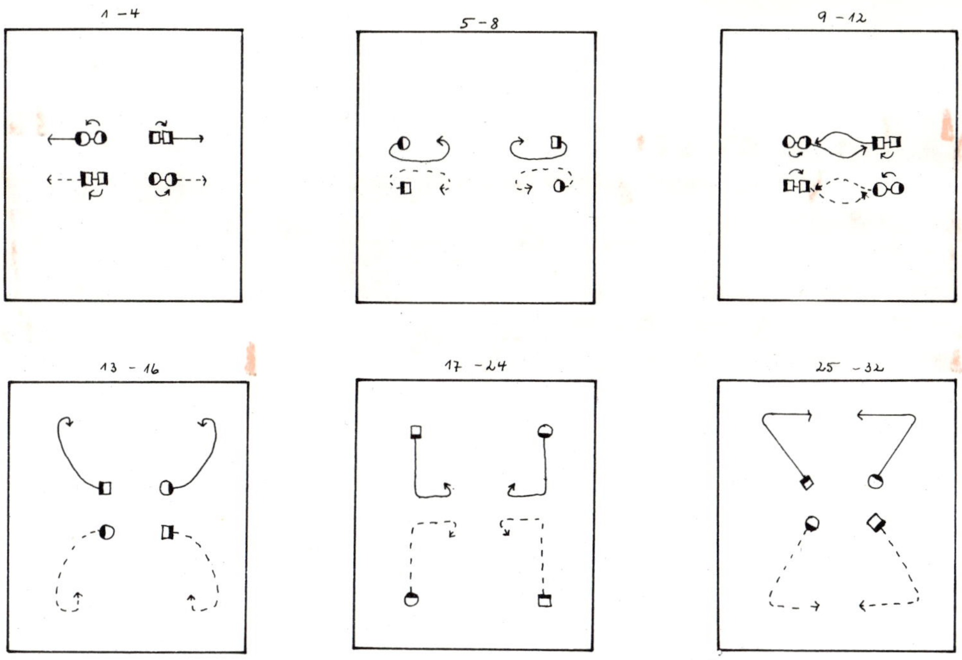

Tanz-Strophe 2

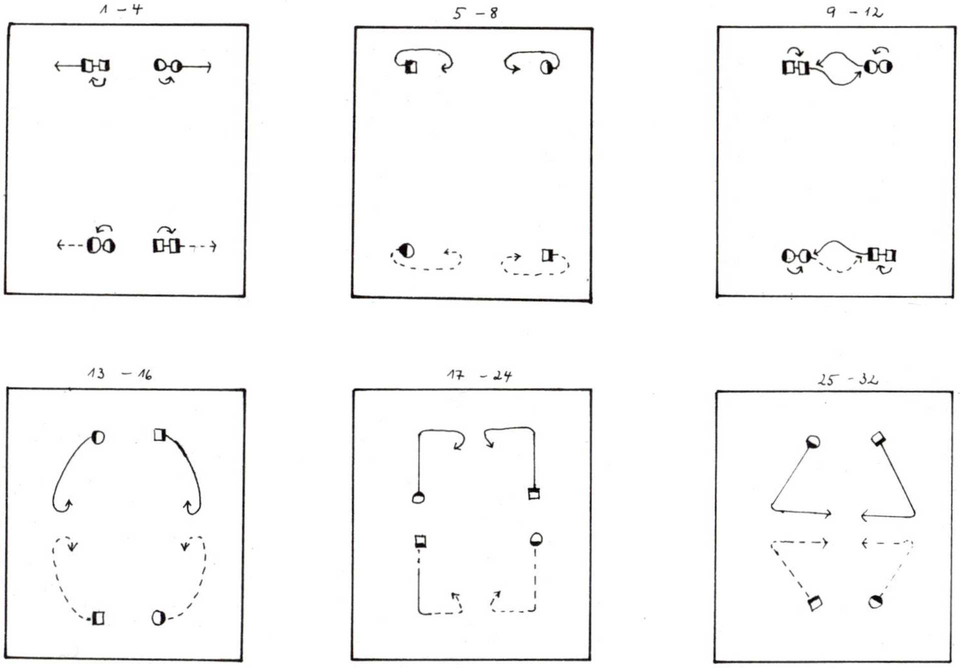

Paar I - - - - - -   Paar II ———

Gigue

Gigue

»Giga (ital.), Gigue (gall.) oder Gicque[1] ist eine Instrumental-Pièce, welche als ein behender Englischer Tantz aus zwo in 3/8, 6/8 oder 12/8 Tact gesetzten Reprisen bestehet ... Man hält davor: sie habe ihren Nahmen vom Italiänischen Wort Giga, welches eine Geige oder Fiedel heißet, es kan aber auch wohl seyn, daß dieser Tantz vom Schlenckern der Beine, dessen sich so wohl die Seil-Täntzer als andere bedienen, und giguer (gall.) genennet wird, die Benennung bekommen hat. Wie denn auch im Teutschen das Wort *giguen* nicht unbekannt ist, sondern vom ungewöhnlichen Gehen eines Menschen gebraucht wird.«

J. G. Walther »Musicalisches Lexicon« 1732

So könnte die *Tanzbewegung* (gigue franz. = Bein) für den Namen bestimmend gewesen sein. Im Englischen heißt to jig tanzen, auf- und abschnellen, jigger (am.) hopsen, tanzen.

Die Jig ist höchstwahrscheinlich keltischen Ursprungs, sie lebt heute noch in Irland und Schottland als Volkstanz mit einer Fülle tänzerischer Motive, ohne an eine feste Form gebunden zu sein. Für die nachfolgende Darstellung der Gigue zum Klang einer alten Volkstanzmelodie, die mit einer später komponierten wechselt, sind Tanzschritte und Formen gewählt, die ähnlich heute noch in England gebräuchlich sind. Auch ein bei Arbeau bereits 1588 in seinem »Schottischen Branle« beschriebener Grundschritt (als »Scots Simple« bei M. Wood dargestellt), der dem heutigen »balancé« entspricht, wurde einbezogen. Er wäre auch mit dem zu dem heutigen *»balance in line«* gehörigen *Pas de basque* auszuführen, den französische Tanzmeister im 18. Jhdt. dem Country Dance einfügten. Auch die Form der Kette erscheint: hier in anderer Art als im graziösen Menuett. Sie wird ähnlich getanzt wie diejenige im Lied-Cotillon »La Boulangère« in Frankreich, der später häufig im Finale der Française erschien.

Am Hofe der Elisabeth pflegte man nach den Hofballtänzen die Country Dances zu tanzen. »When the company are pretty well tired with country dances, it is used to dance jigs« (Burnuby 1745) – diese geben durch Hackenstampfen und Händeklatschen in noch kräftigerer Form den Weg zum Volkstümlichen.

[1] *»Die Gique, mit ihren Arten, welche sind: die gewöhnliche / die Loure / die Canarie / die Giga. Die gewöhnlichen oder Engländischen Giquen haben zu ihrem eigentlichen Abzeichen einen hitzigen und flüchtigen Eifer, einen Zorn, der bald vergehet. Die Loures oder langsamen und punctirten zeigen hergegen ein stoltzes, aufgeblasenes Wesen an, deswegen sie bey den Spaniern sehr beliebt sind. Die Canarischen müssen große Begierde und Hurtigkeit mit sich führen, aber dabey ein wenig einfältig klingen.« Mattheson »Der vollkommene Capellmeister« 1739.*
Der »Canarische Tanz« wurde 1588 bereits von Arbeau als Gesellschafts-Tanz beschrieben: Solotanz für ein Paar, mit Markieren von Absatz und Spitze, Fußstampfen, hohem Beinstoß und Fußschleifen (»als würde man eine Spinne zertreten«). Aber noch mehr wurde verlangt: Improvisierte heitere, wie auch wild bizarre Einzelpassagen des Tänzers und der Tänzerin. Hierzu würde das von Robert Burns beschriebene Bild passen:

*»But hornpipes, jigs, strathpeys and reels**
*Put life and mettle** in their heels.«*

** B.T. Highland Fling ** fire*

Die Elisabethanischen Jigs (»Queen's Jig« u. a.) geben Kunde, daß auch bei Hofe Jigs getanzt wurden. Ob sich eine höfische Form von der volkstümlichen abgehoben haben mag, bleibt ungeklärt.
Die Elisabethanische Zeit überlieferte in den Virginalbüchern verschiedenartige Beispiele der Jig: William Byrd, John Bull, Giles (Vater) und Richard (Sohn) Farnaby sind mit Jigs im schnellen $^4/_4$, im $^6/_4$ oder $^{12}/_4$ vertreten. Auch die 1650 in Playfords erster Ausgabe des »English Dancing Master« erscheinenden Jigs haben verschiedene Taktarten. »Alleyns Jig« (heute noch als »Gathering Peascods« mit fröhlichem Händeklatschen in den Country Dances getanzt) und »Lord Carnavans Jeg« stehen im vierzeitigen Geradtakt, »Millisons Jegge« und »Kemps Jegg« im $^{12}/_8$. Bei letzterer könnte eine enge Verbindung zwischen Tanz und Posse bestehen; denn die Jig (auch: Jigge, Gigg, Gigge, Jegg, Jegge) erschien in England auch in anderer Bedeutung: im 16. Jhdt. als Spottlied, im 17. Jhdt. als Posse in Versen mit Melodien und Tänzen[2], die in dieser Form von William Kemp auf das Festland gebracht wurde und nicht ohne Einfluß auf das deutsche Singspiel blieb. Als Jig wurden auch possenhafte Intermezzi in ernsten Stücken, wie im 18. Jhdt. Prosa Farcen bezeichnet (MGG).

Kemp's Jig

»The ... jigg combined three arts in which the Elizabethans delighted and excelled: drama, music, and the dance.« Groves Dictionary 1954.
Werner Danckerts Buch über die »Geschichte der Gigue« (1924) befaßt sich bis in das kleinste mit der musikalischen Struktur im Laufe ihrer Entwicklung, gibt aber fast gar keinen Hinweis auf ihre getanzte Form. Danckert folgert aus seinen Studien, daß Jigs stets »Reihen- oder Rundtänze für mehrere Paare« gewesen seien: man tanzte Hand in Hand »round the table to the measure of an Irish Jig«. Da aber die Jigs als Melodiegut in die Country-dances eingedrungen waren, hält C. Sachs die Folgerung Danckerts für einen Fehlschluß und seine Beschreibung des Tanzes für reinen Country-dance.
1957 schrieb Melusine Wood, London[3]: »It is my opinion that both the Jig and the Hornpipe should be regarded as simply country dances[4], and steps would be according to taste. We do not know, to what extent Irish jig steps are really traditional. Baskerville's book ›Elizabethan Jig‹[5] makes it plain, that nobody really knows, what steps were originally used with this dance.«
Der von 1619–1648 in England wirkende Hoflautenist Jaques Gaultier[6] hatte die Gigue in die französische Musik eingeführt.
»Thérèse de Subligny (Abb. 29) ... indroduisit la Gigue en France« (F. Reyna

[2] So könnte das Shakespeare-Zitat »the first suit (wooing) is hot and hasty, like a Scotch Jig, and full as fantastical« aus »Much ado about nothing« (II,1) auch umfassender als nur musikalisch-tänzerisch gedeutet werden.
[3] Brief an den Verfasser.
[4] Der bei aller Lebendigkeit der Bein- und Fußarbeit ruhig gehaltene Oberkörper der englischen Tänzer von Jig und Country Dance erregt durch den Gesamteindruck von faszinierender Leichtigkeit und Körperbeherrschung Bewunderung und spornt zum Nacheifern an. Kein Besucher Großbritanniens und Irlands sollte versäumen, sich eine der regelmäßig in England, Schottland und Irland stattfindenden Volkstanz-Vorführungen anzusehen.
[5] Baskervilles Hinweis: »a type of dance in which whirling or turning on the toe ist a conspicuous feature«, ist bedeutungsvoll (vgl. Grundschritt I der nachfolgenden Choreographie).
[6] Charles Dieupart, der ab 1707 als Cembalist unter Händel in London tätig war, gab der Gigue in seinen Suiten den Platz als dem letzten Tanz (Allemande — Courante — Sarabande — Gavotte — Menuett — Gigue). Diese Anreihung wurde auch für die Suiten Bachs charakteristisch, von dessen Hand geschrieben die f moll Suite des Dieupart überliefert wurde (Riemann).

28

»Histoire du ballet« 1964). Sie hatte als Fünfzehnjährige bei der denkwürdigen Aufführung des »Triomphe de l'amour« 1681 eine der Hauptrollen getanzt, die durch das Bestreben von Beauchamps zum ersten mal auf einer *öffentlichen* Bühne *Tänzerinnen* übertragen worden waren. Vielleicht war sie es, die in Lully's Oper[7] »Roland« 1685 die »Gigue à deux« mit tanzte, die von Feuillet in Tanzschrift übertragen und dadurch überliefert wurde (s. folg. Choreographie).

»Tanzet schon ein Frauenzimmer eine Gigue ... muß selbige aus doucen Schritten bestehen, welche zur Begleitung eine niedliche Taille und galante Minen erfordern ... daß wo ein Frauenzimmer auf dem Theatro erscheinet, es nicht wol lassen würde, wo selbiges hoch tanzete und viele Spring und Capriolen hermachte, es ist dieses eine Beschäftigung vor Manns-Personen.« L. Bonin »Die neueste Art zur Galanten und Theatralischen Tantz-Kunst« Jena 1712.

Larousse schrieb über den Tanzschritt der Gigue: »pas rapides avec les talons, les pointes croisées et déplacées«: ein ähnliches Bild wie jenes von Arbeau oder Burns. Die originellsten Schrittarten finden wir weiter: »le berceau — le trot de cheval — les ailes du pigeon — les oiseaux.« Martinet (1787) schrieb: »La Gigue n'est plus en usage, elle était composé de toutes pas qu'on danse sur la corde[8]: Balancé — Tourné — Chassé.«[9]

[7] *»Les Opéra François contiennent beaucoup de Gigues, mais ... les Gigues ... sont entièrement passé de Mode!« Rousseau 1777 (Dictionnaire).*

[8] *»die man auf dem Seil tanzt (vgl. oben J. G. Walther, Absatz 1):*
Bonnet (»Histoire générale de la danse« 1724) widmete den Seiltänzern ein ganzes Kapitel. Um 1700 mußten sich Les Comédies François und L'Opéra entschließen, die berühmtesten Seiltänzer ihrer großen Beliebtheit wegen zeitweilig zu höchsten Gagen zu verpflichten. »La belle Tourneuse ... dansoit seule une Sarabande avec tant de grace, qu'elle charmoit tous les spectateurs ... Nous avons vu en 1714 un Pantomime Toscan danser plusieurs Entrées caracterisées. Un des plus fameux Danseurs de l'opéra m'avoua, que toutes les Entrées étoient inimitables.«

[9] *Ein Chassé-Schritt, erst rechts, dann links, wurde als »Pas de Gigue« sogar im Menuett des 18. Jahrhunderts getanzt (vgl. Gigue-Choreographie). »Chassé de Gique« als Schritt-Beschreibung*

29

30

Im Gegensatz zu den *französisch* charakterisierenden Giguen Bachs stehen viele andere Gigue-Formen von ihm, etwa die ostinat eilende Gigue der III. Partita oder die doppelt fugierte, ähnlich sich bewegende Gigue der IV. Partita, die wie jene von Händel sich der italienischen Art der Giga nähern, deren Wesensart von Mattheson als »zur äußersten Schnelligkeit und Flüchtigkeit neigend, doch mehrentheils auf eine fließende und keine ungestüme Art: etwa wie der glatt fortschießende Strom-Pfeil eines Baches« beschrieben wurde. Dieses mitreißende Temperament macht es verständlich, daß sie bereits 1654 als abschließender

in den Menuett-Variationen, die Gottfried Taubert 1717 in seinem »Rechtschaffenen Tantzmeister« gab:
»Anfänglich beuget man im Auftact mit beyden Knien, und fasset das Tempo solcher gestalt, daß der Leib oder das gantze Pondus corporis allein auf dem wol auswarts forcireten lincken Bein ruhet, also der rechte zum Jagen parat ist. Hernach springt man (oder coupiret, nachdem man nehmlich das Chassé starck oder schwach machen will) mit dem rechten Bein in der Cadance auf des lincken Stelle, wirfft zugleich den gejagten lincken vorn über den rechten, tritt wieder damit steiff vor, und auch mit dem jagenden rechten, und zwar gut auswarts, und fällt im Auftact darauf, gleichwie am Anfang auf dem lincken, in die Beugung. Bey dem andern Tact verfähret man gleich also, nehmlich, man jaget mit dem lincken den rechten von seiner Stelle, wirfft zugleich im Springen (oder Heben) den flüchtigen oder gejagten rechten vorn über den lincken, tritt damit vor, und auch mit dem jagenden lincken. Diese zwey Chassés tragen eben so viel Zeit als der Haupt-Pas de Menuet aus.«
Diese Übernahme eines Grundschrittes des auf dem Festland noch neuen Tanzes in die Form des unbestritten königlich herrschenden Menuettes überrascht und zeugt von seiner schnell gewachsenen Beliebtheit.
Haydns Jagdsymphonie erhielt ihren Namen nach dem letzten im Gigue-Rhythmus stehenden Satz »La Chasse« (gleiche Thematik bildet die Ouverture zu seiner verloren gegangenen Oper »Die Jagd«). Der oben als »Chassé« beschriebene Grundschritt des Tanzes (»ein Fuß jagt den andern«) findet hier seine Entsprechung in der durch Rhythmus malenden ästhetischen Charakteristik der Musik ähnlich wie bei Leopold Mozart, der in den für die Salzburger Orgel komponierten (1759 für Klavier übertragenen) zwölf Monatsstücken durch die für September erklingende »Jagd« den meist menuettartigen Formen eine Gigue entgegensetzte.

31

Tanz in der Form der deutschen Orchester-Suite erschien. Der österreichische Hofkomponist J. H. Schmelzer setzte ihr mit der »Giga per Entrata de i Saltatori« (im 6/4 Takt) seiner Suite für das »größte Roßballet aller Zeiten« anläßlich der Hochzeit von Leopold I. im Jahre 1666 ein frühes und sonderliches Denkmal, denn sie bot »ein vollkumene Zusamstimmung von einer bißhero unerhörten Anzahl, nemblich Hundert und etliche Geigen neben 4 Clarinen ...«
Mit dem Niedergang des Barock verschwand der Name der Gigue aus der Instrumentalmusik, aber ihr heiter bewegter, durch die Dreiteilung des Grundschlages elastisch tänzerischer Charakter ist noch häufig in Schluß-Sätzen der späteren Sonatenform spürbar (u. a. Beethoven Klaviersonaten op. 2 Nr. 3, op. 28, op. 31 Nr. 3, op. 49 Nr. 1).
Reger, Casella und Debussy fügten den zündenden Rhythmus der Gigue zu ihrem Klangstil: erstere in Formen für Klavier, letzterer in seinen »Images« für Orchester. Schönberg *ziselierte* ihn auf musikalischer Ebene (Suite 1925: Präludium – Gavotte – Musette – Intermezzo – Menuett – Gigue).
In den folgenden Tänzen bringt die erste Choreographie altenglischen Figurentanz, die zweite eine 1685 am französischen Hof getanzte »Gigue à deux« mit ihrer Musik von Lully[10].

[10] *Die Gigueformen Lullys charakterisiert eine bereits im Auftakt erscheinende canariehafte Punktierung, wie sie als »französische Art« von J. K. F. Fischer und J. S. Bach übernommen wurde. Bachs Giguen der Partita h moll (Ouverture nach französischer Art) und der »Französischen Suite« I und II werden durch diese Manier gekennzeichnet und in letzteren zu einem Höhepunkt ihrer imitierend polyphonen, ebenfalls für die französischen Gigues typischen Satzweise geführt.*

Gigue

Gigue
Tanz für 4 Paare mit 7 Tanz-Strophen
nach der Jig von John Sheeles (um 1700) — Jig I
und nach Jacob Hall's Jig (um 1600) — Jig II

1. Tanz-Strophe: Zwei Geraden und Schleifen
2. Tanz-Strophe: Gasse (mit »Laube« Figuren)
3. Tanz-Strophe: Gerades Kreuz
4. Tanz-Strophe: Gasse (mit »Kette«-Figuren)
5. Tanz-Strophe: Schräges Kreuz
6. Tanz-Strophe: Gasse (Querreihen — Frontalkreise — Mühlen)
7. Tanz-Strophe: Stern und Kreis

Auf großer Tanzfläche kann die Gigue von mehreren Gruppen gleichzeitig getanzt werden.

Grundschritt I (Jig I): Chassé (zweitaktig)

Grundschritt I

Grundschritt I l
Die freien Arme der äußeren Tänzer sind gewinkelt erhoben, Mittelfingerkuppe auf Daumen gelegt.

Takt	Zählzeit[1]	
1	1	l Fuß in 2. Pos. setzen
	3	r Fuß in 1. Pos. ansetzen und l Fuß chassieren
	4	l Fuß in 2. Pos. setzen
	6	r Fuß in 1. Pos. ansetzen und l Fuß chassieren
2	1	l Fuß in 2. Pos. setzen, Armfassung lösen, halbe Drehung um l Schulter ausführen und sofort wieder durchfassen
	3	r Fuß mit Stampfen in 1. Pos. ansetzen
	4	l Fuß stampfend aufsetzen

Grundschritt I r:
wie Grundschritt I l, jedoch in gegengleicher Fußsetzung auszuführen.

Grundschritt II

Grundschritt II (Jig II): Pas de Schottisch oder travelling step (eintaktig)
Er ist flach und gleitend auf dem Ballen zu tanzen.

Grundschritt II r

1	1	r Fuß in 4. Pos. aufsetzen
	3	l Fuß in 3. Pos. r ansetzen, r Fuß vorschwingen und strecken
	4	r Fuß in 4. Pos. aufsetzen
	6	auf r Fuß hüpfen, l Fuß vorschwingen und strecken

Grundschritt II l:
wie Grundschritt II r, jedoch in gegengleicher Fußsetzung auszuführen.

[1] *Die nicht aufgeführten Zählzeiten bedeuten Bewegungsübergang oder Verharren in der erreichten Position.*

Choreographie

1. Tanz-Strophe Jig I, Grundschritt I
Zwei Geraden und Schleifen

Takt	Zählzeit	
1—2		*Reihen durchgefaßt* Grundschritt I l nach l
3—4		Grundschritt I r nach r
5—6		Grundschritt I l nach l
7—8		Grundschritt I r nach r
9—10		Grundschritt I l nach l mit Linkswendung auf vorgeschriebenem Tanzweg
11—12		Grundschritt I r nach r
13—14		Handfassung lösen und nach 1/8 Drehung l mit Grundschritt I l nach l paarweise schräg zueinander tanzen
15—16		Grundschritt I r nach r und mit abschließender 1/8 Drehung r paarweise gegenüber stehen, die Gasse bildend

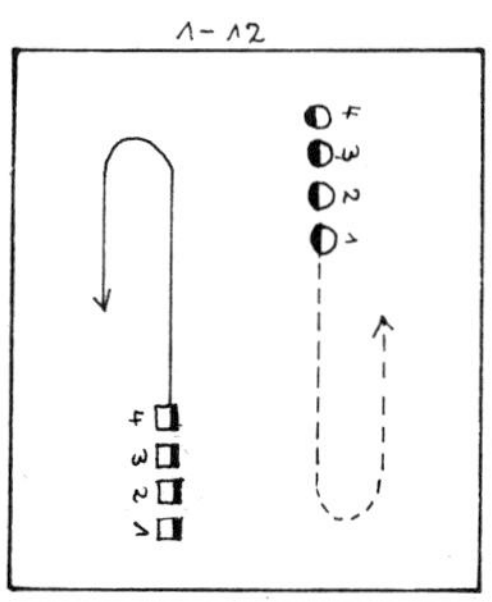

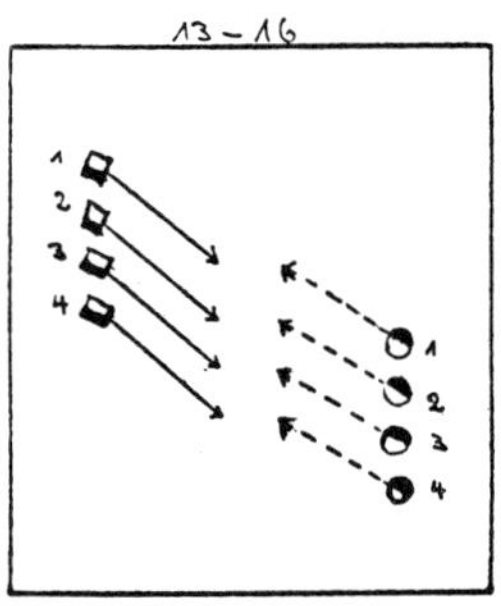

2. Tanz-Strophe Jig II, Grundschritt II
Gasse (mit »Laube«-Figuren)

1—4		Paare 2—4 knien (l Knie am Boden, r Fuß aufgestellt) □ 1 und ○ 1 tanzen mit 4 Grundschritten II (r l r l) an das Ende der Gasse, die gefaßtenHände (□ l ○ r) über die Knienden ○ führend (Tz.Z. 1) *Kniende Paare begleiten den Solotanz mit Klatschen:* (Diese zweitaktige Form wird ständig wiederholt)
1	1	klatschen
	4	klatschen
2	1	klatschen
		In Takt 4 *stampft* das tanzende Paar, am Ende der Gasse angekommen, die beiden letzten Schritte am Platz (r l) (vgl. Grundschritt I)

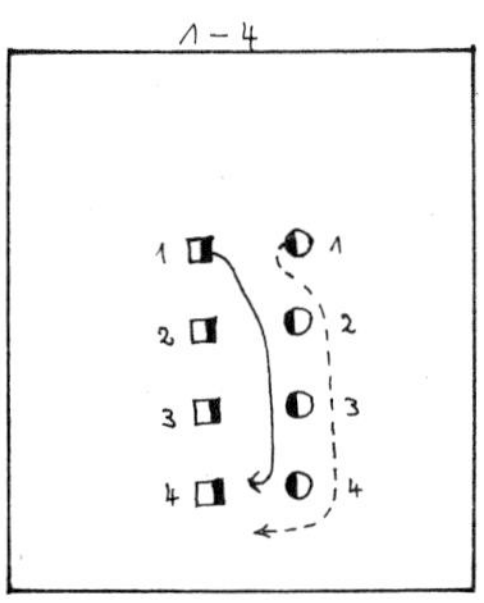

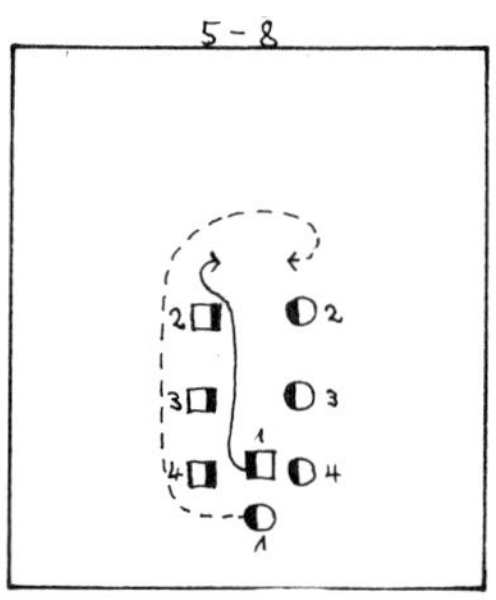

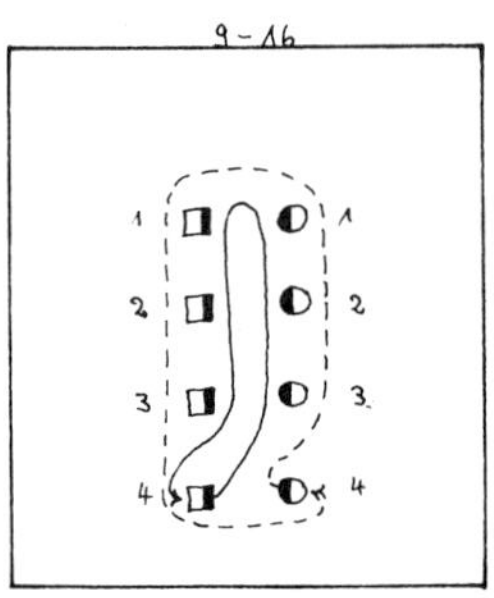

Takt Zählzeit

5—8 setzt Solopaar mit gleichen Tanzschritten den Tanz um kniende □ fort. In Takt 8 (Hände gelöst und am Platz zueinandergewendet) *stampft* es statt der beiden letzten Schritte r l am Platz
Diese Stampfer werden von den 3 anderen Paaren mit ausgeführt, die sich vor Takt 8 schnell erhoben haben und nur noch auf 1 klatschen.

9—16 bringt die genaue Wiederholung von Takt 1—8, nur daß jetzt Paare 1—3 knien und Paar 4 den Solotanz[2] ausführt.

17-20

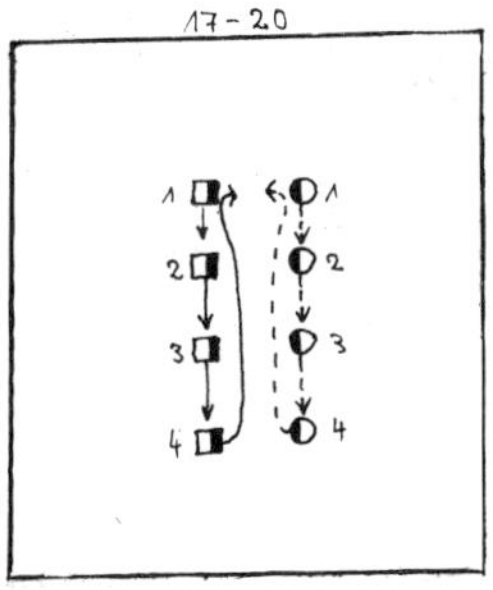

32

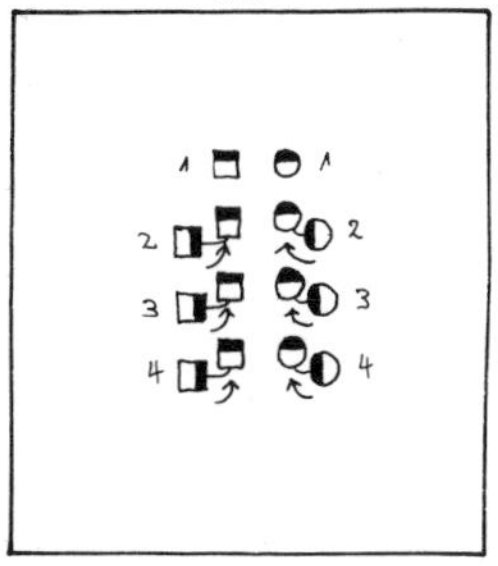

2

17—20 *Paare 1—3* nehmen hochgestellte Doppelhandfassung und gehen seitlich (Tz.Z. 2).

17—19 1 □ r in 2. Pos. setzen
○ l in 2. Pos. setzen

4 □ l in 1. Pos. ansetzen
○ r in 1. Pos. ansetzen

In Takt 20 wird wieder eine Stampfbewegung eingefügt

20 1 □ r in 2. Pos. setzen
○ l in 2. Pos. setzen

3 □ l *stampfend* in 1. Pos. ansetzen
○ r *stampfend* in 1. Pos. ansetzen

4 □ r stampfen
○ l stampfen

17—19 *Paar 4* dreht sich in Schrittrichtung nach vorne ein (Handfassung □ r, ○ l Hand) und tanzt, etwas gebeugt, ohne Nachhüpfer unter der »Laube« der Paare 1—3 durch nach vorne (Tz.Z. 2), nimmt dort ebenfalls die hochgestellte Doppelhandfassung und *stampft*

20 in Takt 20 (s. oben) gemeinsam mit den anderen Paaren

21—24 Tanzablauf wie Takt 17—20 mit Paar 3 als Solopaar

25—28 Tanzablauf wie Takt 17—20 mit Paar 2 als Solopaar

29—32 Tanzablauf wie Takt 17—20, mit Paar 1 als Solopaar. Dieses bleibt jedoch in Takt 32 (Stampftakt) nach vorne gewendet. Die Paare 2—4 nehmen durch ¼ Drehung (□ l, ○ r herum) ebenfalls diese Richtung ein, □ l, ○ r Hand lösend.

[2] *In ähnlichen Jig- und Country Dance Formen pflegen alle 4 Paare einmal Solo-Paare zu sein. Hier wurde diese Sitte auf 2 Paare beschränkt, da häufige Wiederholungen einer größeren Choreographie die Spannung des Gesamtablaufs nehmen würden.*

3. Tanz-Strophe Jig I, Grundschritt I

Gerades Kreuz

Takt	Zählzeit	
1–4		Paare 1 und 3 mit 2 Grundschritten I (l und r) seitwärts nach l
		Paare 2 und 4 mit 2 Grundschritten I (r und l) seitwärts nach r
5–8		Paare 1 und 3 mit 2 Grundschritten I (r und l) seitwärts nach r
		Paare 2 und 4 mit 2 Grundschritten (l und r) seitwärts nach l
		In Takt 8 Hände lösen, mit den Stampfschritten 1/4 Drehung (□ r, ○ l herum) ausführen und zur □ bzw. ○ Reihe durchfassen
9–12		beide Reihen mit 2 Grundschritten I (r und l) seitwärts nach r
13–16		beide Reihen mit 2 Grundschritten I (l und r) seitwärts nach l an die Ausgangsplätze zurücktanzen und Hände lösen

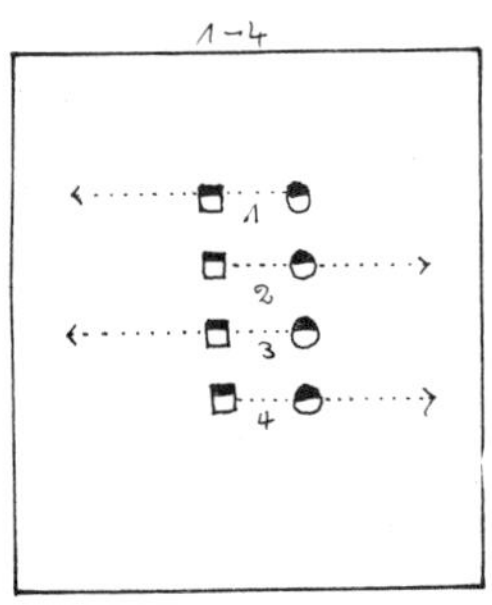

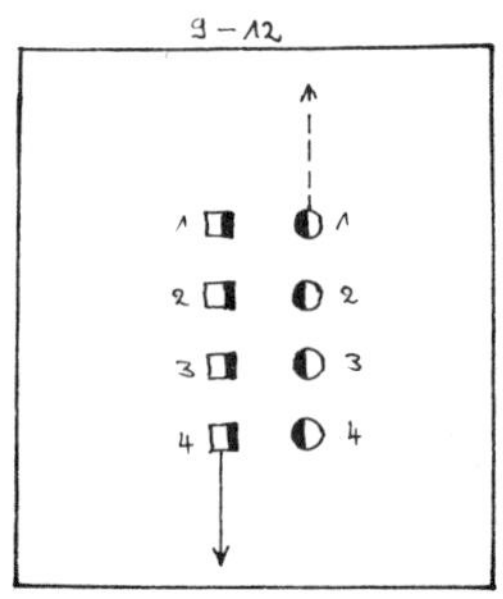

4. Tanzstrophe Jig II Grundschritt II

Während der 4. Strophe wird das Solopaar durch *Klatschen und Stampfen der anderen Paare begleitet* (beim Stampfen werden Hände auf die Hüften gelegt)

1	1	klatschen
	4	klatschen
2	1	klatschen
3	1	stampfen l
	4	stampfen r
4	1	stampfen l

Das mit dem Solopaar tanzende Gegenpaar setzt – durch die Tanzschritte bedingt – 2 Takte mit dem begleitenden Stampfen aus. Die viertaktige Begleitform wird während der ganzen 4. Strophe durchgeführt.

3

Kette

1–2 □ 1 und ○ 1 (Grundschritt II r beginnend) mit kurzem Händereichen r aneinander vorbeitanzen. □ 1 tanzt zu ○ 2, ○ 1 tanzt zu □ 2. Beide Paare nehmen Unterarmfassung[3] l

(»Forearm-Swing«-Fassung des American Square Dance) (Tz.Z. 3)

3–4 Sie tanzen eine Drehung l herum, dann Fassung lösen und □ 1 und ○ 1 in der Gasse wieder aufeinander zutanzen

□ 2 und ○ 2 bleiben an ihrem Platz und klatschen

[3] *Diese Fassung hat sich bei dem schnellen Umeinanderdrehen als die sicherste bewährt. Statt ihrer kann die einfache Handfassung (Tz.Z. 3) genommen werden.*

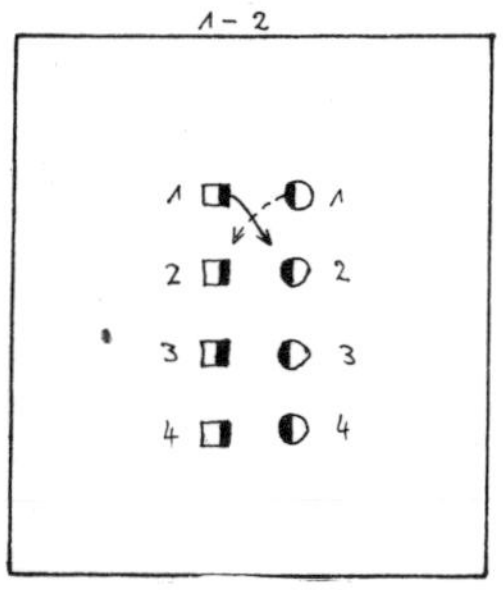

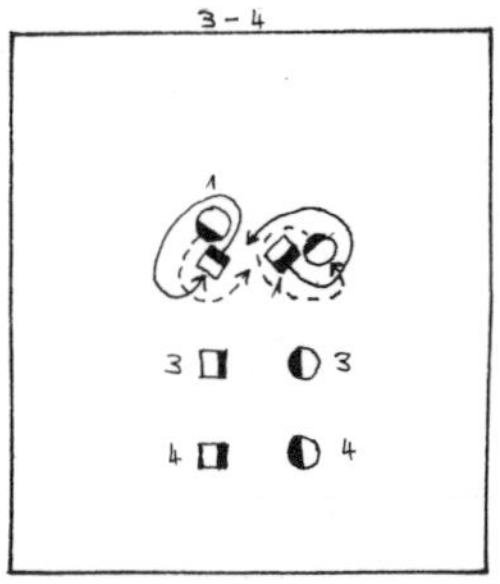

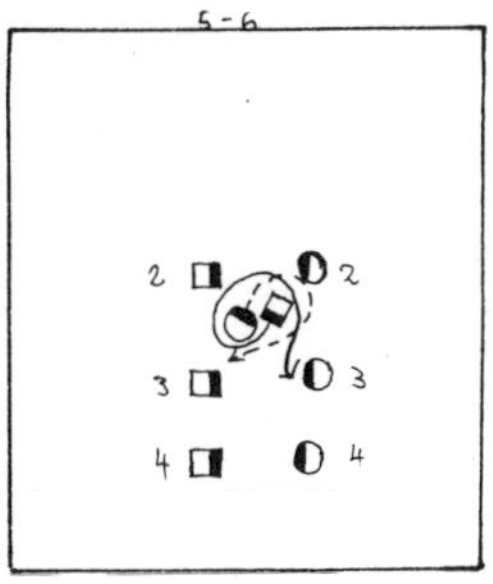

Takt Zählzeit

5–6 □ 1 und ○ 1 tanzen mit Unterarmfassung r umeinander herum

7–8 □ 1 und ○ 3 wie auch
○ 1 und □ 3 tanzen mit Unterarmfassung l an den Plätzen von Paar 3 umeinander herum

9–10 wie Takt 5–6

11–12 □ 1 und ○ 4 wie auch
○ 1 und □ 4 tanzen mit Unterarmfassung l an den Plätzen von Paar 4 umeinander herum

13–16 □ 1 und ○ 1 tanzen von den erreichten Außenpunkten durch die Mitte der Gasse, □ 1 schräg hinter ○ 1 vorbei, mit seiner r Hand

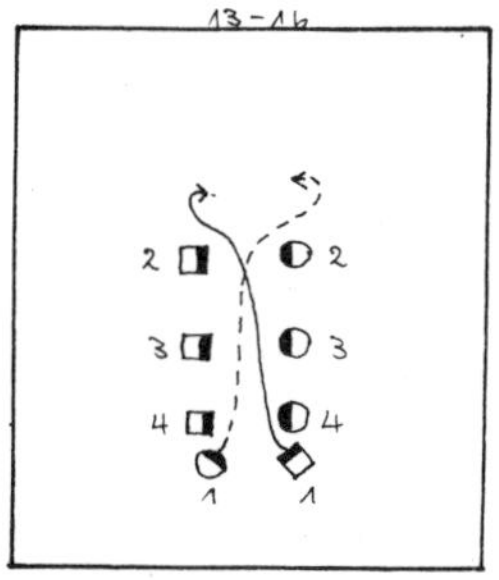

kurz ihre hochgestellte r Hand nehmend, sie leicht weiter an ihren Platz schickend, den sie mit allmählicher Drehung r herum erreicht. An ihren Plätzen angekommen stampfen beide gemeinsam mit den andern Paaren den als Abschluß in Takt 16 intensivierten Rhythmus:

16 1 stampfen l
3 stampfen r
4 stampfen l

17–32 bringt die Wiederholung der Takte 1–16 in genau umgekehrter Reihenfolge der Paare (Solopaar: □ 4 und ○ 4)
Beim Rücktanzen durch die Gassenmitte (Takt 29–32) nimmt □ 4 leicht mit r Hand die hochgestellte r Hand von ○ 4, die an ihm vorbei tanzt und mit allmählicher Drehung l herum ihren Platz erreicht.

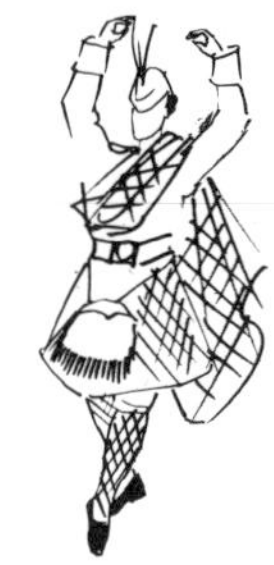

Highland Dancing

5. *Tanz-Strophe* Jig I, Grundschritt I, Grundschritt II
Schräges Kreuz

Takt	Zählzeit
1—4	alle ☐ und ◯ tanzen nach 1/8 Drehung l herum 2 Grundschritte I (r und l) seitwärts nach r frontal aneinander vorbei beide Arme bogig gehoben, Mittelfingerkuppe auf Daumen gelegt
5—8	alle ☐ und ◯ tanzen 2 Grundschritte I (l und r) seitwärts nach l frontal aneinander vorbei in die Schrägstellung des Anfangs zurück und nehmen (sich paarweise gegenüberstehend) Doppelhandfassung (vgl. Abb. 6) Es folgt *Grundschritt II* (ad lib. ohne Nachhüpfer) Vorwärts-Tanzende beginnen l Rückwärts-Tanzende beginnen r
9—12	Paare 1 und 3 tanzen schräg nach hinten Paare 2 und 4 tanzen schräg nach vorne Die beiden Abschluß-Schritte werden gestampft
13—16	Die Paare tanzen auf gleichem Weg an die Ausgangspunkte zurück. In Takt 16 die Hände lösen und sich wieder zur Gasse (Aufstellung Strophe 2 und 4) eindrehen, mit Stampfen der beiden Abschlußschritte.

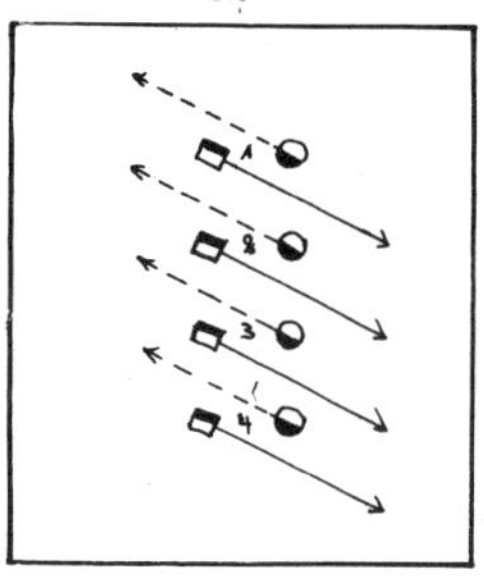

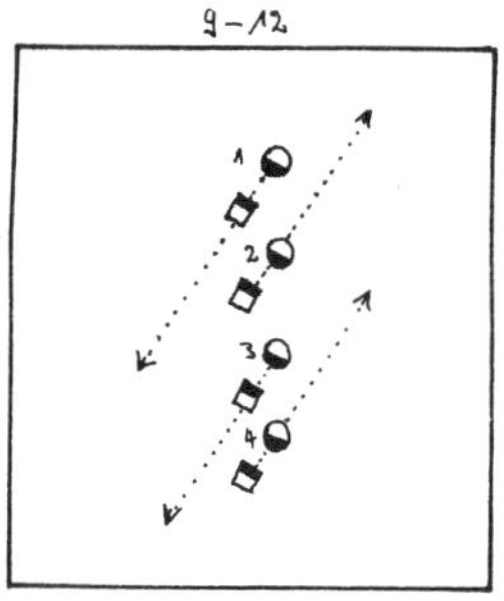

6. *Tanz-Strophe* Jig II, Grundschritt II
Quer-Reihen, Frontal-Kreise, Mühlen

à la Highland Fling

1—2	☐ 1 und ◯1, ☐ 3 und ◯ 3 tanzen (Grundschritt II r beginnend) aufeinander zu, fassen r Hände und tanzen 1/4 Drehung r herum ☐ 2 und ☐ 4 tanzen rückwärts mit 1/4 Drehung um r Schulter ◯ 2 und ◯ 4 tanzen vorwärts mit 3/4 Drehung um l Schulter Es entstehen 2 Querreihen: ◯ nach vorne, ☐ nach hinten gerichtet Die 4 Tänzer einer Reihe fassen die Hände zum »Balance in line« mit schottischem Branle-Schritt. *»Schottischer Branle*[4]*-Schritt«* (Arbeau »Orchésographie« 1588):

[4] *Maria Stuart war 1558—1560 Königin von Frankreich. Der »Schottische Branle« ist als Begleiterscheinung dieser kurzen Regentschaft anzusehen.*
»Scots Simple« wird dieser Schritt in England genannt (M. Wood »Historical Dances«). Der Schritt wäre auch wie im Schottischen Highland Fling zu tanzen: beim Nachhüpfer r den l Hacken vor r Knie heben, l Fußspitze abwärts und Knie gut auswärts gedreht (vgl. Tz.Z. Kapitel Gavotte), beim Nachhüpfer l mit umgekehrter Fußsetzung (s. Bild Highland Fling).
Ebenfalls könnte der Schritt als Pas de basque des Country Dance oder der Quadrille (»Balancé en ligne«) getanzt werden.

Takt	Zählzeit	
3–4	1	mit r Fuß kleinen Sprung in 2. Pos.
	4	hüpfen auf r Fuß und l Bein kreuzen (Abb. Leuchter-Branle in Gavotte S. 141)
4	1	mit l Fuß kleinen Sprung in 2. Pos.
	4	hüpfen auf l Fuß und r Bein kreuzen (Tz.Z. 4)

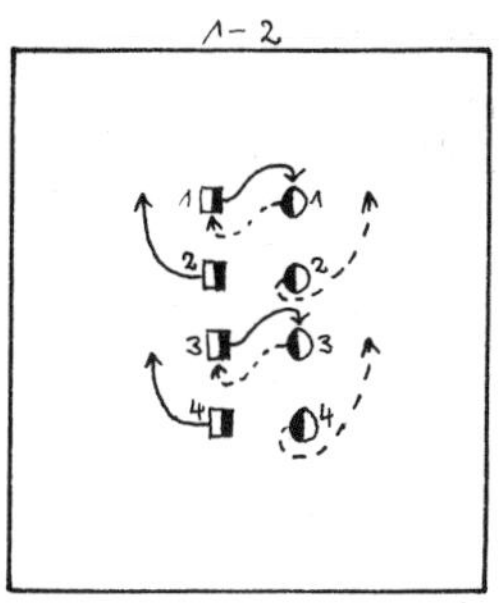

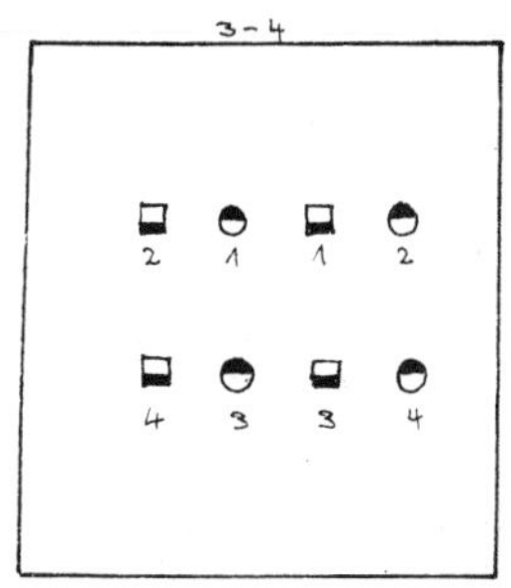

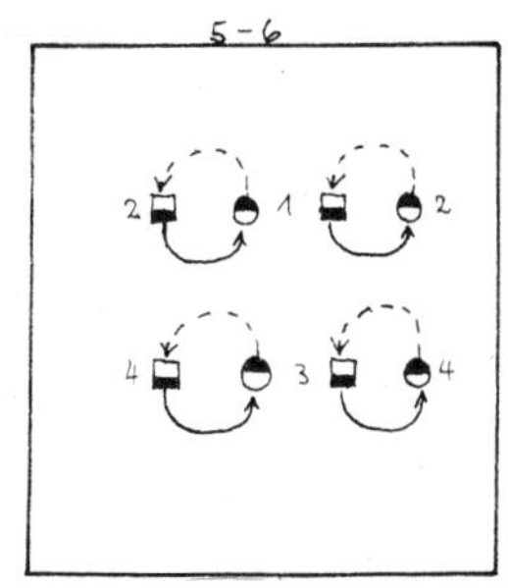

5–6 Reihen lösen in der Mitte die Handfassung und Kontrapaare tanzen einen Halbkreis l herum 2 Grundschritte II (r, l)

7–8 wie Takt 3–4 (Schottischer Branle-Schritt)

9–10 Wiederholung des paarweisen Drehens wie in Takt 5–6

11–12 wie Takt 3–4

13–14 □ 1 und ○ 1, □ 3 und ○ 3 tanzen mit Handfassung r einen Platzwechsel auf Halbkreis r herum
□ 2 und □ 4 tanzen zurück an Plätze mit 1/4 Drehung um l Schulter
○ 2 und ○ 4 tanzen zurück an Plätze mit 3/4 Drehung um r Schulter

15–16 *Paare 1 und 3* lösen r Hand und tanzen einzeln zurück an Ausgangsplätze, r herum drehend und die letzten beiden Schritte am Platz stampfend (zusammen mit Paar 2 und 4)
Paare 2 und 4 stampfen am Platz, Hände auf Hüften:

15	1	*stampfen* l
	4	*stampfen* r
16	1	*stampfen* l
	3	*stampfen* r
	4	*stampfen* l

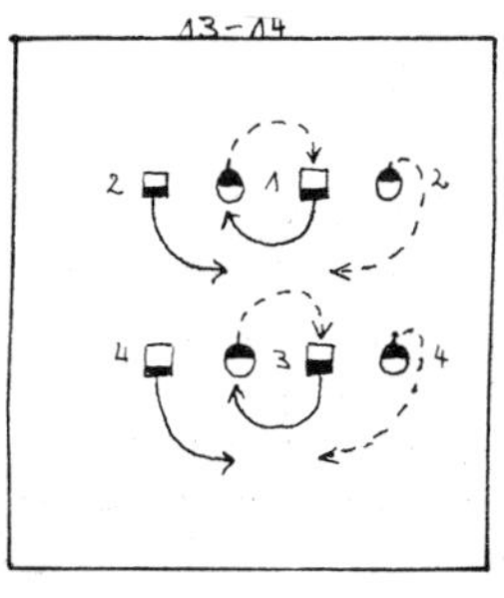

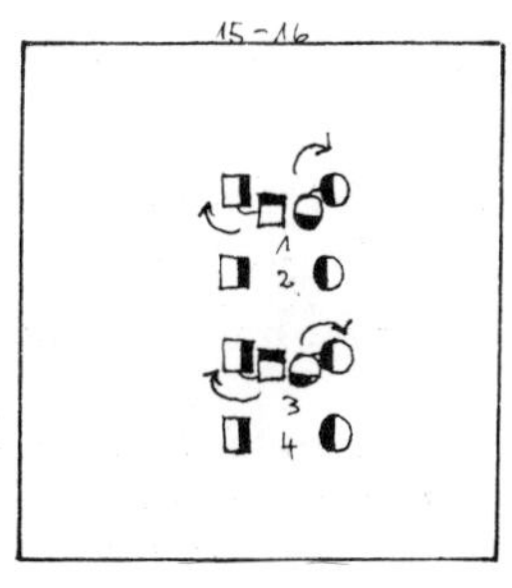

5

Takt Zählzeit

17—20 □ 2 und ○ 3 tanzen rechtsschultrig aneinander vorbei einen Platzwechsel (ohne Frontveränderung) und linksschultrig aneinander vorbei zurück an Ausgangsplätze (»dos à dos« oder Frontalkreis genannt) (Tz.Z. 5)

□ 3 und ○ 2 tanzen, ebenfalls ohne Frontveränderung, einen ähnlichen Weg rück- und wieder vorwärts an die Plätze

Paare 1 und 4 klatschen und stampfen wechselweise am Platz:

Takt	Zählzeit	
17	1	klatschen
	4	klatschen
18	1	klatschen
19	1	stampfen l (Hände auf Hüften gelegt)
	4	stampfen r
20	1	stampfen l

21—24 Wiederholung des gleichen Ablaufes von Takt 17—20, jedoch tanzt jetzt

□ 3 und ○ 2 auf Frontalkreis vorwärts und

□ 2 und ○ 3 auf Frontalkreis rückwärts

25—28 Paare 1 und 2 fassen kreuzweise r Hände und tanzen Mühle (Moulinet) r herum

Paare 3 und 4 fassen kreuzweise l Hände und tanzen Mühle l herum

29—31 alle Paare Handwechsel ausführen

Paare 1 und 2 fassen l Hände zur Mühle l

Paare 3 und 4 fassen r Hände zur Mühle r

(32) alle Hände lösen und in Doppelhandfassung (wie Strophe 5, Takt 9) paarweise zum »Stern« der Strophe 7 in angegebener Richtung aufstellen

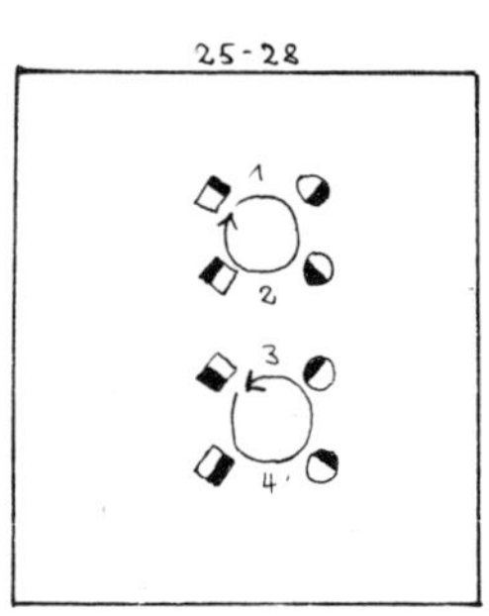

7. Tanz-Strophe Jig I, Grundschritt I; Grundschritt II

Stern und Kreis

1—4 alle Paare tanzen sternförmig auseinander mit zweimal jetzt gleichbleibendem Grundschritt I (□ l, l und ○ r, r) der jetzt in Doppelhandfassung ohne Drehung getanzt wird[5] und mit Lö-

[5] Wird der ursprüngliche Grundschritt-Wechsel (mit 1/2 Drehung voneinander unter Lösen der Handfassung) zu tanzen vorgezogen, muß die in Takt 4 geforderte geöffnete Fassung durch nur 1/4 Drehung in Tanzrichtung (statt 1/2 zueinander) erreicht werden.

Takt	Zählzeit	
		sen □ l Hand ○ r Hand und 1/4 Drehung □ l, ○ r herum beendet wird
5—8		alle Paare tanzen mit 4 Grundschritten II (l r l r) und Linksdrehung auf die Mitte zu und fassen sich zu einem Kreis, der bis zum Tanzschluß *nicht gelöst* wird
9—12		zweimal Grundschritt I l nach l auf Kreis (Stampfen ohne Drehen)
13—15		dreimal Grundschritt I r nach r auf Kreis, jedoch in zunehmendem Tempo ohne Stampfunterbrechung als einfacher Chassé-Schritt ausgeführt
16	1	r Fuß stampfen (am Platz in 1. Pos.)
	3	Capriole l (hochspringen und l Bein vorstoßen und zurückziehen)
	4	in 3. Pos. r einspringen, gut nachfedern und schnell in gute Streckung heben, die Arme gleichmäßig in Schulterhöhe (mit leichter Ellbogenbeuge) halten

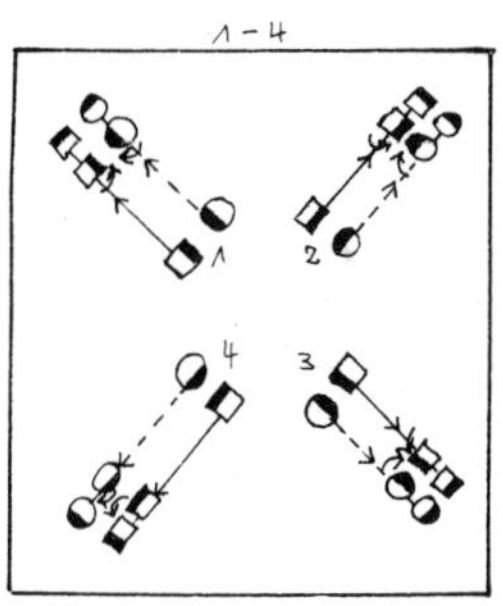

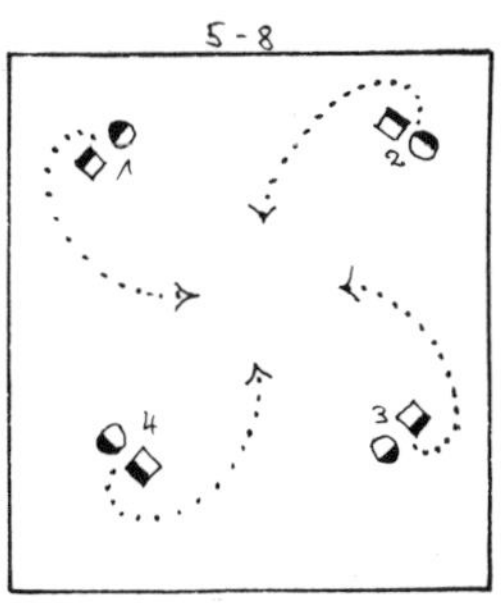

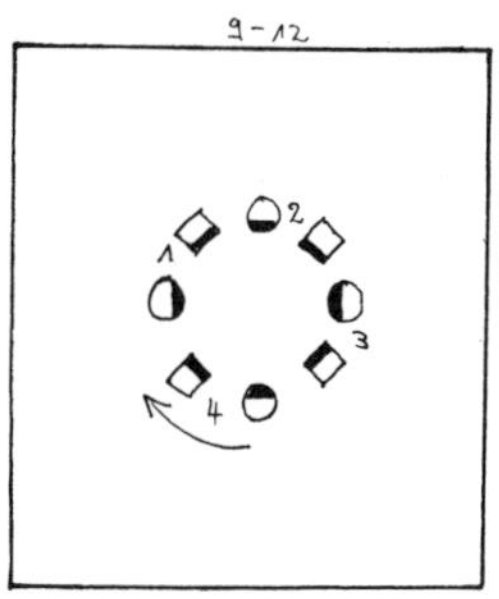

Gigue à deux

Gigue à deux
»... welche zu Paris in der Opera getantzet worden«[1]
»Danse représentative«[2] für 1 Paar bzw. 2 Tänzer oder Tänzerinnen nach der Gigue in d-moll von J. B. Lully aus der Oper »Roland« 1685 (Rekonstruktion nach der in Tanzschrift überlieferten Choreographie aus Raoul A. Feuillet's »Recueil de dances«, Paris 1700)
Grundhaltung der Arme: hohes Port de Bras

Pas de Bourrée
I

Pas de Bourrée (Schrittrhythmus: 𝅗𝅥 ♩ 𝅗𝅥.)
I vorwärts als »Pas de Bourrée l« (l r l)
Zählzeit
6 aus 5. Pos. r das r Bein beugen und l Bein gestreckt seitlich herausführen
1 heben und l Bein auf Zehenspitzen in 4. Pos. l setzen
3 r Bein auf Zehenspitzen in 4. Pos. r setzen
4 l Bein auf Zehenspitzen in 4. Pos. l setzen
Pas de Bourrée I r mit umgekehrter Fußsetzung

II

II nach l zur Seite als »Fleuret r« (r l r)
6 aus 5. Pos. r das l Bein beugen und r Bein gestreckt seitlich herausführen
1 heben und r Bein auf Zehenspitzen in 5. Pos. l setzen
3 l Bein auf Zehenspitzen in 2. Pos. setzen
4 r Bein auf Zehenspitzen in 5. Pos. r setzen
Pas de Bourrée II l nach r mit umgekehrter Fußsetzung. Als Pas de Bourrée II l nach l in der Folge 2. Pos. — 5. Pos. r — 2. Pos. auszuführen.

III

III balanceártig am Platz als »Fleuret r« (r l r)
6 aus 5. Pos. r beugen
1 heben und r Bein auf Zehenspitzen in 2. Pos. setzen und l Bein gestreckt seitlich heben (Abb. 31)
3 l Bein auf Zehenspitzen wieder in 2. Pos. setzen
4 r Bein auf Zehenspitzen hinter l Fuß in 5. Pos. l setzen

IV

IV rück-rück-vor« als »Fleuret l« (l r l)
6 aus 5. Pos. l beugen
1 heben und l Bein auf Zehenspitzen in 4. Pos. r rückwärts setzen
3 r Bein hinter l Bein auf Zehenspitzen in 5. Pos. l setzen
4 l Bein in 4. Pos. l vorsetzen
Pas de Bourrée IV r mit umgekehrter Fußsetzung

Zweifacher Sprungschritt r l

zweifacher Sprungschritt
Sprungschritt r l
6 aus 5. Pos. l beugen
1 Sprung vorwärts auf r Bein (l Bein rückwärts bogig einwärts heben)
3 beugen
4 Sprung vorwärts auf l Bein (r Bein rückwärts bogig einwärts heben)
Zweifacher Sprungschritt l r mit umgekehrter Fußsetzung

[1] *G. Taubert »Rechtschaffener Tantzmeister« 1717, Buch II: Deutsche Übertragung der »Chorégraphie ou l'art de décrire la dance« von Raoul A. Feuillet, Paris 1701.*
[2] *Auch »Danse sérieuse« oder »Hoher Spring Tantz« genannt.*

Als zum »Danse haute« gehörig kann diese Gigue ohne Reverenzen getanzt werden.

Choreographie

□ und ○ gegengleiche Fußsetzung
Tanzbeschreibung für □

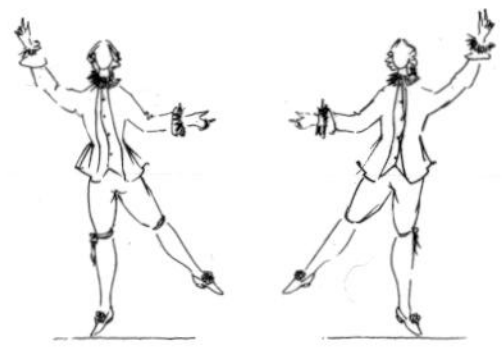

1

Takt
1 Contretems balonné[3] r l aus 3. Pos. r
2 Contretems balonné l r
3 Pas de Bourrée I l (l r l)
4 zweifacher Sprungschritt r l
5 Pas de Sissonne r (Tz.Z. 1)

6 Pas de Bourrée II r[4] (r l r) nach l zur Seite mit leichter Linksdrehung
7 einfacher Contretems r l r nach l zur Seite (Tz.Z. 2)
(der letzte Schritt r wird hinten in 5. Pos. l gesetzt)
8 einfacher Contretems r l r nach l zur Seite
(der letzte Schritt wird in 5. Pos. r vorgesetzt)
9 Pas de Bourrée I l (l r l), begonnen mit $1/4$ Drehung l herum

2

Takt 10–18 wie Takt 1–9, nur mit umgekehrter Schrittsetzung:
10 Contretems balonné l r, begonnen mit $3/8$ Drehung r herum
11 Contretems balonné r l
12 Pas de Bourrée I r (r l r)
13 zweifacher Sprungschritt l r
14 Pas de Sissonne l

1–5

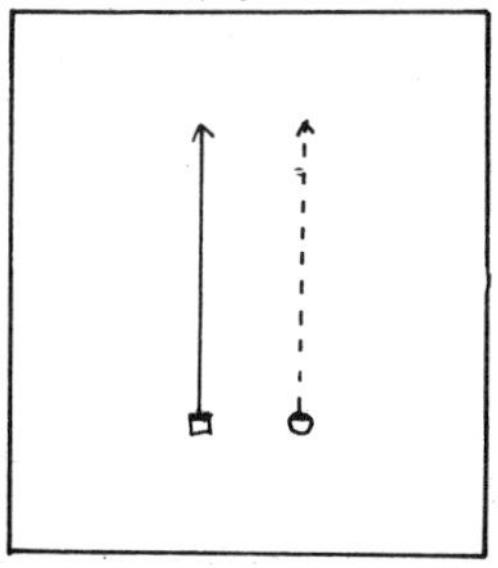

6–9

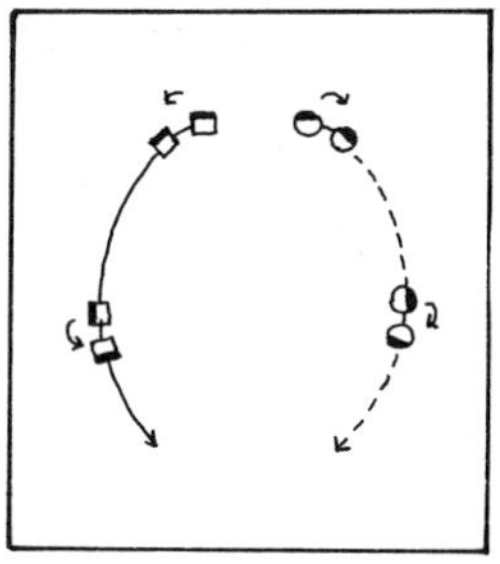

10–14

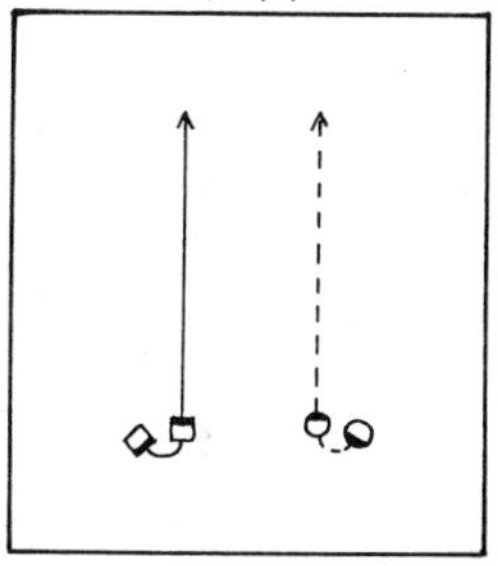

15 Pas de Bourrée II l (l r l) nach r zur Seite
(bei diesem Seitenwechsel tanzt der □ vor der ○ vorbei)
16 einfacher Contretems l r l nach r zur Seite
(der letzte Schritt l wird hinten in 5. Pos. r gesetzt)
17 einfacher Contretems l r l nach r zur Seite
(der letzte Schritt l wird in 5. Pos. l vorgesetzt)
18 Pas de Bourrée I r (r l r), begonnen mit $1/4$ Drehung r herum

19 einfacher Contretems r l r nach l zur Seite, begonnen mit $1/2$ Drehung r herum
(der letzte Schritt r wird in 5. Pos. l gesetzt)

[3] *Schreibweise der Barockzeit.*
[4] *Als Anschlußschritt an den Pas de Sissonne wird das bereits seitlich herausgestreckte r Bein auf 1 gleich in die 5. Pos. l gesetzt.*

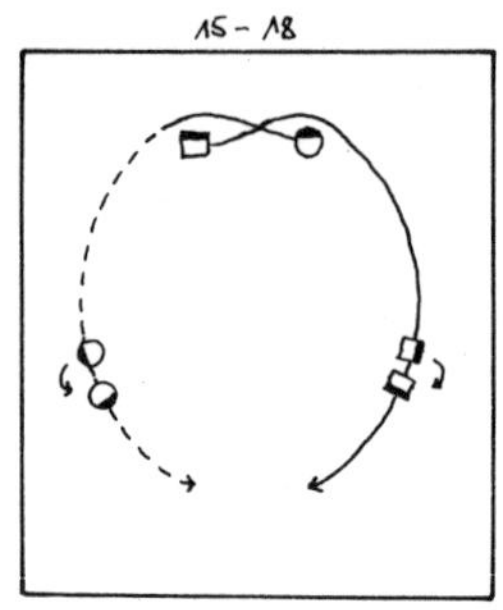

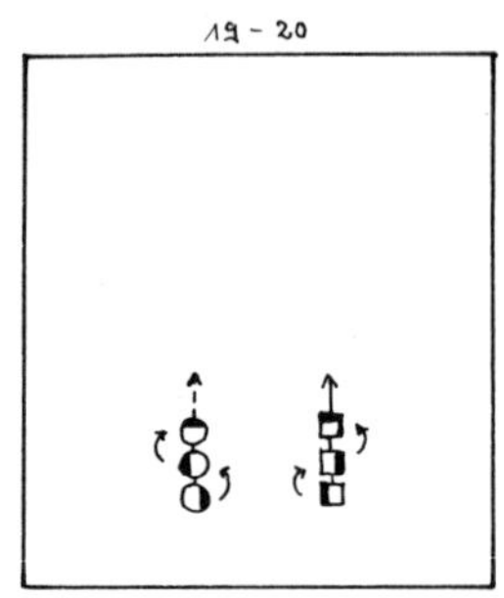

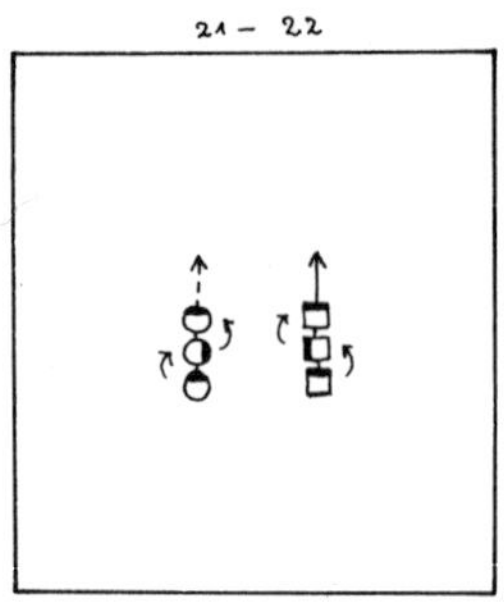

Takt
20 Pas de Bourrée I l (l r l), begonnen mit $^{1}/_{4}$ Drehung l herum

21 einfacher Contretems l r l nach r zur Seite, begonnen mit $^{1}/_{4}$ Drehung l herum
(der letzte Schritt l wird hinten in 5. Pos. r gesetzt)
22 Pas de Bourrée I r (r l r) mit $^{1}/_{4}$ Drehung r herum

23 einfacher Contretems r l r nach r zur Seite
24 einfacher Contretems r l r vorwärts, begonnen mit $^{1}/_{2}$ Drehung r herum
25 Pas de Sissonne l mit $^{1}/_{2}$ Drehung r herum
26 Pas de Bourrée IV l (l r l)

27 Chassé r rückwärts
Chassé l vorwärts
(auch als »Chassé de Gigue« r l auszuführen)
28 Pas de Bourrée IV r (r l r)
29 einfacher Contretems r l r nach l zur Seite
(der letzte Schritt wird in 5. Pos. l gesetzt)
30 Pas de Bourrée II l (l r l) nach l zur Seite
○ steht vor dem □

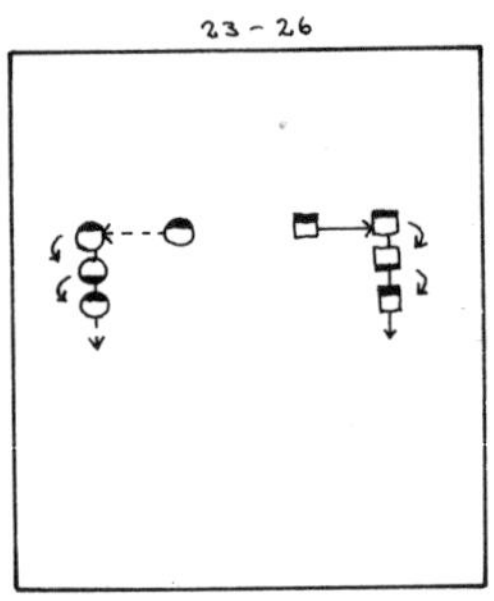

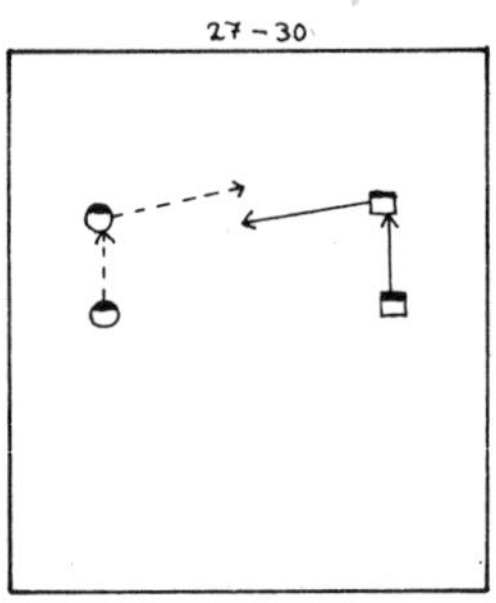

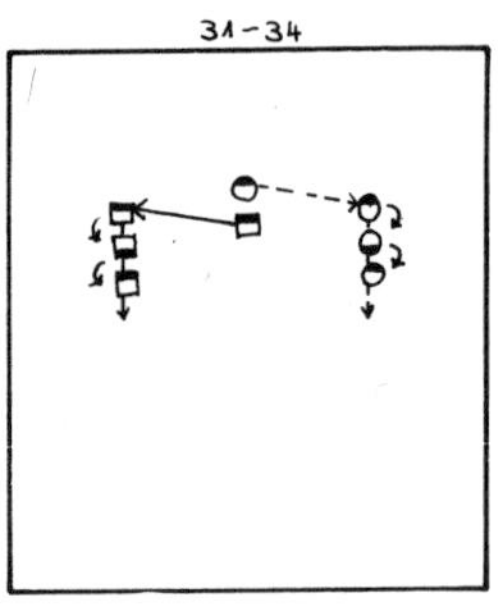

Takt 31—37 wie Takt 23—29, nur mit umgekehrter Schrittsetzung:
31 einfacher Contretems l r l nach l zur Seite
32 einfacher Contretems l r l vorwärts, begonnen mit $^{1}/_{2}$ Drehung l herum
33 Pas de Sissonne r mit $^{1}/_{2}$ Drehung l herum
34 Pas de Bourrée IV r (r l r)
35 Chassé l rückwärts
Chassé r vorwärts
(auch als Chassé de Gigue l r auszuführen)

Takt		
36	Pas de Bourrée IV l (l r l)	
37	einfacher Contretems l r l nach r zur Seite (der letzte Schritt wird in 5. Pos. r gesetzt)	
38	Pas de Bourrée III r (r l r) balancéartig am Platz (Abb. 31)	
39	Pas de Sissonne r	
40	Pas de Sissonne l	
41	Pas de Bourrée I l (l r l) rückwärts	
	Zählzeit	
42	1	Pas tendu r vorwärts (Gewicht auf r Bein übertragen)
	3	beugen, l Bein vorstoßen und hochspringen
	4	in 5. Pos. r aufspringen
	mit Verneigen als abschließende Reverenz zu den Anwesenden (ad lib.)	

35 - 37

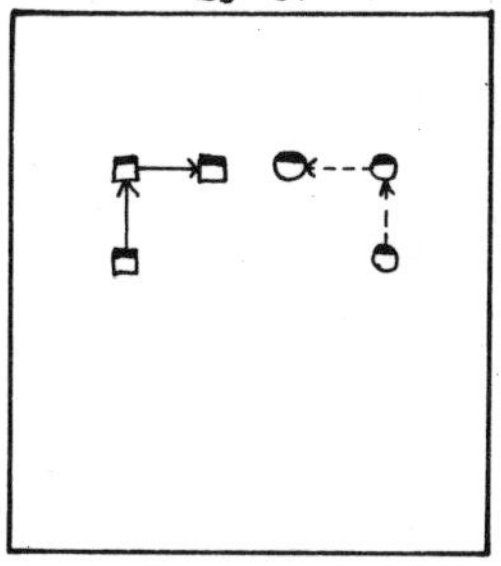

38 - 42

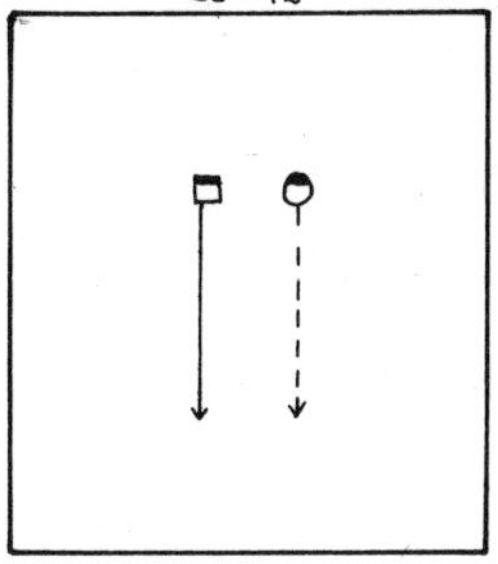

Gavotte

Gavotte

»Gavotte: Ist ein Landt, darinnen eitel Bauren wohnen, von welchen dieser Dantz erst herkommen.« (Praetorius »Terpsichore« 1612, Abb. 30)

»Ihr Affect ist wircklich eine rechte jauchzende Freude. Ihre Zeitmaaße ist zwar gerader Art, aber kein Vierviertel-Tact, sondern ein solcher, der aus zween halben Schlägen bestehet ... Ich wollte wünschen, daß dieser Unterschied ein wenig besser in Acht genommen würde ... Was aber Menage von dem Ursprunge des Nahmens Gavote gedenckt, als ob derselbe von einem Bergvolcke in der Landschafft Gap herkomme, läßt sich hören. Mich deucht, ich sehe diese Bergmänner auf den Hügeln mit ihren Gavoten herumhüpffen ...«

Johann Mattheson »Der vollkommene Capellmeister« 1739

Die Gavots sind ein Bergvolk des Gapençais im oberen Dauphiné. Ihr Haupttanz, die Gavotte, wurde Mitte des 16. Jahrhunderts als Tanz ländlich heiteren Charakters vom französischen Hof übernommen. Gavaud heißt im Dialekt: jambes arguées = grues croisés = Beinkreuzen. Diese Bewegung stellt einen Hauptschritt der Gavotte dar; auch hier wäre für die Etymologie ein Ansatzpunkt (Sachs).

Arbeau schrieb 1588, die Gavotte sei aus dem »Branle du haut Barrois« entstanden. Diesen Branle empfahl er sehr für den Winter, um sich zu erwärmen, da er »mit Arm- und Schulterbewegungen nebst kleinen Sprüngen im geraden Takt und rascheren Tempo als die anderen« getanzt werde. Diesem entsprechend wurde die Gavotte getanzt, wenn ihre Doubles zerteilt wurden, und die Tänzer aus der Galliarde entlehnte Passagen einschalteten. Arbeau gab nur eine einzige kurze Schritt-Tabulatur der Gavotte mit den bedauernden Worten: »Hätte es diese Tänze zu meiner Jugend gegeben, so würde ich mir Aufzeichnungen davon gemacht haben.« Sein Gesamtbild von der Gavotte jedoch war ausführlicher:

»Nachdem dann der Tanz eine Weile seinen Gang gehabt, trennt sich ein Paar von den Übrigen und führt angesichts aller Anwesenden verschiedene Passagen aus, worauf der Tänzer alle Damen, die Tänzerin alle Herren der Reihe nach küßt, und sich beide danach an ihren Platz begeben. Dasselbe macht hierauf das nächste Paar, und so fort jedes der übrigen. Viele räumen den Vorzug, die Anderen küssen zu dürfen, jedoch nur dem Festgeber und seiner Dame ein, mit welcher er tanzt. Zuletzt beschenkt diese denjenigen der Herren, welcher die Musiker bezahlen muß und Veranstalter des nächsten Festes sein soll, mit ihrem Kranz oder Strauß.«[1]

[1] *Aus dieser Art des Tanzes aller im Wechsel mit dem Tanz einzelner Paare (Pärchen = frz. Couplet*) ging die Form des Rondeau hervor: z. B. »Gavotte en Rondeau« aus »Armide« von J. B. Lully (1632—1687) oder aus der Partita E dur für Violine solo von J. S. Bach, der seiner 5. »Englischen Suite« für Klavier ein schnelles Menuett als »Passepied en Rondeau« einfügte. Diese mögen als Beispiele für weitere Rondeau-Tanzformen des Barock stehen, zu denen sich viele ABA Tanzformen (Gavotte, Bourrée, Menuett) von Bach bis zur Neuzeit gesellen.*

* *»Der Name, der eigentlich ›Pärchen‹ bedeutet, ist wohl auf die alten, gesungenen Tänze zurückzuführen, bei denen Solotanz und Reigen, Sologesang und Tutti (Refrain) wechselten.« Riemann, »Musik-Lexikon«, 1905 (vgl. Mersenne, »Gavotte = danse aux chansons«).*

Mersennes Beschreibung (»Harmonie universelle« 1636) deckt sich in vielem mit derjenigen von Arbeau (1588), nur waren die von Reverenzen eingerahmten Solopassagen des Tänzers vor seiner Dame und die mit ihr gemeinsam getanzten »tour de main« Formen rechts und links auf jeweils acht Schritte (Grundschrittlänge) beschränkt worden, und die Kußzeremonie wurde nicht mehr erwähnt. Mersenne hatte seiner Gavottenbeschreibung eine Angabe über die Branle-Formen vorausgeschickt, die zu seiner Zeit üblich waren: »Il est raisonnable que nous expliquions les espèces de Bransles, qui sont propres á nostre nation. Or il y en a de six espèces, qui se dansent maintenant à l'ouverture du Bal les uns après les autres par tant de personnes que l'on veut ... Le sixiesme s'appelle la Gavote, c'est à dire la dance aux chansons ... il a huict pas, quatre mesures & seize mouvemens ... Il fait la conclusion des Bransles.«[2]

Die Gavotte war eine Form des Doppel-Branle (Branle double, auch Branle commun genannt), der wie alle Branleformen auf einer Kreislinie mit seitlich ausgeführter *Hin- und Herbewegung* (franz. = *Branle*) getanzt wurde: ein double nach links, ein double nach rechts, letzterer mit kleineren Schritten, so daß sich der Reigen etwas nach links voranbewegte. In offener Linienführung (Abb. 32 und 33) wurde er Farandole genannt. Man tanzte die Branles in verschieden gestaffelten Zeitmaßen. Arbeau erklärte: »Die Alten tanzen ganz gemessen den Doppel-Branle und einfachen Branle (Branle simple)[3], die jungen Eheleute den lustigen Branle (Branle gai)[4] und die Jüngsten, leicht und gewandt, die Burgunder Branles (Branles de Bourgogne). Die Gavotte genannten Tänze sind eine Sammlung verschiedener Doppel-Branles, welche die Musiker ausgewählt haben, um daraus eine Suite (suytte) zu bilden, der sie den Namen Gavotte beilegten ...« Alle Branleformen waren gedacht, die ganze Gesellschaft am Tanz teilnehmen zu lassen, und die Reigenfassung erhöhte das Gefühl gemeinsamer Tanzfreude. Über zwanzig Branles gab Arbeau mit ihren Schrittformen an, zu denen sich Klatschen, Stampfen, Gesten (im »Branle de la torche« sogar ein von Tänzer zu Tänzer weiterwandernder Leuchter (Abb. Leuchterbranle) gesellten und mit heiterem Programm die Tanzlust steigerten: Erbsen-, Holzschuh-, Waschfrauen-, Pferde-, Leuchter-, Eremiten-Branle waren u. a. ihre Namen.

Leuchter-Branle. Aus der Zeit der Valois.

1735 beschrieb Zedlers »Großes Universallexicon« die Gavotte in den von Arbeau und Mersenne aufgezeigten geselligen Tanzformen, gegenüber der inzwischen für Einzelpaare üblich gewordenen Art als »eine gewisse Art eines Tant-

[2] *»Es ist gut, die Arten der Branles zu erklären, die charakteristisch für unsere Nation sind. Nun, es gibt derer sechs, die man jetzt zur Eröffnung eines Balles einen nach dem andern tanzt mit soviel Menschen, wie man will ... der sechste Branle nennt sich Gavotte, d. h. Tanz zu Liedern ... er hat acht Schritte, vier Takte und sechzehn Bewegungen ... Er beschließt die Branlefolge.« Die folgende Choreographie einer Gavotte (zu 8 Paaren) wird dieser alten Sitte gemäß nach einem altböhmischen Volkslied getanzt (s. »Weihnachtliche Ansingelieder« im Verlag Ries & Erler, Berlin W), das W. A. Mozart in eine Gavotte des Ballettes »Les petits riens« einbezog, das er 1778 in Paris im Auftrage Noverres komponierte.*

[3] *Einfach oder simple genannt, weil statt eines double nach rechts ein simple Schritt eingeschaltet wurde, der auf asymmetrische Weise die Fortbewegung nach links erhöhte.*

[4] *Lustig oder gai genannt, weil er mit Sprungschritten und leichten Beinschwüngen (pied en l'air) und gern als Farandole getanzt wurde (Abb. 32 und 33). »Von den obigen Branles hat man, wie von einer Quelle, gewisse zusammengesetzte und mit Doubles, Simples, Fußerhebungen ... und Sprüngen gemischte Branles abgeleitet« (Arbeau), Branles coupés genannt, die im »Branle de Pinagay« den reizvollen Taktwechsel 5/4 5/4 2/4 4/4 4/4 erscheinen lassen.*

32

zes, welche im Creiße geschiehet. Die Alten haben ihn aus verschiedenen Ringtäntzen zusammengesetzt, und mancherley Sprünge oder andere Bewegungen dabey angebracht. Jetzo aber, nachdem die Tantzkunst zu größerer Vollkommenheit gelangt ist, tantzet man die Gavotte auf eine anständigere und viel bessere Weise wie vormahls.« (zitiert nach Sachs)

Diese bei Zedler als »viel besser« genannte Art des 18. Jhdts. beschrieb Th. Lajarte[5] (1826—1890): »La Gavotte se dansait à contre-temps et on la divisait en trois rythmes: tendre, leger, ordinaire-qui se trouvait avoir l'allure de la contredanse en usage de cette époque«[6], und Vuillier (»La Danse« 1898) gab Anweisungen berühmter Tänzer und Tanzmeister: »Vestris[7] nous apprend qu'elle se

[5] *»Airs à danser de Lully à Méhul«, Neudruck Durand, Paris.*

[6] *»Die Gavotte wurde mit Contretemps-Schritten getanzt und man unterschied drei verschiedene Zeitmaße: das zurückhaltende, das leichte und das gewöhnliche, das die Art des zu dieser Zeit beliebten Kontratanzes hatte.«*

[7] *Gaetano Vestris (1729—1808): erster Tänzer und Ballettmeister der Pariser Oper, »dieu de la danse« genannt. Die von ihm als Choreographie geschaffene Gavotte* wurde berühmt und häufig mit dem »Menuet de la reine«, zusammen getanzt, das Maximilian Gardel (1741—1787) aus Mannheim (ebenfalls erster Tänzer und Ballettmeister der Pariser Oper) für Marie Antoinette und Louis XVI. zu ihrer Hochzeit ersann. Letzterem ist die Abschaffung der Gesichtsmaske zu danken. »Man spielte am 21. Januar 1772 Rameaus Oper ›Kastor und Pollux‹. Gaetano Vestris sollte im fünften Akt die Entrée des Apollo tanzen. Er stellte ihn mit einer schwarzen Riesenperücke, Maske und Kupferstrahlenkranz auf der Brust dar. Maximilian Gardel mußte ihn im letzten Augenblick vertreten. Er tat es nur unter der Bedingung, mit seinen natürlichen blonden Haaren, ohne Maske und ohne das Attributengepäck zu tanzen. Er hatte Erfolg und die neue Sitte ging allmählich von den Solisten in das Korps über.« O. Bie »Der Tanz« 1919. Für die Abschaffung der Gesichtsmaske hatte schon* Noverre *gekämpft (»Briefe über die Tanzkunst« 1760): »Die Fürsprecher der Maske sagen, daß die geborgten Gesichter schon seit zwey tausend Jahren üblich sind ... Die Oper, welche unter allen Schauspielen der Griechen ihren am nächsten kömmt, hat die Masken blos für den Tanz angenommen ... Lassen Sie uns die Masken zerbrechen, uns Seelen anschaffen, und wir werden die ersten Tänzer von der Welt seyn.«*

* *Ein »Gavotte de Vestris« genannter Tanz wurde von dem Tanzmeister G. Desrat 1887 in Paris mit der Originalmusik herausgegeben. Seine Choreographie ist jedoch — wie jene aller Renaissance-Versuch des 19. Jhdts. — frei erfunden (Nachdruck bei Le Bailly, Paris).*

33

composait, à son époque, de trois pas et d'un assemblé. Littré, d'autre part, observe que le pas de la Gavotte diffère du pas naturel en ce qu'on sautille sur le pied qui est à terre, et qu'en même temps l'autre pied tend sa pointe vers le sol. Ce mouvement seul indique qu'on danse et qu'on ne marche pas.«[8]

Diese verschiedenen Definitionen sind vereint in »La Gavotte du Roy«[9], die von dem durch seine »pas balonés« heute in der Tanzpraxis noch bekannten Mr. Balon[10] als »Gavotte à quatre« für den sechsjährigen König Louis XV. komponiert und von Dezais in seinem »Recueil pour l'Année 1716« in Tanzschrift herausgegeben wurde. Ihre Schritte Contretemps, Assemblé, Tendu waren sicherlich auch jene der Gavotte des Bal paré, den P. Ramau in seinem »Maître à danser« (1725) beschreibt, dem der fünfzehnjährige Louis XV. (er war bereits verheiratet) königliches Zeremoniell gab[11]. Bald darauf wurde sie reiner Ballett-Tanz (Abb. 34), fand aber unter Louis XVI. und Marie Antoinette ihren Weg zum Hof und damit in die Gesellschaft zurück.

»La Gavotte, dit Vestris, n'était plus guère exécutée qu'au théatre et par des

[8] *»Vestris lehrt uns, daß sie zu seiner Zeit mit drei Schritten und einem Assemblé (Ansetzschritt) getanzt wurde. Littré andererseits bemerkt, daß sich der Gavotteschritt vom natürlichen Schritt dadurch unterscheidet, daß man auf dem Bein, das den Boden berührt, hüpft, und zu gleicher Zeit das andere Bein mit abwärts gerichteter Fußspitze gegen den Boden streckt. Diese Bewegungsart allein zeigt, daß man tanzt und nicht geht.«*

[9] *Zitiert bei M. Wood »Historical Dances« 1952.*

[10] *Vgl. »Contretems baloné« in der »Gigue à deux« und Abb. 30.*

[11] *Es ist sehr gut vorzustellen, daß die »Gavotte à quatre« ebenfalls dem Reglement des Bal paré gemäß zunächst vom Königspaar mit dem in der Rangordnung folgenden Paar (alle waren dieser entsprechend aufgestellt) getanzt wurde, dann von diesem mit dem nächsten (etc.), während das Königspaar sich der Tänzerreihe hinten anschloß, bis es wieder nach oben an die Spitze zum Neubeginn aufgerückt war.*
Der englische Country Dance folgte ähnlichem Prinzip, nur daß das erste Paar sich nicht hinten anschloß, sondern durch den fortgesetzten Platzwechsel der bereits tanzenden Paare immer ein neues Paar in den Tanz hineinführte, bis alle aufgestellten Paare tanzten. Da dieses Prinzip für die weiter unten stehenden Paare langes Warten bedeutet, beginnen heutzutage alle im »Longway« (Gasse) aufgestellten Zweipaargruppen den Tanz gleichzeitig.

danseurs de profession, quand la reine Marie Antoinette la remit à la mode ... La Gavotte reprit sa vogue et reparut dans les bals de societé«[12] (Vuillier). Sie wurde »von Marie Antoinette selbst ebenso leidenschaftlich gerne wie das Menuett und nach Melodien getanzt, die Grétry zuerst Bühnentänzen gegeben hatte« (J. Gregor »Kulturgeschichte des Baletts« 1944).
Mit dem Sturz der höfischen Gesellschaft durch die Revolution verschwanden auch die meisten ihrer Tänze. Zur Zeit des 1. Kaiserreiches versuchte man in der Pariser Gesellschaft eine Wiederbelebung der Gavotte. Sie erstand für kurze Zeit neu als »pas de deux« mit 13 Variationen nach der Choreographie des in Berlin wirkenden Ballettmeisters Lauchery, doch aus dem europäischen Ballsaal war sie verschwunden (Abb. 35: Gavotte zur Restaurationszeit).
Dagegen lebt sie heute noch als Volkstanz in der Bretagne. Die Paare treten der Reihe nach auf, Intermezzi werden eingestreut, ähnlich wie es Arbeau vor 400 Jahren beschrieb: »Sobald Sie einen Branle beginnen, werden sich Ihnen andere Paare anschließen, und öfter reicht die Tänzerin des letzten Paares dem Tänzer des ersten die Hand, und dann wird ein Rundtanz aufgeführt.« So tanzen heute je zwei Tanzpaare, die Tänzerinnen in der Mitte, alle untergehakt und die Hände gefaßt, die »Gavotte de Pont Aven«[13] als einen durch den ersten Tänzer angeführten improvisierten Tanzablauf mit Lösen, Drehen, Richtungswechsel. Die charakteristische Grundschrittform, aus acht Schritten bestehend, schließt Übersetz- und Rücksetz-Schritt (paz dreo) mit 2 Hüpfschritten ein, so daß sie »in ihren wellenförmigen Bewegungen und der fantaisies der Anführer an die Mannigfaltigkeit, die freie Einschaltung verschiedenartiger Bewegungen und an die Verbeugungen der ersten höfischen Gavotte erinnert« (MGG). Dieser heute noch lebendige Schritt wurde gewählt, um mit ihm den Gavotte-Zwischenteil, die »Musette«, zu gestalten; auch diesen Namen finden wir unter den Tänzen Ludwigs XIV. Ihre Musik bedeutet den Inbegriff ländlich heiteren Charakters durch den Klang des Dudelsacks (Musette) und gehört hierdurch eng zu der Gavotte, deren Wesen ebenfalls als »stets heiter und lieblich, volkstümlich und naiv« beschrieben wurde. Beider Tempo wurde häufig mit dem der Bourrée verglichen und darf als variabel, aber immer als gemäßigt, angesehen werden (Rameau »Traité d'harmonie«).
Finden wir in Tanzbeschreibungen einen Schritt als Gavotte-Schritt bezeichnet (z. B. »simple gavot-step« für die Country Dances), so ist dieses der double Schritt, den schon basses danses und Pavane kannten, nur daß diese ihn mit ruhig-feierlichem Setzen oder Schleifen der Füße, dagegen die Gavotte ihn leicht springend ausführen ließ: »trois pas et un pas assemblé«. Diesen Unterschied charakterisierte Groves: »Its original peculiarity as a ›danse grave‹[14] was, that the dancers lifted their feet from the ground, while in former ›danses graves‹ they walked or shuffled.« »Les contres sont presque tous des gavots« schrieb Trévoux, hiermit die Verwandtschaft von Branle double und Country Dance benennend. Im Gegensatz zum double der Gavotte, die sich als Branle seitwärts

[12] *»Die Gavotte, sagte Vestris, wurde fast nur noch auf der Bühne und von Berufstänzern aufgeführt, bis Königin Marie Antoinette sie wieder in Mode brachte. Die Gavotte wurde aufs neue beliebt und auf den Bällen der Gesellschaft getanzt.«*
[13] *J. Canteloube »Danses Bretonnes« Paris 1949.*
[14] *»Sa mesure est binaire assez grave«, Mersenne 1636.*

34

Gavotte: »Balet du Prince de Salerne« Fontainebleau 1746

35

bewegt, wird der double des Country Dance meist vor- und rückwärts getanzt. »Leade up all a D. forwards and back«, heißt es zu Beginn vieler Tänze in Playfords »English Dancing Master« London 1651[15].
Daß die Gavotte im 18. Jhdt. als »danse haute« oder »hoher Spring-Tantz« (Choreographie II) dem Charakter der ursprünglich gehüpften und gesprungenen Branleform (Choreographie I), dagegen zeitweilig dem »doucen Kammertantz« Menuett nahestand, als dessen »fille savante et agréable, parfois gaie, mais souvent tendre« sie Fertiault (Histoire de la Danse 1854) bezeichnete[16], zeugt von der Kraft ihrer rhythmischen Struktur.

[15] *Neudruck Schott London 1957.*

[16] *Ähnlich charakterisiert sie J. J. Rousseau (Dictionnaire 1777): »Le mouvement de la Gavotte est ordinairement gracieux, souvent gai, quelquefois aussi tendre & lent!«*

[17] *»Die im 18. Jhdt. und schon vorher in französischen Opern vorkommenden Gavotten haben als Eigenthümlichkeit, daß sie nach Art vieler französischer Nationalgesänge stets mit zwei Viertelnoten Auftakt beginnen ...« (F. M. Böhme 1886), welche Regel A. Schönberg in der Zwölfton-Gavottte seiner Suite 1925 befolgt, deren anspruchsvolle Struktur den Tanzcharakter jedoch überlagert.*

[18] *Beinwürfe und Beinstöße sind seit jeher charakteristisch für Tänze der Gebirgsbevölkerung (vgl. Schuhplattler der Bayern). Vom Volkstanz her in die höfischen Tanzformen des 16. Jhdts. einbezogen, heißen sie: Grue, Pied en l'air, Pied croisé, Ruade, Ru de vache (seitlicher Beinstoß wie im Charleston) = Kuhstoß, Capriole u. a. (vgl. Abb. Figurinen Arbeau Galliarde!)*
Der »petit sault« (s. S. 162 Arbeau Tabulatur Gavotte) des Grundschrittes ist der gleiche Nachhüpfschritt auf unbetonter Taktzeit, den die Galliarde und alle Tänze mit Grue, Pied en l'air ... Schrittformen haben. Durch ihn gewinnt die Gavotte das charakteristische »hüpfende Wesen«, das sie von den Branles du haut Barrois und de la Montarde übernahm.
Arbeaus Galliarden- und Branle-Tabulaturen (1588) enthalten gleiche Beinwürfe wie z. B. die »Round the leg« Figur des schottischen Highland Fling (»National dances of Europe« London 1950), wie sie als Tanzschritte der Galliarde bei M. Wood erscheinen (»Historical dances« London 1952). Die Art Folklore-betonter Ausführung ist als stilecht angebracht, da es im 16. Jhdt. in Frankreich einen »Schottischen Branle« gab, der höchstwahrscheinlich zur Zeit Maria Stuarts (Königin von Frankreich 1558—1560) in Mode kam (Arbeaus »Orchésographie« gibt seine Tabulatur) und sicherlich mit einem »goût à la Highland Fling« (S. 132) getanzt worden ist.

Entscheidend für das Nachempfinden des ursprünglichen Gavotten-Stiles ist die alla breve-Prägung des Tanzes und der (seit 1650 auch in der Musik erscheinende) Auftakt[17], der die körperliche Vorbereitung für den mit einem Sprung nach links beginnende double ermöglicht. Charakteristisch – der Arbeau'schen Beschreibung gemäß – ist das im double nach links wie nach rechts vorkommende Bewegungs-Motiv ständigen Hüpfens auf dem Standbein mit spitzemarkierendem Kreuzen und schrägem Vorstoßen des Spielbeins[18]. Es läßt die Gavotte zu einem anspruchsvollen Tanz werden, dessen federnder Rhythmus noch im 20. Jhdt. durch Reger und Prokofieff u. a. berühmt gewordene Klaviermusik-Beispiele erstehen ließ, die den double des Branle (du Haut Barrois) charakterisieren, aus dem er hervorging.

Gavotte

Gavotte
Tanz für 8 Paare (4 Paare)
mit Vorspiel und 5 Tanz-Strophen
nach der Gavotte aus »Les petits riens« von W. A. Mozart (1778)
und der Gavotte-Musette aus »Colinette à la cour« von A. E. Grétry (1782)

Vorspiel: Auftritt von Paar 1 und Reverenz aller Paare
Tanzbeginn Paar 1a

1. Tanz-Strophe: Kanonischer Einsatz aller anderen Paare
2. Tanz-Strophe: 8 Form und Schleife (Farandole)
3. Tanz-Strophe: Solotanz (Paar 1) auf Kreis und Geraden
4. Tanz-Strophe: Solotanz (Paar 2) auf Kreis
   Dreieck-Aufstellung der Gruppen
5. Tanz-Strophe: Dreieck- und Viereckgruppen. Großes Oval

Das Vorspiel symbolisiert die Begrüßung der Gäste durch die Gastgeber. Tanzen nur 4 Paare, fällt die Choreographie für die Paare 1a–4a fort, und das Solo für Paar 1a wird von einem Paar der Gruppe übernommen.
Beim Tanz auf einer Bühne mit wenig Tiefe muß das choreographische Bild rechtwinklig rechts herum gedreht werden, so daß Paar 1 von rechts her auftreten kann. Die Soli sind jedoch (wie original gezeichnet) in Profilstellung zum Zuschauer zu tanzen.

Grundschritt I

Grundschritt I
nach Arbeau, 4 taktig mit Auftakt. Sprünge und Hüpfer sind elastisch und leicht auszuführen. Das Schema ist eine Form der fast allen Branles gemeinsamen, nach links Raum gewinnenden Folge von double l und double r Schritten (s. Tabulatur S. 162).

Takt	Zählzeit	
	4	aus 3. Pos. l beugen
1	1	Sprung nach l auf l Bein
		r Bein bleibt r seitwärts gestreckt, Fußspitze aufgesetzt

Takt Zählzeit

2 Hupf auf l Bein, r Fuß mit abwärts gerichteter Fußspitze hinter l Wade heben

3 Sprung in 3. Pos. l, l Fußspitze leicht aufgesetzt

4 Hupf auf r Bein
l Bein gestreckt nach l herausführen

2 1 Sprung nach l auf l Bein mit *»Marque pied croisé r«*,
d. h. r Fußspitze leicht geschleift (glissé)[1] vor l Fuß vorbeiführen und gekreuzt dicht vor l Fußspitze aufsetzen, das r Knie leicht gebeugt auswärts gedreht

2

2 Hupf auf l Bein mit »Pied croisé r«,
d. h. r Knie strecken, Fußspitze abwärts gerichtet, vor l Bein gekreuzt (Tz.Z. 2 und Abb. Leuchterbranle S. 141)

3 Hupf auf l Bein
r Hacken bis unter l Knie heben, r Knie auswärts gedreht, Fußspitze abwärts gerichtet (Tz.Z. »à la Highland Fling«)

4 Hupf auf l Bein mit *»Grue croisée r«*,
d. h. r Bein in Kniehöhe schräg nach l vorstoßen (Tz.Z. 3)

à la Highland Fling

3 1 kleiner Sprung nach r in 3. Pos. l

2 Hupf auf r Bein, l Fußspitze leicht aufsetzen (3. Pos.)

3 Hupf auf r Bein mit *»Marque pied croisé l«*,
d. h. l Fußspitze leicht geschleift (glissé) vor r Fuß vorbeiführen und gekreuzt dicht vor r Fußspitze aufsetzen, das l Knie leicht gebeugt auswärts gedreht
(ad lib. ohne Aufsetzen mit Beinstrecken bei abwärts gerichteter Fußspitze auszuführen (Tz.Z. 2 und Abb. Leuchterbranle)

4 Sprung auf l Bein mit *»Marque pied croisé r«*
(Ausführung wie Takt 2 Zählzeit 1)
ad lib. ohne Aufsetzen mit Beinstreckung bei abwärts gerichteter Fußspitze auszuführen (vgl. Zählzeit 3)

3

4 1 Hupf auf l Bein
r Hacken bis unter l Knie heben, r Knie auswärts gedreht, Fußspitze abwärts gerichtet (Tz.Z. »à la Highland Fling«)

2 Hupf auf l Bein mit *»Grue croisée r«*,
d. h. r Bein in Kniehöhe schräg nach l vorstoßen

3 Sprung in 3. Pos. l

4 Hupf auf r Bein
l Bein gestreckt nach l herausführen zur Wiederholung des Grundschrittes
(statt einfachen Hupfes auf Taktzeit 4 kann eine Capriole durch Hochspringen mit Vorstoßen und Rücksetzen des r Beines in 3. Pos. l ausgeführt werden, was als *Abschluß* der Grundschrittfolge von Gavotte I sehr reizvoll wirkt).

[1] *»geschieht dieses so subtil, daß es nicht gehört wird«. v. Feldtenstein 1772.*

»Porte les Bras«

Da für den »Branle du Haut Barrois«, aus dem die Gavotte entstand, von Arbeau »bewegliche Arme und Schultern« gefordert werden, ist der Grundschritt mit lockerer, hoher Armführung zu begleiten, und wenn er ohne Partnerfassung getanzt wird, ist die als Ausgleich zum Spielbeinschwung erforderte höhere Gegenarmbewegung anzudeuten, soweit Zeitmaß und tänzerisches Können es gestatten.

Grundschritt I

Grundschritt I
Abwandlung

Abwandlung zu leicht stilisierter Form, ohne ständiges Nachhüpfen und daher in schnellerem Zeitmaß zu tanzen (M.M. etwa 92)

Takt	Zählzeit[2]	
	3	in 3. Pos. l beugen
1	1	Sprung nach l auf l Bein r Bein bleibt r seitwärts gestreckt, Fußspitze aufgesetzt
	3	Sprung in 3. Pos. l
2	1	Sprung nach l auf l Bein r Fuß vor l Bein kreuzen (Knie gestreckt, Fußspitze abwärts gerichtet) (Tz.Z. 2)
	2	Hupf auf l Bein r Bein vor l Bein schräg bis in Kniehöhe vorstoßen (Tz.Z. 3)
	3	Sprung in 3. Pos. l
3	1	kleiner Sprung nach r auf r Bein l Fuß vor r Bein kreuzen (Knie gestreckt, Fußspitze abwärts gerichtet)
	3	Sprung nach l auf l Bein r Fuß vor l Bein kreuzen (Knie gestreckt und Fußspitze abwärts gerichtet)
	4	Hupf auf l Bein r Bein vor l Bein schräg bis in Kniehöhe vorstoßen
4	1	Sprung in 3. Pos. l
	3	Capriole (r Bein beim Hochspringen vorstoßen und zurücksetzen in 3. Pos. l, gut nachfedern)

Grundschritt II

Grundschritt II

»Pas de Gavotte« (volkstümlich in der Bretagne), 4 taktig mit Auftakt.
Die federnd schwingenden Laufschritte sind schräg zur Wegrichtung gesetzt auszuführen. Der Körper bleibt weiterhin fast seitlich zu ihr gestellt (Tz.Z. 6), der Kopf wird leicht zur Schrittrichtung gedreht.

	3	beugen und federnd vom r Fuß abspringen
1	1	l Fuß vorwärts
	3	r Fuß vorwärts

[2] *Die nicht aufgeführten Zählzeiten bedeuten: Verharren in der erreichten Position oder Bewegungsübergang.*

Takt	Zählzeit	
2	1	l Fuß vorwärts
	3	Hupf auf l Fuß mit leichtem Körperschwung r herum und Anheben des r Fußes hinter l Wade. Kopf bleibt zur Laufrichtung gewendet (Tz.Z. 6)
3	1	r Fuß hinter l Bein gekreuzt einsetzen (in der Bretagne *Paz dreo* genannt)[3]
	3	l Fuß vorwärts mit leichtem Körperschwung l herum
4	1	r Fuß vorwärts
	3	Hupf auf r Fuß, l Bein leicht vorstrecken

Aus der Galliarde entlehnte Schrittformen:

a) *Fleuret*[4]*:* zweitaktige Form als Fleuret l (1 Takt) und als Fleuret r (1 Takt)

		Fleuret l:
1	1	kleiner Schritt (auf Zehenspitzen) l vorwärts
	2	kleiner Schritt (auf Zehenspitzen) r vorwärts
	3	kleiner Schritt (auf Zehenspitzen) l vorwärts, dabei r Fuß (leicht auswärts gedreht) vorstrecken, Fußspitze abwärts gerichtet
2		*Fleuret r: das gleiche,* jedoch mit r Fuß beginnend

hierzu *»niederes Porte les Bras«:*
bei Fleuret l mit beginnendem l Schritt l Unterarm auswärts-abwärts, gleichzeitig r Unterarm leicht aufwärts-einwärts führen

bei Fleuret r umgekehrt

Fleuret seitwärts ist in der Folge 2. Pos., 5. Pos., 2. Pos. nach l und r wechselnd auszuführen

b) Fleuret und großer Sprung:
viertaktige Form als Fleuret l und Sprung (2 Takte) und Fleuret r und Sprung (2 Takte)

		Fleuret l und großer Sprung:
1	1	kleiner Schritt (auf Zehenspitzen) l vorwärts
	2	kleiner Schritt (auf Zehenspitzen) r vorwärts
	3	kleiner Schritt (auf Zehenspitzen) l vorwärts r Fuß (leicht auswärts gedreht) vorstrecken, Fußspitze abwärts gerichtet
2	1	kleiner Schritt (auf Zehenspitzen) r vorwärts
	2	l Bein vorstoßen (Grue) zum Sprung mit 1/2 Drehung r herum
	3	4. Pos. r

[3] *»Le paz dreo donne à la file un mouvement de recul qui rappelle le va-et-vient de la vague ...« (J. Canteloube »Danses Bretonnes« Paris 1949).*

[4] *»Fleuret: c'est un pas de Bourrée«, Rameau 1725. Die Renaissance-Tänze kannten die Terminologie* Pas de Bourrée *noch nicht. Im Barock wurde* Fleuret *der Name für die* Variationsformen *des Pas de Bourrée.*

Takt Zählzeit

3–4 *Fleuret r und großer Sprung:*
das gleiche, jedoch mit r Fuß beginnend

hierzu *»Porte les Bras«:*
bei Fleuret l wie oben
bei großem Sprung: beide Arme leicht bogig ein- und aufwärts, dann wieder aus- und abwärts führen

bei *Fleuret r und großem Sprung* entsprechend auszuführen

c) Beinwürfe mit Hüpfern am Platz: viertaktig

Takt	Zählzeit	
1	1	Hupf auf l Bein: r Fuß hinter l Wade heben
	3	Hupf auf l Bein: r Fuß gestreckt vorstoßen (Grue)
2	1	Sprung auf r Bein: l Fuß vor r Bein kreuzen (l Bein gestreckt, Fußspitze abwärts gerichtet)
	3	Sprung in 3. Pos. r (nach leichtem Vorstoßen des l Beines zur Grue l)
3–4		das gleiche, jedoch mit Hupf auf r Fuß beginnend

hierzu *»hohes Porte les Bras»*

Takt 1 beide Arme sind seitwärts gehoben (der l Arm etwas höher im Sinne von Spielbein und ausgleichendem Gegenarm)

Takt 2 siehe unter b) Porte les Bras beim *Fleuret und großem Sprung*

Choreographie

Choreographie
Vorspiel
Gavotte-Vorspiel von Mozart
Auftritt Paar 1 und Reverenz. Tanzbeginn Paar 1a
Handfassung aller Paare: □ r, ○ l Hand
Die seitlichen Paargruppen stehen in 4. Pos. r mit Blickrichtung zu Paar 1, das in 3. Pos. l steht.

4

Solo für Paar 1

Takt	Zählzeit	
	3	l Fuß vorstrecken, Körper leicht neigen (Tz.Z. 4)
1	1	l Fuß vorsetzen, den Weg geradeaus beginnend (Tz.Z. 5)
	3	Schritt r
2	1	Schritt l
	3	r Fuß vorstrecken, Körper leicht neigen (Tz.Z. 4 entsprechend) und die andern Paare begrüßen (□ nach l, ○ nach r gewendet mit entsprechender Armführung und Kopfwendung). Alle andern Paare erwidern die Reverenz (□ r Fuß hinter l Fuß in 4. Pos. l ziehend, Gewicht auf das r Bein übertragend und den Oberkörper gestreckt aus der Hüfte neigend, ○ r Fuß in 3. Pos. l

5

Takt	Zählzeit	
		ziehend und mit leichtem Kopfneigen bei gerade gehaltenem Oberkörper Knie beugend). Beim Aufrichten Paare 2—4 eine 3/8 Drehung r herum und Paare 1a—4a eine 1/8 Drehung r herum ausführen und 3. Pos. l einnehmen
3	1	Paar 1 r Fuß vorsetzen
	3	l Fuß vorsetzen
4	1	r Fuß vorsetzen

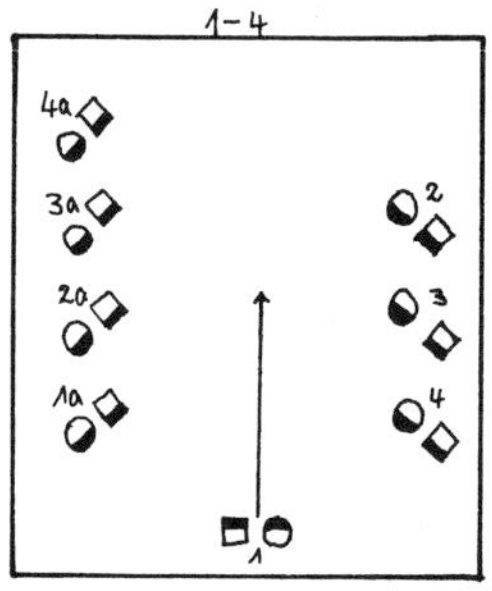

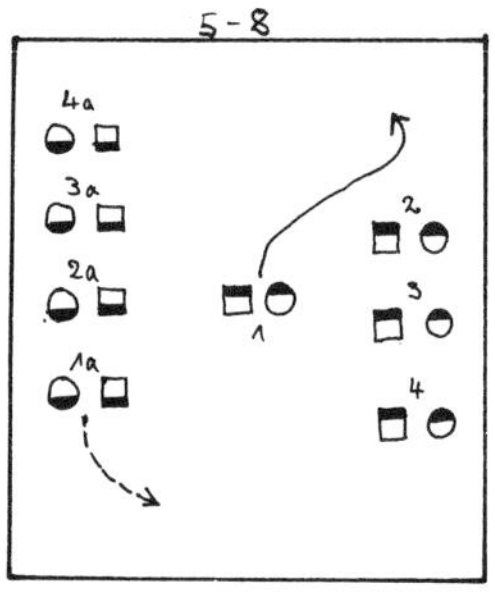

Takt	Zählzeit	
		Solo für Paare 1 und 1a
	3	Paar 1 l Fuß vorstrecken und sich leicht zueinander neigend grüßen
		Paar 1a l Fuß vorstrecken zum Tanzbeginn (Tz.Z. 4) wie Paar 1 zu Anfang des Auftritts
5	1	beide Paare l Fuß vorsetzen
	3	beide Paare Schritt r
6	1	beide Paare Schritt l
	3	beide Paare Schritt r
7	1	beide Paare Schritt l
	3	beide Paare Schritt r
8	1	beide Paare l Fuß vorsetzen in 3. Pos. l
		□ und ○ neigen sich leicht grüßend zueinander und nehmen auf-
	3	taktig die Vorbereitung zum ersten Gavotte-Schritt Grundschritt I
		Paare 2 und 2a strecken l Fuß zum Tanzbeginn vor (Tz.Z. 4)

1. Tanz-Strophe: Gavotte von Mozart
Kanonischer Einsatz der übrigen Paare
Sie folgen genau dem Tanzweg der Paare 1 und 1a, schrittmäßig die Ausführung der Takte 5—8 des Vorspiels von Paar 1a übernehmend (zu Tanzbeginn auftaktig l Bein vorstreckend entsprechend Tz.Z. 4, und nach 4 Takten zu Grundschritt I der Gavotte übergehend).

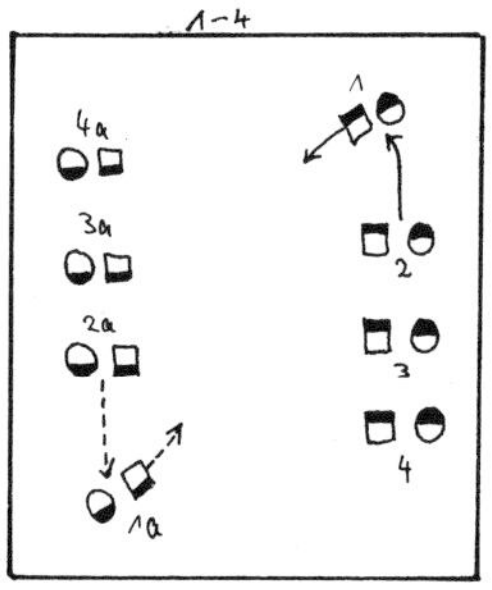

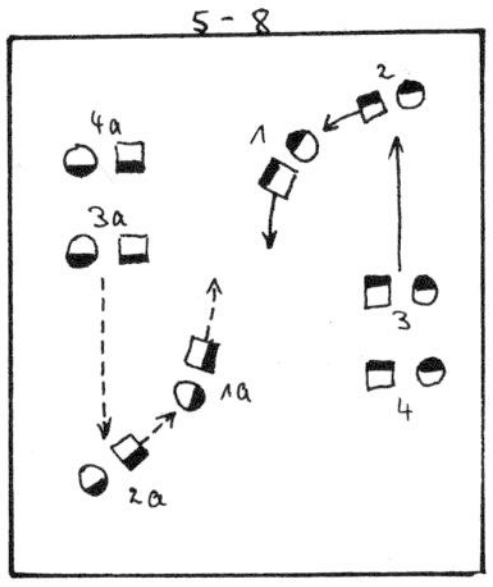

Takt

1—4 Paare 1 und 1a: Grundschritt I
Paare 2 und 2a: Auftritt

5—8 Paare 1 und 2, 1a und 2a: Grundschritt I
Paare 3 und 3a: Auftritt

9—12 Paare 1, 2 und 3, 1a, 2a und 3a: Grundschritt I
Paare 4 und 4a: Auftritt

13—16 alle Paare Grundschritt I

2. Tanz-Strophe: Gavotte-Musette von Grétry,
Grundschritt II

8 Form und Schleife (Farandole) Tz.Z. 5, Abb. 33
Mit Auftakt zu Takt 1 fassen sich Paare 1—4 und Paare 1a—4a zu zwei Ketten

1—16 Beide Ketten tanzen (Grundschritt II) auf der Form einer 8 in entgegengesetzter Richtung durch den Raum bis zurück an die Ausgangspunkte.

17—28 Beide Ketten tanzen in je einer Raumhälfte einen schwungvollen Doppelbogen (Schleife)

6

Takt

29–32 Beide Ketten lösen sich wieder zu Paaren, der springende Grundschritt wird in schwingendes Gehen umgewandelt, mit welchem alle Paare (□ und ○ mit Handfassung nebeneinander gehend) – mit Ausnahme von Paar 1 – ihre Ausgangsposition erreichen und sich dort zur Raummitte wenden, wohin Paar 1 zeitig zur vorgeschriebenen Aufstellung für den Solotanz abgebogen ist, dort Hände lösend

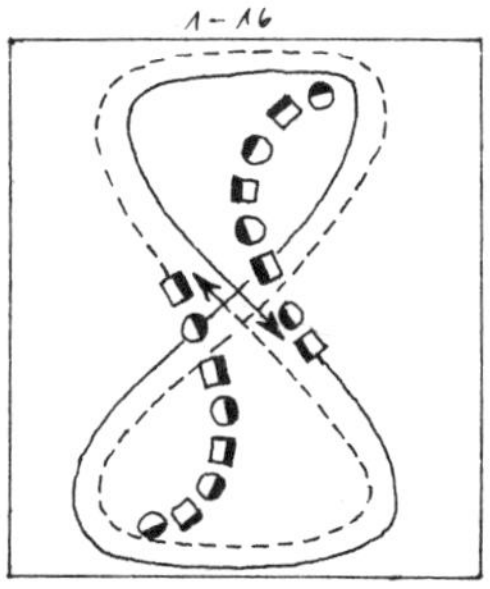

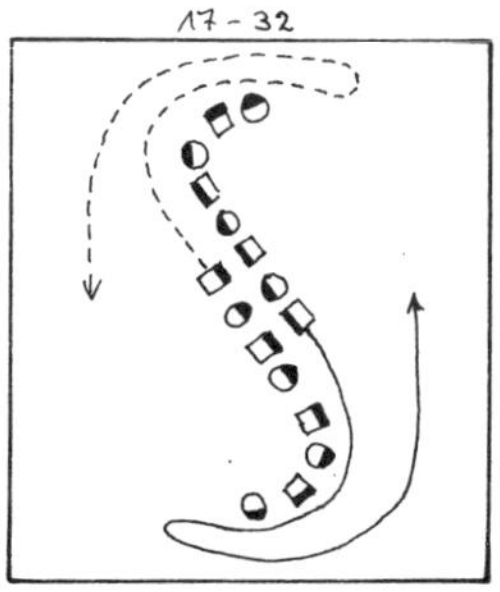

3. Tanz-Strophe: Gavotte von Mozart
Grundschritt I und Galliardenschritt a und b
Solotanz von Paar 1 auf Kreis und Geraden

1–4 Grundschritt I (□ und ○ sich gegenüberstehend) (Abb. 34)

5–8 Galliardenschritt a (Fleuret)
(□ und ○ auf kleinem Kreis in gleicher Richtung r herum)

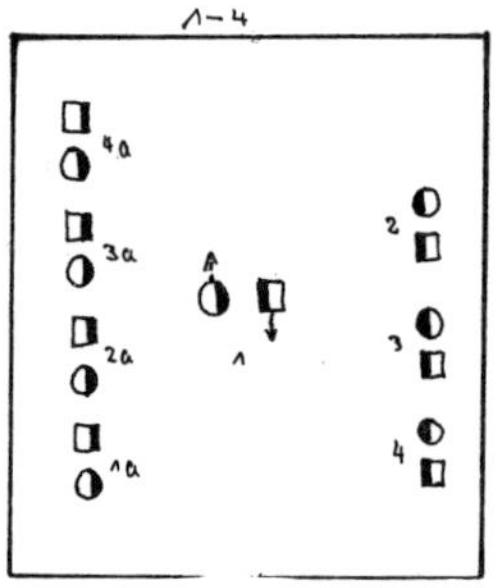

9–10 Galliardenschritt b (Fleuret l und Drehsprung)
(□ und ○ tanzen schräg aneinander vorbei)

11–12 mit Galliardenschritt b (Fleuret r und Drehsprung) wieder an den Ausgangspunkt zurück (nach Sprung um 1 Schulter sich gegenüberstehend)

13–16 Grundschritt I (wie Takt 1–4)

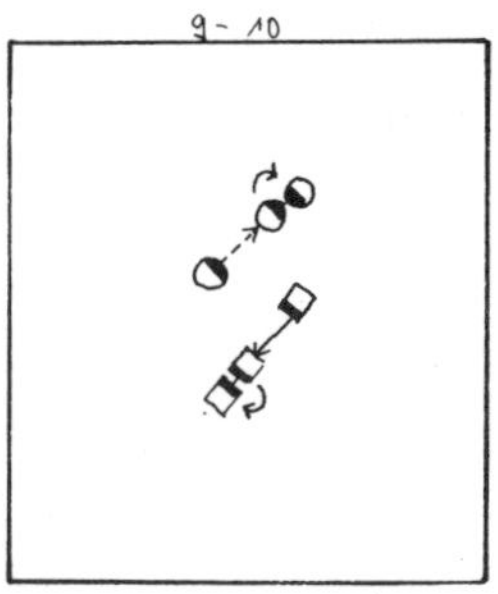

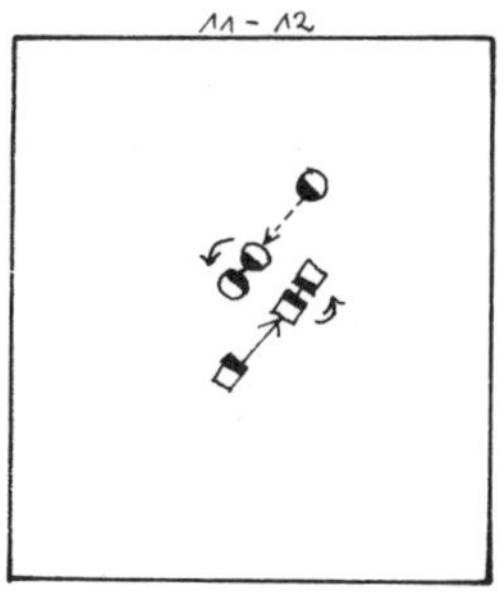

4. Tanz-Strophe: Gavotte-Musette von Grétry
Galliardenschritte a und c
Solotanz von Paar 1a auf Kreis
Dreieck-Aufstellung der Gruppen und *Tanz auf Kreisen*

Takt

1—4 Galliardenschritt a (Fleuret)
Paar 1 tanzt (mit Handfassung □ r, ○ l Hand) zurück an Platz in seiner Gruppe
Paar 1a (mit gleicher Handfassung) tanzt zur Raummitte, dort Hände lösend

5—8 Galliardenschritt c
(□ und ○ sich gegenüberstehend, am Platz)

9—12 Galliardenschritt a (Fleuret)
(□ und ○ auf kleinem Kreis in gleicher Richtung r herum

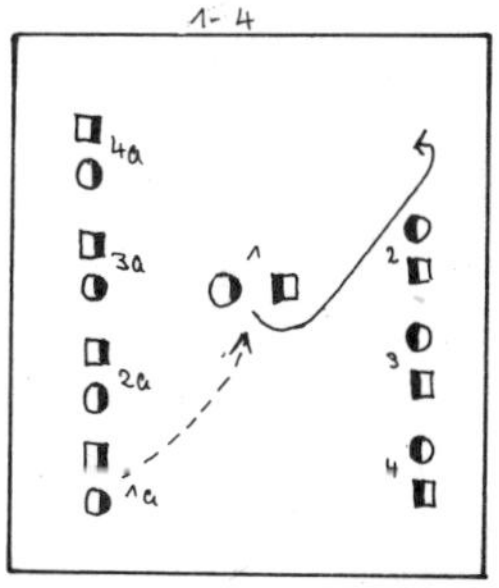

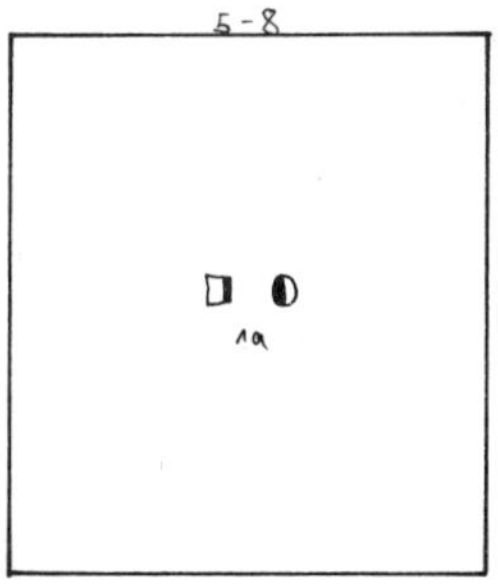

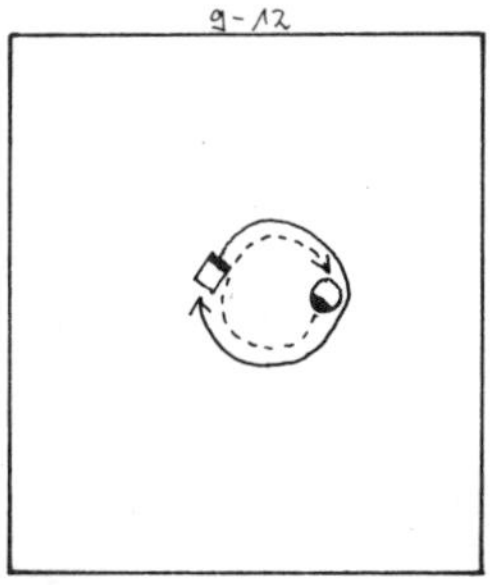

13—16 Galliardenschritt c (wie Takt 5—8)

17—20 Galliardenschritt a (Fleuret)
Paar 1a tanzt (mit Handfassung □ r, ○ l Hand) zurück an vorgeschriebenen Platz, dort verharrend
Paare 2, 3 und 4 und Paare 2a, 3a und 4a tanzen zur Dreiecks-Aufstellung an die vorgeschriebenen Plätze, dort Hände lösend
Paar 1 tanzt (mit Handfassung) an vorgeschriebenen Platz und sieht — wie Paar 1a — dem Tanz der übrigen Paare zu

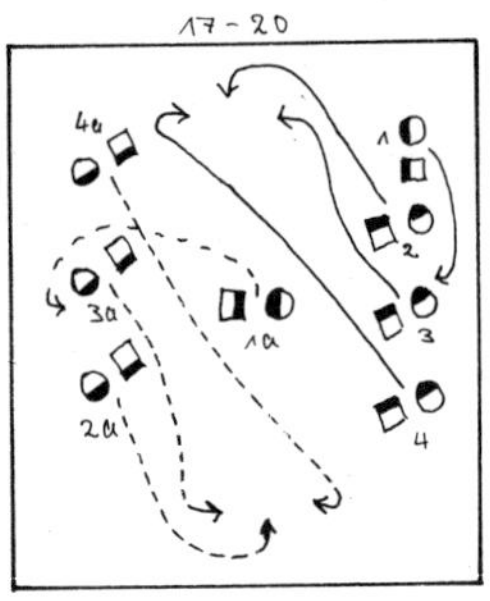

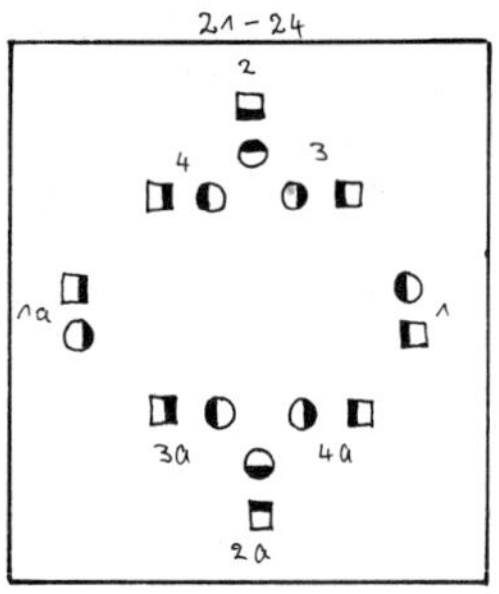

Takt

21–24 Galliardenschritt c
(am Platz wie Paar 1a in Takt 5–8)

25–28 Galliardenschritt a (Fleuret)
(□ und ○ auf kleinen Kreisen in gleicher Richtung r herum) wie Paar 1a in Takt 9–12)

29–32 Galliardenschritt c (wie Takt 21–24)

5. *Tanz-Strophe:* Gavotte von Mozart
Galliardenschritt a, Grundschritt I
Dreieck- und Viereckgruppen, großes Oval

1–4 Galliardenschritt a (Fleuret)
Paare 1 und 1a tanzen zur Viereck-Aufstellung an die vorgeschriebenen Plätze
Alle anderen Paare tanzen diesen Schritt voreinander seitlich (nach l und r im Wechsel)

5–8 Grundschritt I
(alle □ und ○ sich gegenüberstehend)

9–11 Galliardenschritt a (Fleuret)
(alle □ und ○ auf kleinen Kreisen in gleicher Richtung r herum)

12 sich ständig ansehend tanzen alle □ neben ○ und nehmen paarweise Handfassung (□ r, ○ l Hand)
(Paar 1 tanzt zwischen Paar 3a und Paar 4, Paar 1a tanzt zwischen Paar 3 und Paar 4a, so daß die Form eines großen Ovals entsteht)

13–16 Grundschritt I
mit Abschluß-Capriole zueinander wenden (vorher Hände lösen) und *Reverenz* durch Verneigen mit leichten Verharren in der Sprungbeuge

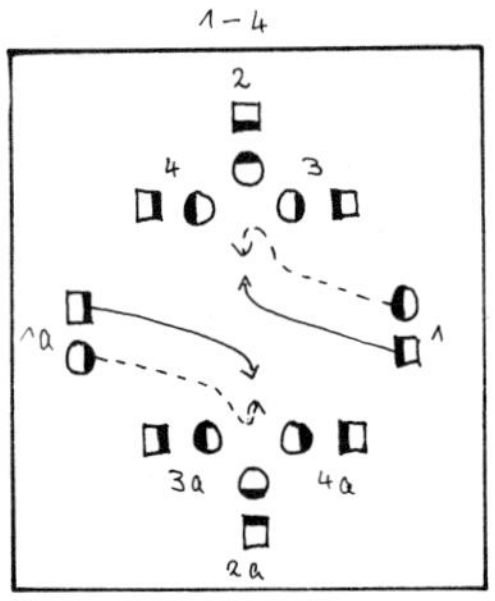

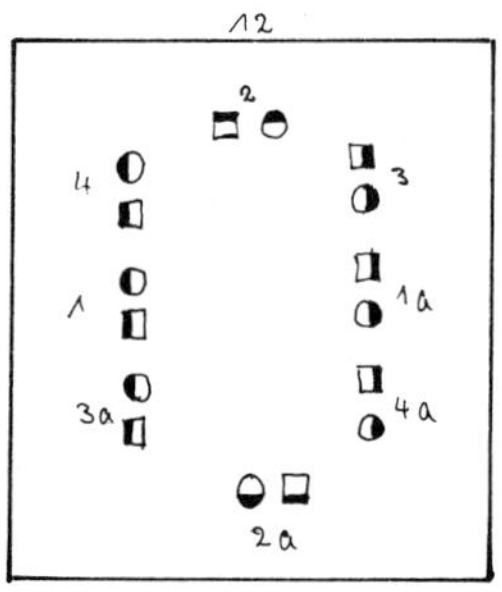

Variante der Schlußaufstellung (Oval)
für den Tanz auf breiter Bühne mit wenig Tiefe ($1/4$ Drehung der gesamten Choreographie nach r): alle Paare drehen sich mit der Schluß-Capriole nach vorne und erweisen den Zuschauern die Reverenz.

Variante der Schlußaufstellung

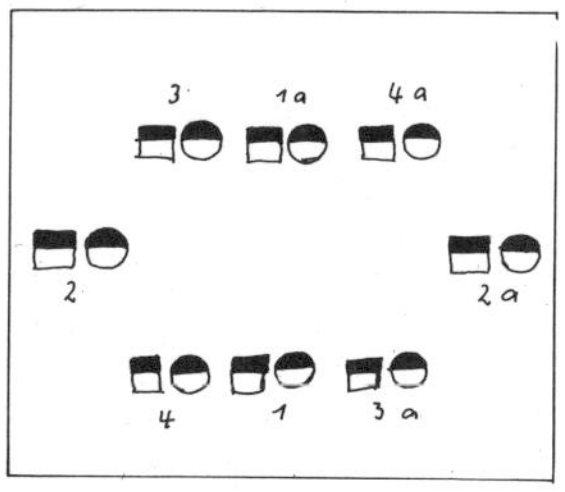

Gavotte

Gavotte
»Danse représentative«[1] für 1 Paar oder 2 Tänzerinnen

Rekonstruktion[2] nach der in Tanzschrift überlieferten Choreographie und Melodie von Kellom Tomlinson[3]

Grundhaltung der Arme: Hohes Port de Bras
Ausführung der Grundschritte: s. Kapitel »Die gebräuchlichsten Tanzschritte ...«

Choreographie

Choreographie
Als zum »Danse haute« gehörig kann diese Gavotte ohne Reverenz begonnen werden. □ und ○ gegengleiche und gleiche Fußsetzung wie jeweils angegeben (Schrittbeschreibung für □)

gegengleiche Schrittsetzung

Takt	Zählzeit	
	3	Pas tendu r aus 3. Pos. r
	4	beugen
1	1	$1/2$ Coupé l zur 1. Pos. ansetzen
	2	beugen
	3	Sprung auf l Bein
	4	beugen
2		Pas de Bourrée r (r l r, balancéartig am Platz), endet glissé in 5. Pos. l
3		Pas de Bourrée l (l r l) vorwärts
4		zweifacher Contretemps l r l
	4	beugen
5		zweifacher Contretemps l r l
	1	Hupf auf l Bein, r Bein vorstrecken
	2	r Bein aufsetzen in 5. Pos. r, beugen
	3	Sprung auf l Bein mit $1/4$ Drehung r herum, r Bein vorstrecken
6		$1/1$ Coupé r l nach l zur Seite (r Bein hinten in 5. Pos. l einsetzen)

[1] *Auch »Danse sérieuse« oder »Hoher Spring-Tantz« genannt.*
[2] *Mit freundlicher Genehmigung des British Museum, London.*
[3] *»The Gavot, Mr. Kellom's New Dance for the Year 1720-as it was perform'd at the Theatre in little Lincoln's Inn-Fields by Monsieur and Mademoiselle Sallé the Two French Children«. Marie Sallé (1707—1756) debütierte bereits ein Jahr später, vierzehnjährig, an der Pariser Oper. Ihr Bruder (ca. 1709—1732) war ebenfalls sehr jung als Tänzer schon namhaft.*

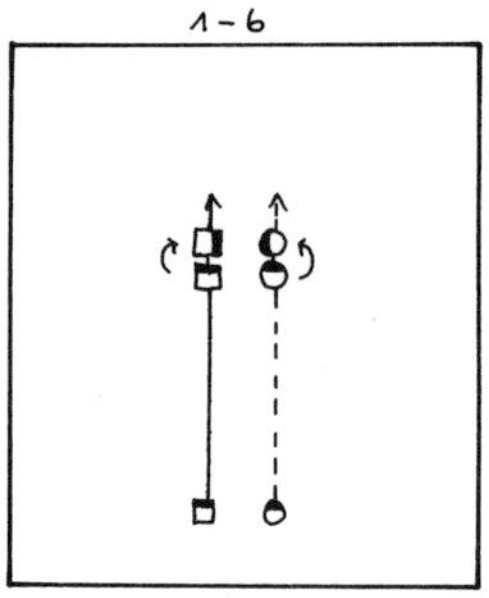

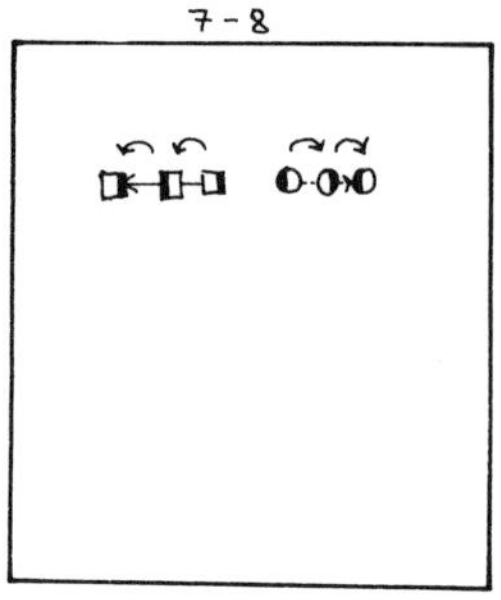

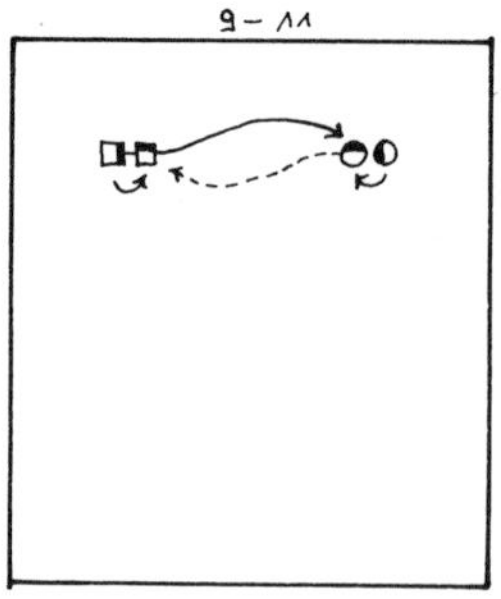

Takt	Zählzeit	
7		zweifacher Contretemps l r l, begonnen mit 1/2 Drehung l herum
	4	beugen
8	1	Sprung in 1. Pos. mit 1/2 Drehung l herum
	3	Pas tendu l vorwärts
9	1	1/2 Coupé r zur 1. Pos. ansetzen
	2	beugen
	3	Sprung auf r Bein mit 1/4 Drehung l herum
10	1	Pas de Bourrée l (l r l) nach r (l Schritte in 5. Pos. r einsetzen) als beginnender Seitenwechsel der Partner (□ tanzt vor ○ vorbei)
	4	beugen
11	1	Hupf auf l Bein, r Bein seitlich strecken
	2	beugen
	3	Sprung auf r Bein r zur Seite, l Bein bogig rückwärts heben

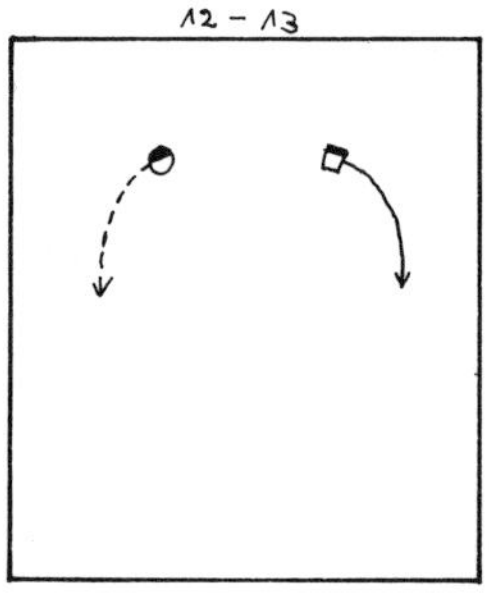

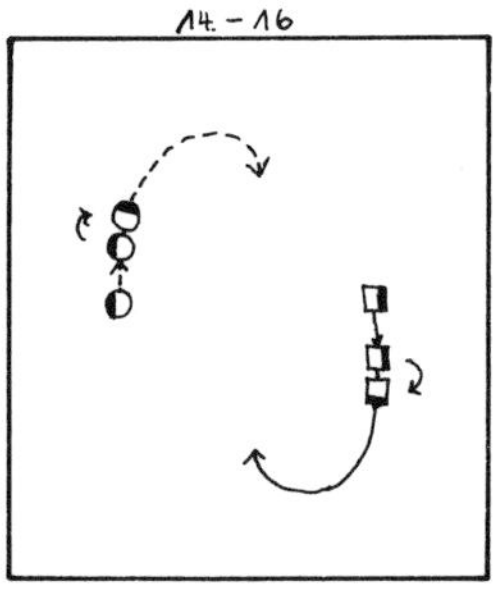

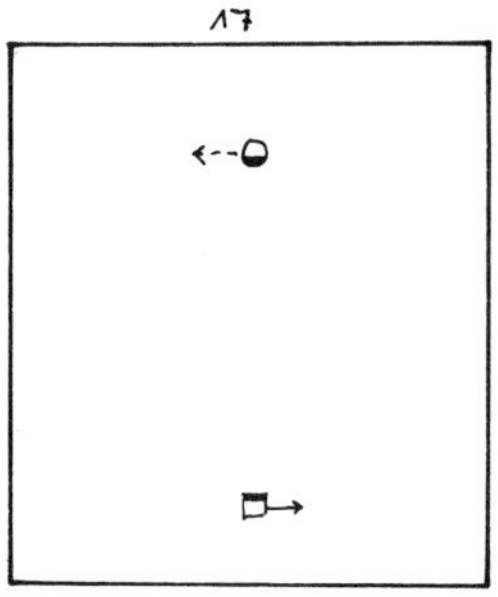

12		Pas de Bourrée l (l r l) nach r zur Seite (l Schritte in 5. Pos. r einsetzen)
13		Pas de Bourrée r (r l r) balancéartig am Platz (endet glissé in 5. Pos. l)
14	{ 4	beugen
	1	heben *am Platz*
	3	□ und ○ Pas glissé r zur Seite

gleiche Schrittsetzung

15		zweifacher Contretemps r l r, begonnen mit 1/4 Drehung r herum
16		Pas de Bourrée l vorwärts (♫ ♩.) 2. Schritt glissé, mit Drehung zueinander endend l r l

Takt	Zählzeit	
17		Pas de Menuet[4] r zur Seite. Schrittrhythmus: ♫ ♩ 𝅗𝅥 (r l r l) ausgeführt als $^1/_2$ Coupé r nach r in 2. Pos., Pas glissé l in 5. Pos. r, Pas tendu r nach r in 2. Pos., Pas tendu l nach r in 5. Pos. l
18		$^1/_2$ Coupé r in 5. Pos. r und Rond de jambe l in 5. Pos. r (Tz.Z. 1)
	4	beugen
19		$^1/_8$ Drehung l herum und auf Zehenspitzen heben
20		Pas de Bourrée l (l r l)
	4	beugen und hochspringen zu *Contretemps ballonné l:*
21	1	auf l Bein aufspringen (halbe Spitze), r Bein aus gestrecktem Körper vorwerfen
	2	r Bein in 4. Pos. r vorsetzen, beugen und hochspringen zu *Contretemps ballonné r:*
	3	auf r Bein aufspringen (halbe Spitze), l Bein aus gestrecktem Körper vorwerfen
	4	l Bein in 4. Pos. l vorsetzen und beugen

1

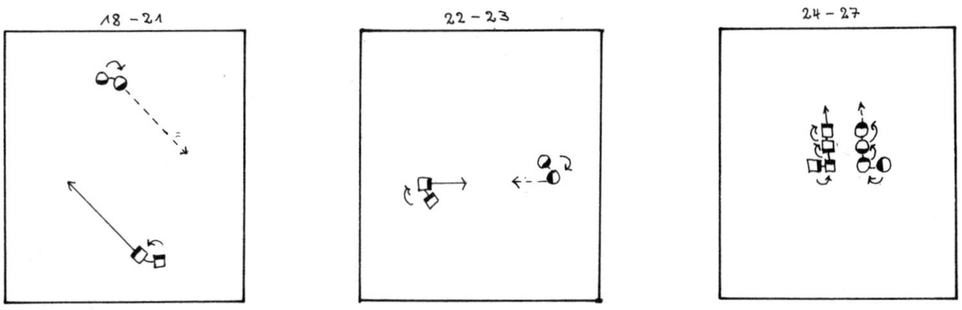

22		Sprung am Platz in 5. Pos. r mit $^3/_8$ Drehung r herum
23	1	$^1/_2$ Coupé r
	2	beugen
	3	$^1/_2$ Coupé l
	4	beugen
24	1	□ heben mit $^1/_4$ Drehung l herum, r Bein vorstrecken und in der Luft halten ○ $^1/_2$ Coupé r mit $^1/_4$ Drehung r herum und l Bein vorstrecken und in der Luft halten

gegengleiche Schrittsetzung (Schrittbeschreibung für □)

	4	beugen auf l Bein und r Bein in 5. Pos. l zurückführen
25	1	Pirouette mit $^1/_2$ Drehung r herum

[4] *In rhythmischer Variation. Vgl. auch Menuett-Schrittformen in der Choreographie Solo-Menuett (Anhang) und Sarabande.*

Takt	Zählzeit	
	4	beugen auf l Bein und r Bein in 5. Pos. l zurückführen
26	1	Pirouette mit $^{1}/_{2}$ Drehung r herum
		Hände fassen, □ r Hand, ○ l Hand
27	1	$^{1}/_{2}$ Coupé r
	2	beugen
	3	$^{1}/_{2}$ Coupé l
	4	beugen
28		$^{1}/_{1}$ Coupé r l (begonnen mit $^{1}/_{4}$ Drehung r herum, die noch freien Hände reichen, l Bein glissé über vorne zurückstreichen)
29		Hände lösen, einfacher Contretemps l r l rückwärts

gleiche Schrittsetzung

	4	beugen
30	1	Sprung in 1. Pos.
	3	Pas tendu l vorwärts
	4	beugen
31	1	$^{1}/_{2}$ Coupé r zur 1. Pos. mit $^{1}/_{4}$ Drehung l herum
	2	Pas tendu r[5] mit sofortiger Rückdrehung ($^{1}/_{4}$ Drehung r herum)
	3 } 4 }	l Bein zur 5. Pos. r heranschleifen und beugen
32		Pirouette mit $^{1}/_{2}$ Drehung l herum

2

	4	beugen
33		Pirouette mit $^{1}/_{2}$ Drehung r herum
34		Pas de Bourrée r (r l r) als Seitenwechsel der Partner mit kurzem Händereichen zur Ronde (Tz.Z. 2)

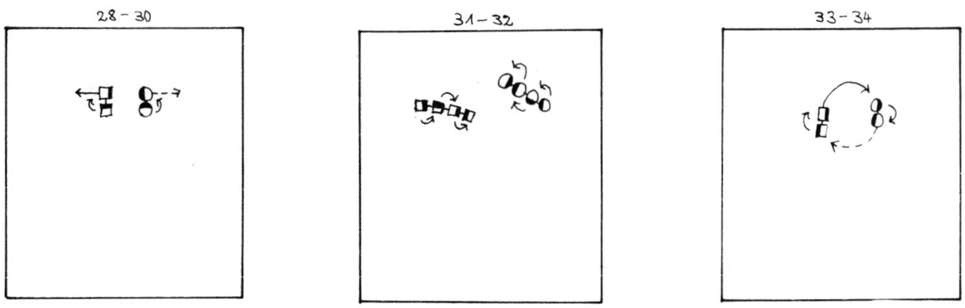

	3 } 4 }	l Bein (glissé) in 5. Pos. r heranschleifen und beugen
35		Hände lösen
	1	Hupf auf r Bein mit $^{3}/_{8}$ Drehung r herum, l Bein seitlich herausstrecken
	2	l Bein in 1. Pos. aufsetzen
	»und«	r Bein in 2. Pos. setzen

[5] *Also Doppelsetzung des r Beines.*

35

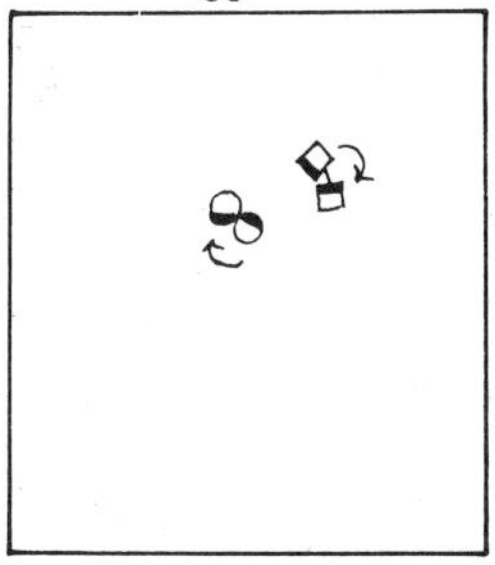

36–37

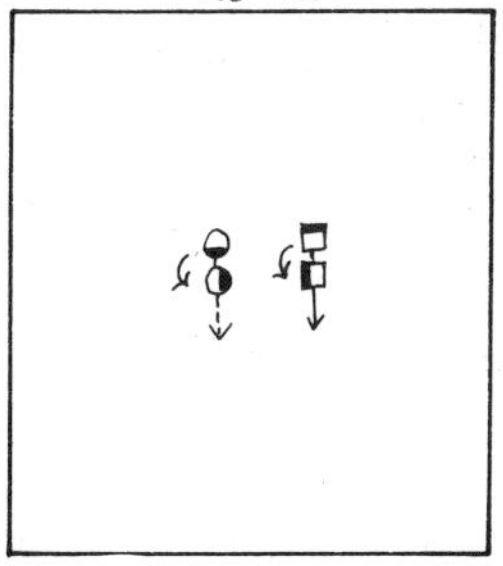

38–39

Takt	Zählzeit	
	3 } 4 }	l Bein (glissé) in 5. Pos. r heranschleifen
36		Pirouette mit 1/4 Drehung l herum und □ l Bein in der Luft vorstrecken ○ r Bein in der Luft vorstrecken
gegengleiche Schrittsetzung (Schrittbeschreibung für □)		
37	1	1/2 Coupé l nach l in 2. Pos.
	2	beugen
	3	1/2 Coupé r nach l zur 5. Pos. r ansetzen
	4	beugen
38		Pas de Bourrée l (l r l)
	1	l Bein mit 1/4 Drehung r herum rückwärts in 4. Pos. r setzen
	2	r Bein in 5. Pos. l zurücksetzen
	3	l Bein in 2. Pos. setzen
39		zweifacher Contretemps l r l, begonnen mit 1/4 Drehung l herum als Seitenwechsel der Partner
	4	beugen
40	1	Sprung in 1. Pos. mit 1/2 Drehung l herum
	3	1/2 Coupé r vorwärts
41		Rond de jambe l in 5 Pos. r einsetzen
	3	Rond de jambe r in 5. Pos. l einsetzen
	4	beugen
42	1	Sprung rückwärts in 5. Pos. r

40–42

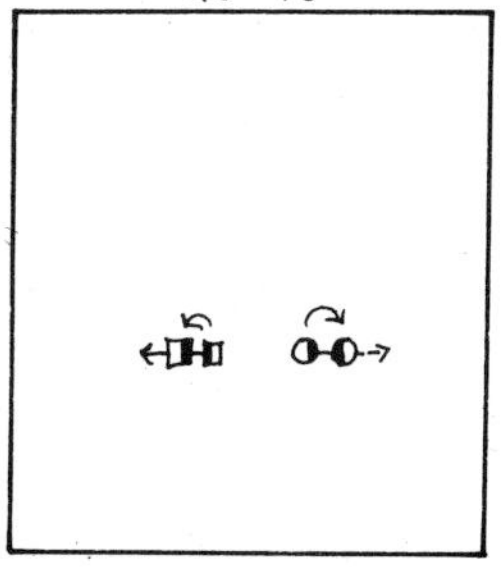

Takt	Zählzeit	
43		einfacher Contretemps l r l, begonnen mit 1/4 Drehung r herum
44	1	1/2 Coupé r vorwärts mit 1/2 Drehung l herum, dann □ l Bein, ○ r Bein über vorne auf Bogenlinie zurückschleifen: □ zur 4. Pos. r ○ zur 5. Pos. l mit Verneigen als abschließender Reverenz zu den Anwesenden.

Arbeau 1588

ORCHESOGRAPHIE

Tabulature d'vne Gauotte

Air de la Gavotte. *Mouuements.*

Pied largy gaulche.
petit ſault.
pied droit approché.
petit ſault.
Marque pied droit croiſé.
petit ſault.
Greue droicte croiſée.
petit ſault.

Paſſage de quatre pas equipolents à un double à gaulche.

pieds ioincts.
petit ſault.
Marque pied g. croiſé.
Marque pied droit croiſé.
Greue droicte croiſée.
petit ſault.
Pieds ioincts auec capriole.

Paſſage de cinq pas, contenant la meſure de quatre pas, equipolents à un double à droit.

Voicy le reſte de l'air du premier branle de la ſuytte des Gauottes, que ſonnent noz ioueurs de Lengres : Vous y adapterez les decouppements cy deſſus, ou tels aultres qu'il vous plaira choiſir & inuenter, ou imitter après les bons & gaillards danceurs : Si ceſte espèce de dance fuſt venue du temps de mes premieres iambes, ie n'euſſe pas failly d'en faire des memoires.

Double à gaulche, Double à droict.

Menuett

»Wer aber eigentlich der erste Erfinder der Menuet gewesen sey, ob sie aus Poictou herkommen, und ob sie diesen ihren Namen à minuendo, von denen darinnen enthaltenen subtilen Schritten herderiviret, darum wollen wir uns eben nicht so sehr bekümmern, sondern nur beyläuffig anmercken, daß die Menuet ebenfalls, wie die Courante, auf zweyerley Weise, als *simple* und *figuriret* getantzet werde. Wiewol auch diese wieder auf zweyerley Weise als *hoch* und *niedrig* getantzet wird. Durch die niedrige Menuet wird die gemeine Art, so wie sie in ihrer bekannten Figur und Haupt-Pas terre à terre getantzet wird, angedeutet. Durch die hohe aber so wol in den oben und unten geraden Linien als auch bey dem Hände geben, im Zurücktantzen etc. mit allerhand hohen und viel künstlichen Schritten variiret wird[1]. Jedoch aber ist die douce Art bey dieser Zeit die angenehmste, so gar, daß sich auch die allerbesten Täntzer der großen Variationen gäntzlich entschlagen ... und sich einer doucen Manier befleißigen.« (Taubert, 1717)

Mag seine Entstehung wesentlich mit der Serpentinfigur des »Branle de Poitou«[2] zusammenhängen, es basiert in seiner stilistischen Hochform ebenfalls auf der höfischen Courante (als deren Tochter man das Menuett bezeichnete), auf der italienischen Schule[3] und den Basses Danses der Renaissance, wie auf dem ungewöhnlich reichen Figurentanz aller französischen Landschaften[4]. Zu einer Einheit verschmolzen, bildeten sie die *Krönung* des Begriffes *Einzelpaartanz:* »In ihm offenbarte sich die ganze Größe des gesellschaftlichen Genies von Paris.« (O. Bie)

»Die erste Menuett wurde 1653 zu Versailles von Ludwig XIV mit seiner Maîtresse getanzt.« (F. M. Böhme)

Beschrieb Liselotte von der Pfalz, die Schwägerin Ludwigs XIV, das Menuett als »ebenso langweilig anzusehen wie zu tanzen«, so kritisierte sie hiermit in ihrer urwüchsigen Weise den in reiner Schreitbewegung vom eigentlichen Tanzimpuls

[1] *»Alle Koloraturen (Balancé, Pas grave, Fleurets, Jeté, einfacher bis dreifacher Contretemps, Chassé de Gigue, Sissonne, Pirouetten, Tour de jambe, Battement, Capriolen und Entrechats u. a.) ließen sich jetzt auf dem Menuett nieder ... Genau wie einst bei den Figurationen der Gaillarde bildete sich jetzt die Gewohnheit heraus, die ganze Schrittlehre als eine Gebietserweiterung des Menuetts anzusehen und alle gebräuchlichen Pas-Kompositionen unter dem Gesichtspunkt ihrer Verwendbarkeit, als Variationen des einfachen rhythmischen Menuett-melos zu ordnen. Man findet in den ausführlichen Auseinandersetzungen Tauberts die ganze Kunst der Figuration des Menuetts bis auf die einzelsten Bauglieder durchgeführt, es ist die rhythmische Architekturlehre des 18. Jhdts., in unserer Phantasie vielleicht schwerer rekonstruierbar als der Dresdener Zwinger oder Sanssouci, aber darum nicht weniger feinfühlig.« (Bie)*

[2] *»How the Branle à mener de Poitou became the Minuet«: Vergleich beider Tanzformen bei M. Wood »More historical dances« London 1956.*

[3] *Denn schon diese kannte »Reverenzen mit Hutabnehmen am Anfang und Ende, Herren und Damen fassen sich an der Hand, lassen sich wieder los; sie tanzen auf Z oder S Linien ...« (Bie), und »Italienisches Menuett« wurde später ein »Passo e mezzo« Italiens genannt, der u. a. Tour de main-Formen enthielt, und als dessen berühmteste Tänzerin Marguerite de Navarre galt (s. Kapitel Pavane — Passamezzo).*

[4] *Die Bourrée d'Auvergne z. B. kennt Seitschritte r und l, Platztausch der Partner auf einer Schrägen, hochgewinkelte Arme der Tänzer etc.*

36

 Menuet de Strasbourg 1682

entfernten Tanzstil des Hochbarock. Immer enger und kleiner (menu, menuet) waren im Laufe der Jahre die Tanzschritte und ihre Wege geworden, so daß der Name nicht bezeichnender gewählt werden konnte. Eine 8, ein S, eine 2 und (seit der Reform des Pariser Tanzmeisters Pécour um 1700) ein Z, bildeten die Hauptfiguren für den Grundriß des Tanzes (s. Abb. S. 172).

Noch hundert Jahre später[5] schrieb Ch. Pauli *(Maître à danser à l'université de Leipsic):* »Cest la danse universelle que toutes les nations en Europe préfèrent à leurs danses nationales mêmes ... cette danse est la plus propre pour une danse de cérémonies« (»Élemens de la danse« 1756); und bis zur französischen Revolution herrschte es, »Königin der Tänze« genannt, in den europäischen Ballsälen. Es galt als Beispiel vollendeter Tanzkunst und bildete den Höhepunkt jedes Festes.

Bis in die dörflichen Winkel Europas hinein reichte seine Beliebtheit, wie die im Volkstanz erhaltenen, sich an ständigem Knicks und Verneigen erfreuende Menuette beweisen[6].

»Weilen dann nun die Menuet ein so schöner und galanter Tanz, habe mich resolviret, auch dessen information beyzufügen ... Ich demonstrire aber erstlich die darinnen vorkommende Schritte und erkläre mich, daß ein *Menuet pas* meistenteils aus zwey halbe Coupé und zwey steifen Schritten formiret wird ...

Etliche coupiren mit dem erstern und letztern, etliche nur mit dem ersten, und lassen die drey andern steif, oder sie coupiren mit dem ersten, andern und vierten, daß also der dritte steif bleibet. Die erste Maniere ist die neueste, beste und schöneste, die andere Maniere etwas leichter als die Vorige, die dritte ist die allerleichteste, welche meistenteils vor corpulente Leute bequem, denen das Bügen sauer ankommet, die vierte ist die schwereste ...

Bey jedweden Menuet Pas so ich vorwarts mache, mus der lincke Fuß nicht gar zu weit von dem rechten stehen, hernach büge ich mit beyden Knien, im wärenden bügen aber bringe ich den rechten Fuß neben an den lincken an der Erden weg, wobey die Spitze nicht in die Höhe steigen darf, das der Lincke gleichsam die Balance vom Leibe giebt, hierauf hebe ich, und avancire zugleich im heben mit dem rechten, welches ein Tempo ausmachen mus, so aber der rechte auf der Erden, mus der Lincke augenblicklich folgen und an der Spitzen ein klein wenig mit der Spitze (welches auch in der Courante zu observiren) vom Boden wegzustehen kommen, daß also consequenter die Balance des Leibes wieder auf dem rechten Fuß liege, und auf solche Weise büge ich wieder mit beyden Knien, gera-

[5] *Die Interpretationsformen musikalisch und tänzerisch haben sich in dieser großen Zeitspanne verschiedentlich gewandelt. Brossard (Dictionnaire de musique 1703) beschreibt den Menuettcharakter als »fort gaie« und seine Bewegungen als »fort vite«». »Mais au contraire« schreibt dagegen 1777 Rousseau in seinem Dictionnaire de musique. »... le caractère du Menuet est une élégante et noble simplicité: le mouvement en est plus modéré que vite, & l'on peut dire que le moins gai de tous les Genres de Danses usités dans nos bals est le Menuet.«*

[6] *»Mineth« des Kuhländchens, »Windmühlenmenuett« und viele ähnlich genannte der Mark Brandenburg (Rudolf Voß »Der Tanz und seine Geschichte« Berlin 1869). Eine der eigenartigsten Spielformen als Dokument für europäische Wanderung ist die altholländische »Polnische Sara«: Sara = Sarabande, die aber nie populär war und musikalisch ein walzerartiges, behäbiges Menuett darstellt.*

Das »Minuetto« in Bartoks Mikrokosmos II (wie der Branle in seinen Rumänischen Tänzen) sind ein Zeichen, daß diese frühen französischen Formen bis in den Balkan hinein getanzt und dort ebenfalls volkstümlich wurden. Schon im 13. Jhdt. hatten sich die Bauern gern im »hovetanz« geübt, wie Neidhart von Reuenthal es in seinen Liedern besang.

37

den Leibe und erhabenen Kopff, im heben aber setze ich den lincken Fuß, wie zuvor den rechten vorwarts, welches die andere Coupé, worauf zwey steife Pas folgen und den Menuet Pas beschlüssen . . .
Noch ehe wir weiter schreiten, will ich zugleich von dem Mouvement erwöhnen . . . Wann ich dann ein Menuet Pas mache, mus ich in der ersten Coupé die Arme vornen fallen lassen, in Continuirung der andern halben Coupé, und zweyen steiffen Schritten aber wieder zurück werfen.
Die Hände soll ich dabey so halten, daß die Finger nicht ausgestreckt sind . . . der Daume ruhet zwar auf dem Zeiger Finger, die andern aber müssen alle aneinander liegen, und ja nicht ausgestrecket seyn, wie diejenigen zu thun pflegen, welche etwan so reich, daß sie einen kostbaren Diamant an der Hand, da sie selbigen sehen zu lassen, die Finger auseinander reissen, als ob sie jemanden in die Haar greiffen, oder Krebse fangen wollten.« (L. Bonin »Die Neueste Art zur Galanten und Theatralischen Tantz-Kunst« Jena 1712)
»Der Hut gibt die großen Zäsuren. Man setzt ihn erst nach der ersten Begegnung wieder auf, man zieht ihn bei jedem Händegeben als Zeichen für die Dame, daß der Schreittanz seine rhythmischen Knotenpunkte findet . . . Die Arme geben die kleineren Zäsuren. Sie klammern die Menuettphrasen ein, sei es, daß man sie nach der Theorie einiger Lehrer beim ersten Schritt und bis zum vierten langsam hebt oder umgekehrt, beweglich bis ins Handgelenk, das seine eigenen Drehungen ausführt, die den Armdrehungen eine Angleichung geben, wie diese den Schritten.« (Bie)
Zur rhythmischen Ausführung des ersten Menuett-Schrittes (1/2 Coupé) hattte Bonin angegeben, ». . . die Biegung soll allezeit *vor* dem Tact geschehen, die Hebung aber in der Cadence, welches ein Requisitum, so in allen andern Tänzen zu

38

observiren . . .«. Das Gleiche forderte P. Rameau, den Sachs als erste Quelle bei der Aufstellung seines Menuett-Schemas[7] zitiert.

Die »Révérences« nahmen breiten Raum der Übung und der Beschreibung ein. Der Satz »lorsqu'un homme danse bien le menuet, il a des grâces dans tout ce qu'il fait« ist überzeugend, weil man für das Studium des Menuettes oft Jahre,

[7] *Unverständlich bleibt, daß Sachs dieses (mit einem auftaktigen Beugeschritt beginnend) volltaktig* notiert. »Toutes les cadences se doivent marquer en l'air«, hatte schon 1623 F. de Lauze in seiner »Apologie de la danse« gefordert. Sachs' Vergleich hemiolischen Geschehens bei Menuett und Galliarde liegt nahe, und ist auf 1 begonnen rhythmisch verständlicher. Aber »das Kniebeugen ist nicht Schritt, sondern Vorbereitung dazu«, also ein Auftakt.*

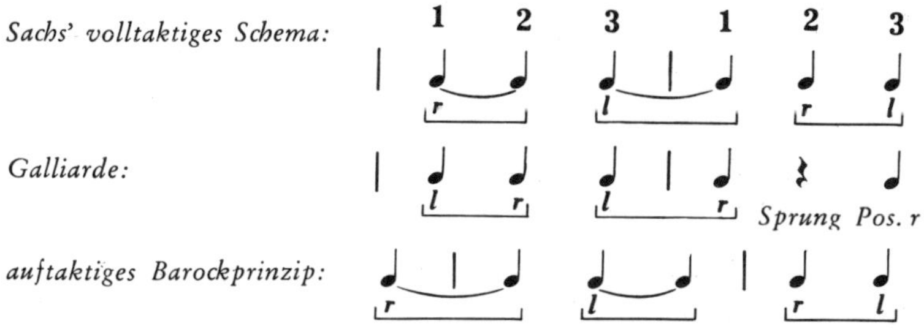

»Die grundsätzliche rhythmische Überschneidung von Tanzschritten und Tanzmelodie gibt jenes Unbestimmte, Schillernde, das die Barockmusik so liebt, und das eines ihrer bezeichnendsten Merkmale bildet. Der künstlerisch entscheidende Punkt ist die tänzerische Zusammenfassung von je zwei Takten zu einer 6/4 Gruppe.« (Sachs).

** Nur Hänsel (Leipzig 1755) lehrte die Beugung volltaktig, den Schrittablauf jedoch rhythmisch anders als Sachs (vgl. Übersicht der gebräuchlichsten Schrittrhythmen am Ende der Choreographie I).*

zumindest sechs Monate rechnete, obgleich die Unterweisung meist täglich stattfand. Auch Goethe berichtete vom Tanzunterricht durch den Vater (»Aus meinem Leben« II, Buch 9): »Er unterwies uns auf das bestimmteste in den Positionen und Schritten, und als er uns weit genug gebracht hatte, um eine Menuet zu tanzen, so blies er auf einer Flûte-Douce uns etwas Faßliches im 3/4-Takt vor, und wir bewegten uns danach, so gut wir konnten (s. Abb. 36). Aus der Straßburger Zeit hören wir weiter von »den Töchtern seines Tanzmeisters, die immer willig waren, nach der *kleinen* Geige des Vaters (Abb. 1) mit ihm eine Menuet zu tanzen, und sein Bericht vom Karneval in Rom ergänze das Bild (Abb. 37): »Niemand wagt leicht zu tanzen, als wer es kunstmäßig gelernet hat. Besonders wird das Menuet ganz eigentlich als ein *Kunstwerk* betrachtet und nur von wenigen Paaren gleichsam *aufgeführt* . . .« Das Menuett war ein zu ästhetischem Genuß geformter Tanz geworden. 1707 war dem Solo-Menuett das »Menuet en quatre« gefolgt, bald darauf entstanden das »Menuet en six« und »en huit«.
Als kunstreichstes und anspruchsvollstes Menuett gilt das von Maximilian Gardel (s. Vorwort Gavotte) 1770 zur Hochzeit von Louis XVI und Marie Antoinette entworfene »Menuet de la reine«. Mit diesem Fest wurde das Opernhaus von Versailles eingeweiht. Bis dahin waren alle großen Feste des Hofes im prunkvoll dekorierten Marstall gefeiert worden. Fünfzehn Jahre alt war Marie Antoinette[8] an diesem Tag.
Das Menuett von Gardel ist (von Malpied in Tanzschrift aufgezeichnet) erhalten wie jenes von Magny in seinen »Principes de Chorégraphie« (1765) festgehaltene Menuett, die beide auf Musik des »Célèbre Menuet d'Exaudet«[9] getanzt wurden. Dieses stellt ein Gegenstück zu der im 18. Jhdt. in ganz Europa beliebten und durch Corellis Variationen heute noch oft erklingenden »Folie d'Espagne« dar (s. Sarabande: Folie d'Espagne). 1751 wurde es von André Joseph Exaudet als *Minuetto gratioso* seines ersten Trios op. 2 komponiert und gehörte bald zu den beliebtesten Melodien Frankreichs. Wie der »Folie« wurden diesem Menuett unzählige Texte unterlegt[10].
Die Beliebtheit gesungener Tänze war groß: Marcel, der später als bester Tanzmeister von Paris galt (Noverre u. a. war sein Schüler), hatte sich 1710 seinen

[8] *»On sait que cette graçieuse Majesté dansait parfaitement le Menuet«. G. Vullier »La Danse« 1898. Keine Geringeren als Noverre und Gluck waren ihre Lehrer in Tanz und Musik gewesen.*
[9] *Siehe ebenfalls »Échos du temps passé« (J. B. Weckerlin, Bibliothekar des Conservatoire, gab sie in 3 Bänden 1853—1855 heraus. Neudruck bei Durand, Paris.) Band III enthält folgenden Hinweis Weckerlins: »L'abbé Brossard nous dit dans son dictionnaire* que le Menuet est d'un mouvement vif, ce que contredit Rousseau dans son dictionnaire de musique**, car il trouve au contraire que le caractère du menuet est une élégante et noble simplicité; nous en concluons que de Brossard à Rousseau le menuet avait changé de mouvement.«*
** Dictionnaire de musique«, Paris 1703. ** Genf 1767.*
[10] *Davon mehrere durch Ch. S. Favart, dessen Beliebtheit (durch ca. 150 singspielhafte Opern) der Opéra Comique, deren Direktor er war, den Namen »Salle Favart« eintrug. 1769 gelang ihm durch Unterlegung der Worte »Cet étang qui s'étend dans la plaine (in seiner Oper »La Rosière de Salency«) eine bleibende Chansonfassung des »Menuet d'Exaudet«, die zu den noch heute gerne gesungenen und gehörten Bergerettes des 18. Jhdts. gehören, die J. B. Weckerlin um 1900 mit seiner Klavierbegleitung bei Heugel (Paris) herausgab.*
Von Farinelli, dem berühmtesten Kastratensänger des 18. Jhdts., der sich 1738 einer Günstlingsstellung ohnegleichen wegen entschloß, am spanischen Hof nur noch für den gemütskranken König Philipp V. zu singen, wird berichtet, daß er Abend für Abend zehn Jahre lang dem König die gleichen Gesänge vortragen mußte. Der eine von diesen war ein Menuett, *das der Sänger improvisierend zu variieren pflegte (nach Burney bei Haböck, »Gesangskunst der Kastraten«, Wien 1923).*

ersten großen Erfolg geholt, als er in Campra's »Les Fêtes Vénétiennes« auf der Oper ein Menuett zugleich sang und tanzte. Der von ihm erfundene »Coup de talon« gab den Menuett-Tänzerinnen die Möglichkeit, ihre lange Schleppe (Abb. 45) durch eine Fußbewegung wieder in die richtige Lage zu bringen (Junk).

Das erste Menuett von Lully (1653) ist auftaktig und hat die asymmetrische Zweiteiligkeit von neun und acht Takten[11]. 1674 brachte Lully in seiner Oper »Cadmus et Hermione« das erste Menuett auf die Bühne[12]. Dieses enthält vor allem sechstaktige Phrasen wie der »Branle à mener de Poitou«, aus dem es entstanden sein soll. »Wie ging die Entwicklung weiter? Das sagt uns Lully selbst. Man sehe seine Opern an, die so viele Menuette enthalten. Sechs, zehn, elf, dreizehn Takte als Periode sind nichts Ungewöhnliches, immer aber ist der Takt ungerade.« (Bie) Bei J. H. Schmelzer (1630—1680) finden sich Menuette in geradem Takt (alla breve)[13]. Diese stellen jedoch eine Ausnahme dar — wie »La Volte du Roy« in geradem Takt in der Tabulatur B. Schmid d. Ä. (1577) oder die geradtaktige Courante Lullys in »Le mariage forcé«. Die Musik, die zum Tanz erklang, stellte allmählich nur noch die metrische Basis dar, auf welcher häufig ohne exakte Beziehungnahme auf ihre Form ein Tanzablauf improvisiert wurde, woraus die zwischen 8, 12, 16, 24 Takten wechselnden Formabläufe zu verstehen sind. Wie in der Musik herrscht im Tanz des Barock zunehmend die Kunst freier Verzierung und der Improvisation (das »Tantzen de Caprice«).

Achttaktig und *volltaktig* ist das berühmte Menuett Mozarts aus »Don Giovanni«, ist »Le célèbre Menuet d'Exaudet«, sind die meisten Menuette Bachs[14] in seinem Notenbuch für Anna Magdalena, sind die Menuette der beiden Choreographien (J. K. F. Fischer und Michel Corrette). Abb. 36 »Bal à la Françoise« zeigt ein »Menuet de Strasbourg« 1682. Neben Tanz in kostbaren Kleidern, Tafelfreuden par excellence wird das Notenblatt des Tanzes dem Beschauer liebenswürdig präsentiert: Perioden zu acht Takten, volltaktig beginnend, wie sie zur Blütezeit des Tanzes am häufigsten zu finden sind, um dann in der zweiten Hälfte des 18. Jhdts. mit Haydn, Beethoven und Boccherini zum Auftakt zurückzukehren. Das gleiche Jahr, in dem der »Almanach Royal pour l'Annee 1682« das *Menuet de Strasbourg* in Paris veröffentlicht hatte, brachte für Deutschland die Aufnahme des Menuettes in die Form der Kammersonate durch Georg Muffat[15] (1645—1704) in seinem »Armonico Tributo«. Johann Pezel hatte es in seinen Suiten (»Leipzigersche Abendmusik von 1669«) vorweggenommen, indem er ihnen u. a. *»Ameners«* einfugte, d. h. *Branles à mener de Poitou,* aus denen das Menuett entstand.

Hatten im 17. Jhdt. zahlreiche Formen des Branle neueren Tänzen weichen müssen, so erschienen Anfang des 18. Jhdts. seine alten Grundformen (double und

[11] *Böhme, der es als Musikbeispiel bringt, verzählte sich, indem er ihm als erstem Beispiel eines Menuettes zwei Reprisen von je acht Takten zuordnete.*

[12] *»Airs à danser de Lully à Méhul« (Lajarte) Neudruck Durand Paris.*

[13] *Junk.*

[14] *Nur zwei haben Zwölftakt-Phrasen, welche die Tanzfigur des Z um 1700 charakterisieren (s. Choreographie), der Auftakt des einen ist möglicherweise durch die polyphon imitierende Thematik bedingt.*

[15] *1721 fügte J. S. Bach ebenfalls ein Menuett mit Trio seinem ersten »Brandenburgischen Konzert« ein, und Georg Mathias Monn (1717—1750), einer der bedeutendsten Komponisten der Wiener Vorklassik, fügte 1740 als erster in seiner D dur Symphonie der symphonischen Form ein Menuett als 3. Satz ein.*

simple Schritte, Kreisform, Chaîne etc.) in geschliffener Form aufs Neue mit der Einführung der »English Country Dances«[16] auf dem europäischen Festland.
Ihr Siegeszug ähnelte dem des Menuetts, bildeten sie doch in ihrer gelösten Art dessen genaues Gegenspiel. Bald wurden allenthalben »Contres« und Menuett im Wechsel[17] getanzt. Schon 1717 schrieb Gottfried Taubert, es seien die »Anglicae und Englischen Täntze, als welche, so wol lustig zu tantzen als lieblich anzusehen, zu dieser Zeit fast allenthalben recipiret«.

39

Die sich überschneidende Entwicklung von Menuett, Country Dance und Walzer[18] (in seiner damaligen Form auch Teutscher = Deutscher, Schleifer oder Dreher genannt) ließ Mozart, dessen opus 1 und Trio[20] ein erstaunlich fertiges Menuett (1761[21]) gewesen war (s. Musikbeispiel), in genialer Weise im »Don Giovanni« erstehen, hiermit entscheidende soziologische Entwicklungen seiner Zeit

[16] *Wie die Branles im 16. Jhdt., so tanzte man im 18. Jhdt. die Contres nach kurzem Zuschauen oft ungelernt mit, ihr fröhlich-geselliges Tun litt kein Danebenstehen — welch ein Gegensatz zum Menuett!*

[17] *Jedoch nicht nur im Wechsel erschienen die Tänze, sondern sie gingen auch feste Verbindungen ein: der Country Dance »Sabina« (The English Dancing Master) ist ein Longway Menuett, und der Cotillon »La Graziosetta« (Gallini 1770) ist eine Vierpaar-Allemande mit folgendem Menuet en huit.*

[18] *»Walzer oder Schleifer zu komponieren« heißt der Titel der Mozart'schen Anleitung zum »Musikalischen Würfelspiel« Neuausgabe Schott 4474.*

[19] *Die um 1860 in Europa beliebteste, in England bereits 1820 getanzte Form der Quadrille »Les Lanciers en carré« oder »Lanciers à la cour« sowie die für nur zwei gegenüberstehende Paare, aber von beliebig vielen auf langer Reihe gleichzeitig zu tanzende Quadrille, kurz »Française« genannt, erfahren heute viele Versuche einer Wiederbelebung.*

[20] *Diese Gegensätzlichkeit eines Trios zum Haupttanz war ursprünglich in der französischen Musikpraxis zur Zeit Lully's entstanden durch Wechsel von fünfstimmigem Streicherchor (der Grande oder Petite Bande) mit dreistimmigem Solospiel (sowohl von Streichern wie auch von einzelnen der die »Violons du Roy« zeitweilig verstärkenden Bläser).*

[21] *»... der Vater ... fand ein Geschmirre von Noten und ausgewischten Tintenflecken; denn der kleine Komponist wußte mit der Feder noch nicht recht umzugehen; er tauchte sie zu tief in der Tinte ein, und machte dann freylich immer Flecke auf das Papier, die er mit der Hand auswischte, und so weiter darauf fortschrieb.« Franz Niemtschek, »Leben des K. K. Kapellmeisters Wolfgang Gottlieb Mozart«, Prag 1798.*

musikalisch deutend: »Leporello balla la *Teitsch* con Masetto« gegen das im Untergang befindliche Menuett (Don Ottavio und Donna Anna) und gegen den in stets neuen Formen erstehenden Contre (Don Giovanni und Zerline), wie es das nachfolgende Partiturbeispiel zeigt.

Menuett und Trio

W. A. Mozart
Komponiert 1761 in Salzburg

W. A. Mozart (1787) Don Giovanni: Finale 1. Akt

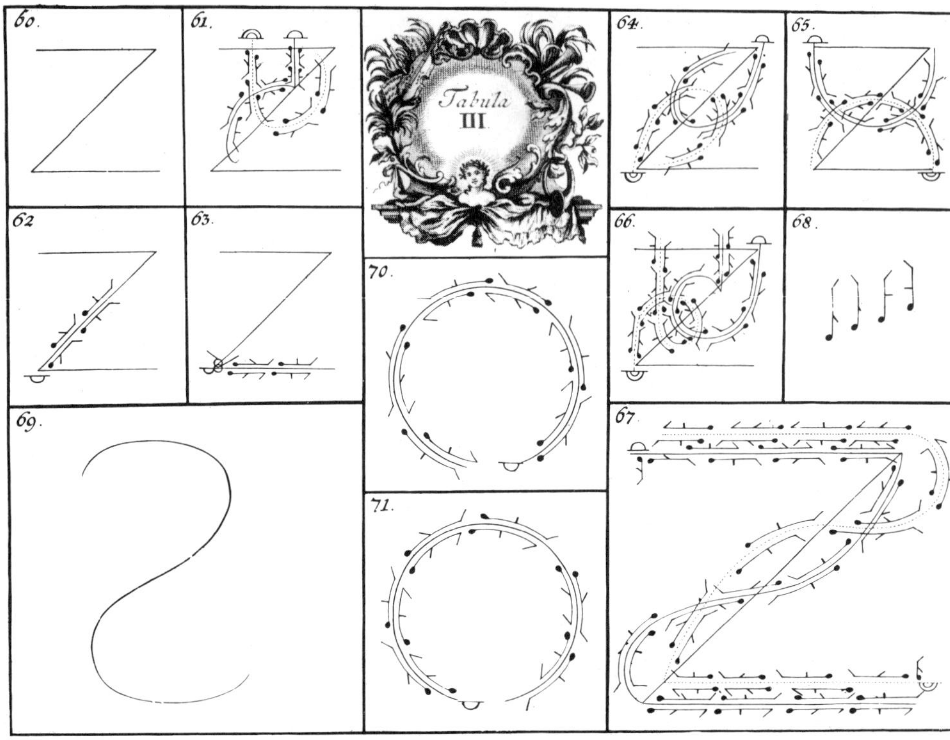

Die Tanzbücher des ausgehenden 18. Jhdts. enthielten bald nur noch Contredanse-Regeln »pour tout le monde«. Das Menuett im Ballsaal war besiegt; gelehrt wurde es jedoch bis in das 19. Jhdt. hinein. G. J. Häcker, Tanzmeister in Chemnitz, beschrieb noch 1835 seinen ursprünglichen Schritt (»Der selbstlehrende Tanzmeister«): ... auf zwei Takte Musik vier Schritte ... und sind die Schritte eins und zwei durchgängig sehr gedehnt, drei und vier etwas rascher und mit steifem Knie zu machen«, er fügte aber eine neue, inzwischen üblich gewordene Form hinzu: vier gleichmäßige Schritte mit anschließendem Verharren (unter Heben und Senken der Fersen) am Platz.

Dieser zu einfachem Gehen abgeschliffene Menuettschritt bedeutete das Ende eines einst wahrhaft königlichen Tanzes. Eine kurze Wiederbelebung erfuhr das Menuett 1891 am Hofe Kaiser Wilhelms II., wo es zu Mozarts Menuettmelodie aus »Don Giovanni« als Menuett »à la Reine« zum Berliner Hofball gehörte, der den Walzer nicht erlaubte. Jedoch der »volksmäßige allgemeine Paartanz löste endgültig den exklusiven Einzelpaartanz ab, dessen klassische Form das Menuett gewesen war. Eine Epoche war geschlossen.« (Bie)

Fr. M. Böhme hatte 1886 sein Kapitel über »Die Menuett« beendet: »Sie hat mit ihren Varianten und Abarten über zwei Jahrhunderte hindurch den Geschmack am Tanze in der ganzen gebildeten Welt gefesselt, und man darf sagen, vervollkommnet. Dieser Ruhm wird ihr, der Königin der Tänze, bleiben.« Und Bie's Apologie schloß: »Die Analyse des Menuetts führt zu den kultiviertesten Gebilden und rhythmischen Verfeinerungen, die der bewegte menschliche Körper je erfuhr.«

Der Zauber dieses Tanzes im musikalischen Bereich wirkt heute ebenso überzeugend wie vor dreihundert Jahren. Er reicht von den Kompositionen Lully's über die symphonische Form in der Klassik bis zu den impressionistischen Meisterwerken Debussy's *(Petite Suite — Suite bergamasque)* und Ravel's *(Le Tombeau de Couperin — Sonatine — Menuet sur le nom d'Haydn)*.

In den Choreographien folgt auf das Solo-Menuett die Darstellung einer späteren Menuettform, das »Menuet en huit«. Dieses war mit seinen Figuren *»Grande Chaîne, Ronde, Moulinet ...«* das Vorbild für jenen Tanz gewesen, der sich mit verschiedenen Abwandlungen bis in den Anfang unseres Jahrhunderts erhielt als »Quadrille française«[19], jener zu festen Touren erweiterten Form des »Cotillon«, von dem schon 1755 der Leipziger Tanzmeister Ch. Hänsel geschrieben hatte: »Bestehet ein Cotillon meist aus Menuet en quatre oder Menuet en huit Figuren ...«

40

41

Menuett

Menuett
»Danse de Bal« für ein Tanz-Paar[1]
(choreographische Z Form nach Louis Pécour, Paris, um 1700)

4 Tanz-Strophen nach der Musik von J. K. F. Fischer (1650–1746)
(»Zwei abwechselnde Menuetten zum Tanz« in D dur)

1. Tanz-Strophe (Menuett I ohne Wiederholungen)
Auftritt – Zwei Reverenzen – Tanz an die Ausgangsplätze

2. Tanz-Strophe (Menuett II mit Wiederholung des 2. Teiles)
Platztausch auf der Z Figur (Abb. S. 172)
Rückkehr an die Ausgangsplätze auf der Z Figur (Platztausch)

3. Tanz-Strophe (Menuett II mit Wiederholung beider Teile)
Platztausch auf der Z Figur
Treffen auf der Mitte der Z Figur zu *Tour de main* r und l
Rücktanz auf Partnerplatz
Rückkehr an die Ausgangsplätze auf der Z Figur (Platztausch)

4. Tanz-Strophe (Menuett II mit Wiederholung beider Teile)
Platztausch auf der Z Figur[2]
Treffen auf der Mitte der Z Figur zur *Ronde*
Spiegelgleicher Seitschritt zum Ausgangsplatz – *Zwei Reverenzen*

Armhaltung:
bei Fassung der Partner s. Tz.Z. 1
ohne Partnerfassung:
○ faßt, Hände leicht ausgedreht, mit den Spitzen von 1. und 2. Finger ihren Rock, Ellbogen sind etwas zur Hüfte gedreht (Abb. 14 und 40)
□ *Mouvement,* zweitaktig dem Schrittschema zugeordnet und mit beiden Armen (während Partnerfassung mit einem Arm) auszuführen, vgl. Kapitel »Die gebräuchlichsten Tanzschritte und das Porte les Bras des Barock« (»bey dem Pas de Menuet«).

Analog dem dort dargestellten Bewegungsablauf sind die Arme auftaktig (mit dem Beugen der Beine vor dem ersten Schritt) schnell über den Daumen zur Körpermitte hin einzudrehen und während der vier Schritte des »Pas de Menuet« allmählich auswärts zu drehen und bis unter die Schulter zu führen. Die Hände beschreiben die Figur einer liegenden 8 (∞).

[1] *Auch von mehreren Tanz-Paaren in freier Raumaufstellung zu tanzen: »Wenn sich eine ganze Reihe zum Tanzen anstellet, alle Parthien ... in einem Tempo oder Cadence alle Touren der Menuet zugleich machen, so wird eine gewisse ins Auge fallende Symetrie hervorgebracht. Wenn eine Colonne ... den Tanz mit dem Reverenz beschließt, die andern aber sogleich mit dem Anfangs-Compliment die Menuet wieder eröffnen, so bleibt der Tanzsaal niemals leer ...« (v. Feldtenstein 1772)*

[2] *Hiernach können alter Tanzpraxis gemäß Balancé r und l und Pas de Sissonne r und l eingefügt werden (s. Kapitel »Die gebräuchlichsten Tanzschritte«).*

Choreographie
1. Tanz-Strophe Menuett I (ohne Wiederholung)
Auftritt — Zwei Reverenzen — Tanz an die Ausgangsplätze

Takt Zählzeit

1—8 Auftritt und Aufstellung des Paares: □ 3. Pos. l, ○ 3. Pos. r (□ r Hand, ○ l Hand gefaßt). Schrittzahl und Weg sind frei zu wählen, die Schritte sollen nicht exakt auf dem Metrum ausgeführt werden.

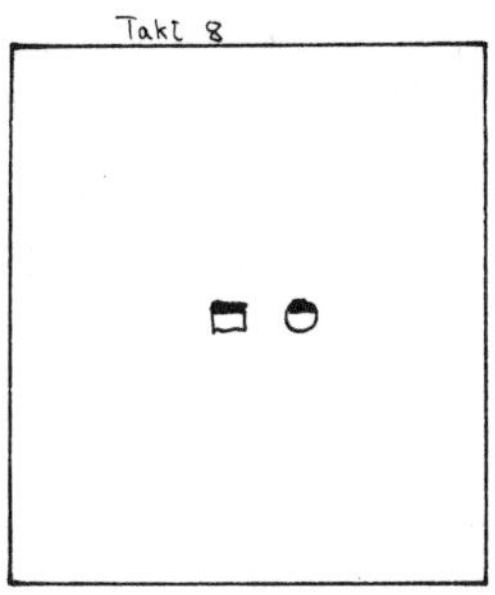

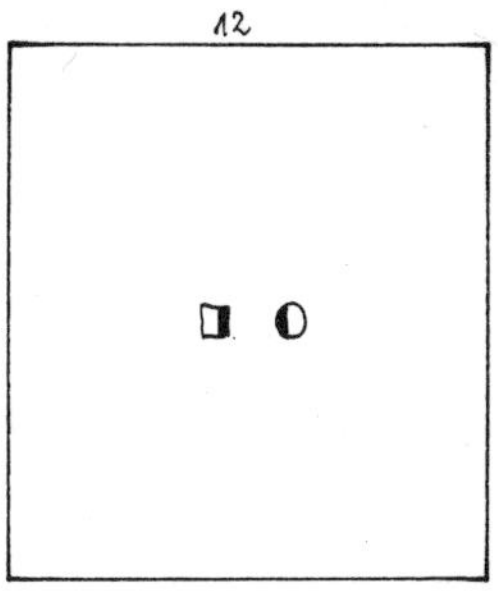

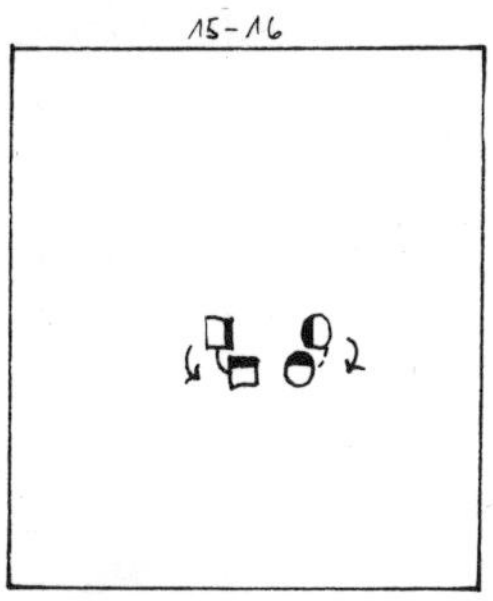

Wird im Kostüm getanzt, nimmt □ mit l Hand Kopfbedeckung ab.

1. Reverenz[3] *(zu den Anwesenden gewendet)*
(Musik spielt etwas breiter)
Schrittsetzung *gegengleich*. Beschreibung für □.

3 } l Fuß auf einer bogenförmigen Linie rückwärts
9 1 } in 4. Pos. r ziehen
2 r Fuß in 3. Pos. r ziehen
3 r Fuß auf kleiner bogenförmiger Linie zurück in 4. Pos. l ziehen (○ l Fuß in 5. Pos. r ziehen)

10 1 } □ Gewichtsübertragung auf das gebeugte r Bein (l Bein bleibt
2 } gestreckt) mit gleichzeitigem Verneigen des aus der Hüfte heraus gestreckt bleibenden Oberkörpers
○ (das Körpergewicht auf beiden Beinen tragend) beugt beide Knie. Ihr Oberkörper bleibt aufgerichtet, der Kopf wird leicht gesenkt.

2. Reverenz (Partner zueinander gewendet)

3 □ Gewichtsübertragung nach vorne auf l Bein und dieses beugen
○ Gewichtsübertragung auf das gebeugte r Bein
Partner lösen die Handfassung
11 1 auf Zehenspitzen heben und r Fuß in 4. Pos. r setzen
2 beugen
3 auf Zehenspitzen heben mit 1/4 Drehung r herum und l Fuß in 2. Pos. setzen, dann Hacken senken

[3] *Diese Reverenz (zu den Anwesenden gewendet) wie die folgende (Partner zueinander gewendet) ist wie der Tanz hemiolisch und nur für das Menuett gedacht. Die ältere, für alle Tänze gültige, auch hier nach Belieben auszuführende Reverenzform s. Kapitel »Reverenzen«: Courante.*

Takt		
12	1	r Fuß in 3. Pos. r ziehen
	2	r Fuß weiter auf bogenförmiger Linie in 4. Pos. l zurückziehen, Gewicht rückwärts auf r Bein verlagern (○ zieht l Fuß bereits auf 1 in 5. Pos. r)
	3	Partner erweisen sich gegenseitig die Reverenz:
13	1 2 3	□ beugt r Bein, l Bein bleibt gestreckt mit aufgesetzter Fußspitze und wird leicht auswärts gedreht, der Oberkörper neigt sich tief, bleibt jedoch aus der Hüfte gestreckt ○ beugt beide Knie bei aufgerichtet bleibendem Oberkörper, Kopf leicht gesenkt
14	1 2	langsam aufrichten
	3	beugen
15	1	auf Zehenspitzen heben und r Fuß in 2. Pos. setzen
	2	beugen
	3	auf Zehenspitzen heben und mit 1/4 Drehung l herum l Fuß in 5. Pos. r setzen (Abb. 12)
16	1	auf Zehenspitzen r Fuß in 2. Pos. setzen und Handfassung nehmen[4]
	2	□ *und* ○ l Fuß zu 3. Pos. l ansetzen (hier beginnt die für den Tanz gültige *gleiche Schrittsetzung*)
17–18		Grundschritt vorwärts, etwas nach l eindrehend (□ beginnt das *Porte les Bras l*)[5] (Tz.Z. 1)
19–20		□ führt ○ mit Grundschritt vorwärts weiter l herum, selbst fast am Platz tanzend
21–22		Hände lösen, □ beginnt sein *beidarmiges* Porte les Bras und dreht sich mit Grundschritt r (fast rückwärts tanzend) frontal zur

1

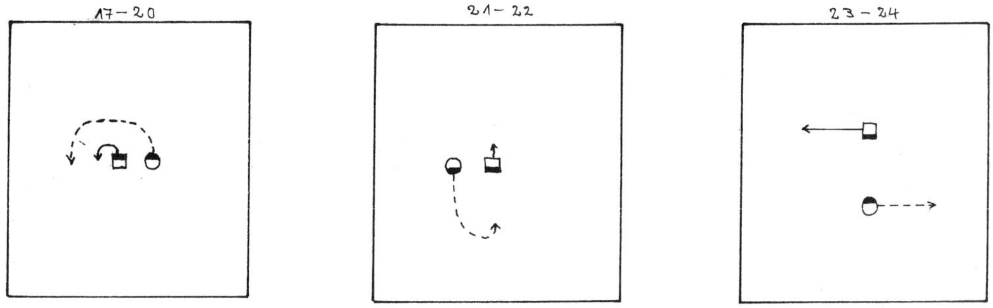

[4] *Für eine Aufführung in Kostüm: Es war Sitte, dem Partner mit der Hand auch einen Kuß zu »praesentiren«. Bei der Verbeugung (Takt 13) wären »Hand und Mund gegen einander und von einander« zu führen« und dieser »Kuß« wäre jetzt mit zu reichen (vgl. ebenfalls 3. Tanz-Strophe Takt 19 »Tour de main« mit Fußnote), jedoch kann die andeutende Geste (○ hebt nur Fingerspitzen) auch in Takt 15 vor der Drehung ausgeführt werden.*

[5] *Bei Tanz in Kostüm wird der Hut bis Tanz-Strophe 2 Takt 8 in der l Hand gehalten (vgl. Fußnote 7 Seite 177).*

○, die mit Grundschritt vorwärts ebenfalls die Frontalstellung zum □ erreicht[6]

Takt

23—24 Grundschritt r seitwärts an die Ausgangsplätze für den Tanz auf der Grundfigur Z

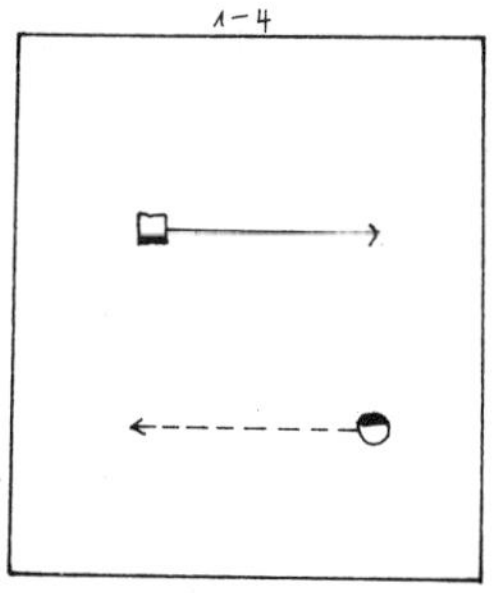

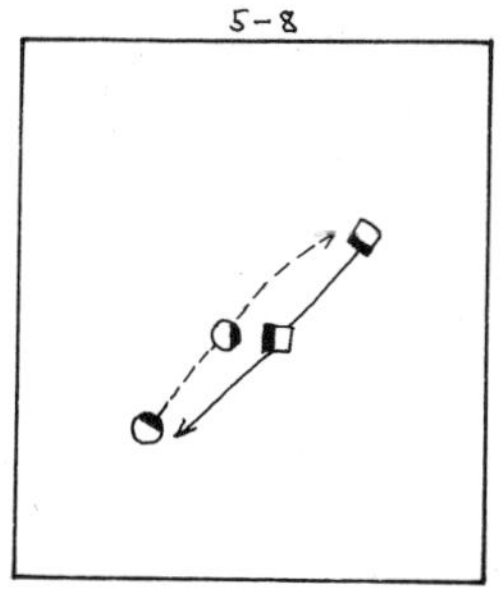

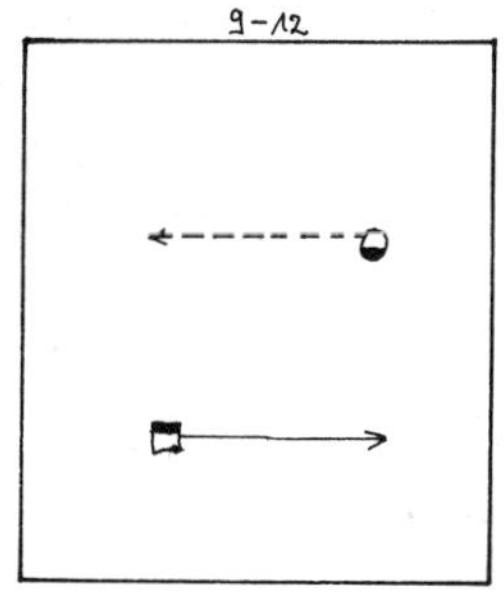

2. *Tanz-Strophe* (Menuett II mit Wiederholung des 2. Teiles)
Platztausch auf der Z Figur.
Rückkehr an die Ausgangsplätze auf der Z Figur (Platztausch)

1—4 zwei Grundschritte l seitwärts

5—8 zwei Grundschritte vorwärts auf der Schrägen des Z[7]

9—12 zwei Grundschritte r seitwärts (der Partnerplatz ist erreicht)

13—24 gleicher Tanzablauf wie Takt 1—12. Tänzer stehen am Schluß wieder auf eigenem Platz

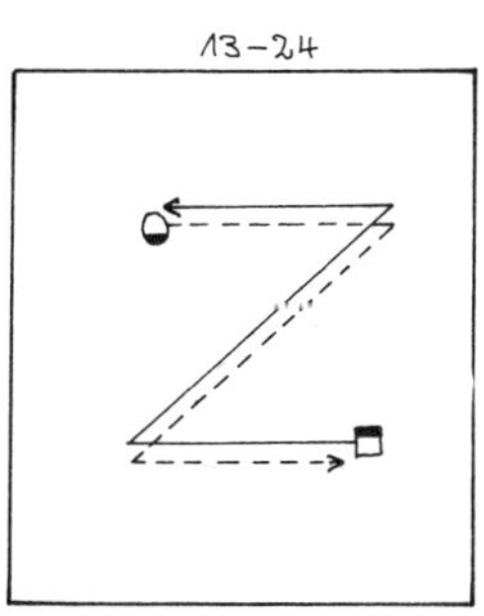

[6] *Die Tänzerin faßt während des ganzen Tanzes (bis auf die Takte des hohen »Porte les Bras«) mit Daumen und Zeigefinger ihren Rock (Abb. 14). In heutiger Kleidung ist es reizvoller, wenn □ und ○ das Porte les Bras ausführen.*

[7] *»Den Huth ziehe man gleich, wenn man eine Dame zum Tanz auffordern will und setze ihn nicht eher auf, als bis man einmal vor ihr vorbey getantzet* und zwar bey der Wendung, wenn das Seitenpas rechter Hand angehet, *und endlich nehme man solchen nicht wieder ab, als bis beyde Hände gegeben sind, und zwar, wenn der Reverenz wieder gemacht wird.« (Hänsel 1755)*

3. Tanz-Strophe (Menuett I mit beiden Wiederholungen)
Platztausch auf der Z Figur.
Treffen auf der Mitte der Z Figur zu Tour de main r und l
Rückkehr auf Partnerplatz. Rückkehr an die Ausgangsplätze auf der Z Figur.

2

Takt

1–12 gleicher Tanzablauf mit Platzwechsel der Partner wie in Takt 1–12 der 2. Tanz-Strophe, jedoch wird bei Beginn von Takt 9 (zwei Grundschritte r seitwärts) der r Arm bogenförmig erhoben (Tz.Z. 2)
□ führt weiterhin das Porte les Bras mit l Arm aus
○ hält mit l Hand weiterhin den Rock gefaßt

13–16 zwei Grundschritte l seitwärts

42

43

3

17–18 Grundschritt vorwärts aufeinander zu (Abb. 42 und 43)
○ legt r Hand von oben in r Hand des □

19–20 »Tour de main« r[8] (Tz.Z. 3)
Grundschritt vorwärts auf $^{1}/_{4}$ Kreisbogen

21–22 Grundschritt vorwärts auf $^{1}/_{4}$ Kreisbogen, dann r Hände lösen

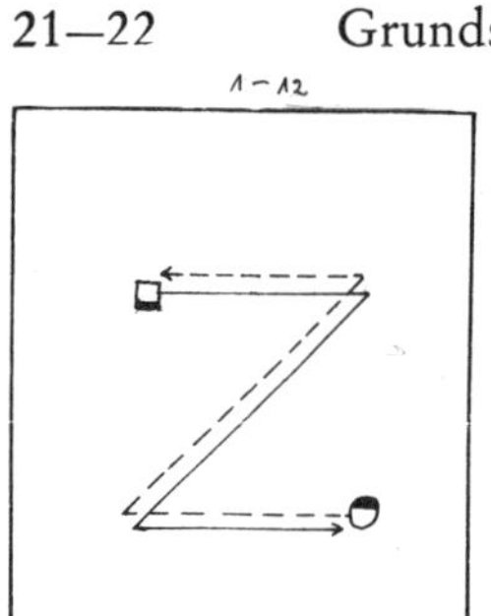

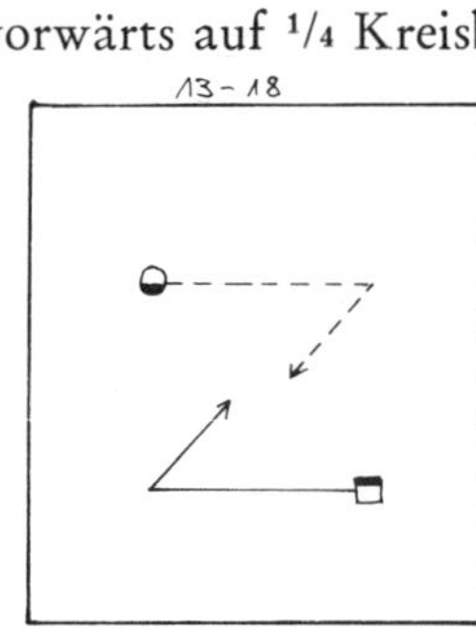

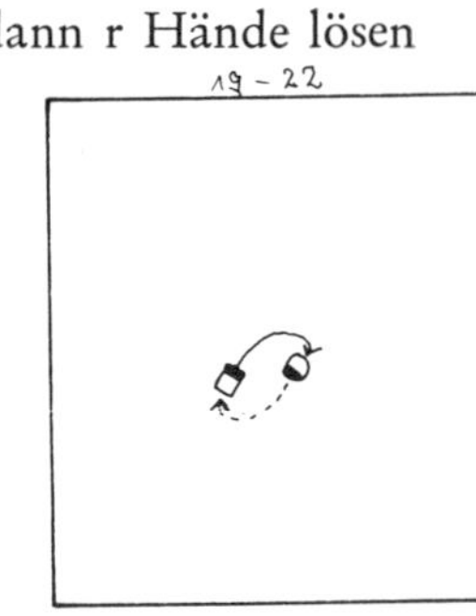

[8] *»So bald nun beyde tantzende Personen einander auf der Seite mit ausgestreckten Armen begegnen, thun sie den Daum von dem Zeiger-Finger und geben einander die rechte Hand (dabey Hand und Mund von einigen zugleich gegen einander und auch wieder voneinander geführet werden) ...« So wäre die Sitte des eigenen Handkusses, die beim Tanzen in Kostüm nach der 2. Reverenz unbedingt gezeigt werden sollte, auch vor diesem Händereichen ad lib. einzufügen. »Daum auf Zeiger-Finger« wurde gelehrt, um der Hand beim Porte les Bras und freiem Tragen eine gefällige Rundung zu geben (Abb. 43).*
Verschiedene Tanzlehren fordern die Ausführung der »Tour de main« mit abgenommener Kopfbedeckung (Abb. 45 und 46). Bonin (1712) lehnte diese Manier ab.

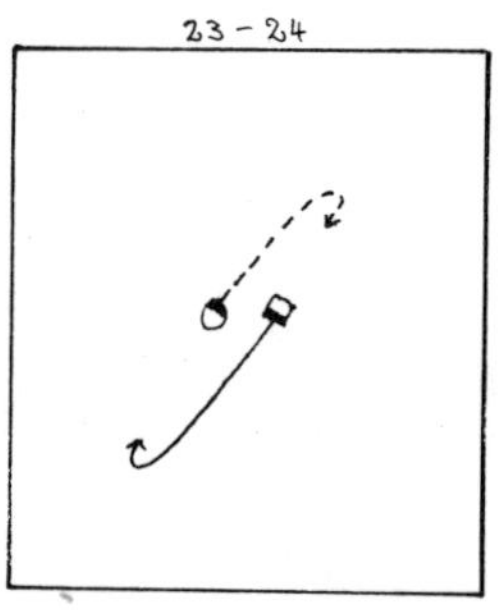

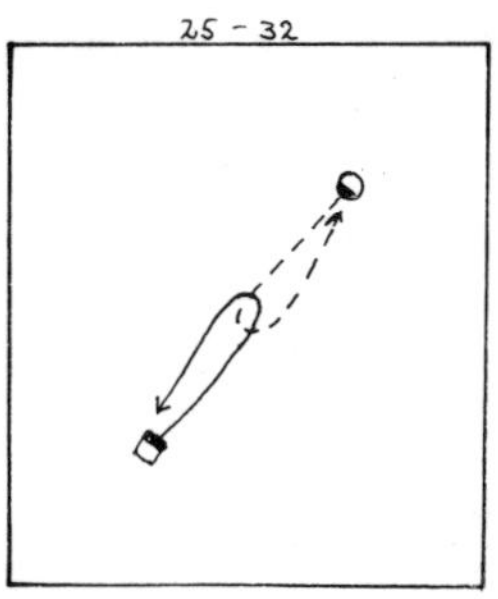

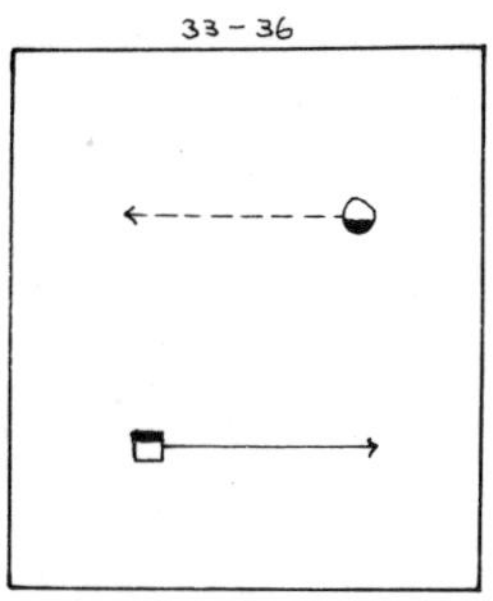

Takt	
23—24	Grundschritt vorwärts an die Ecken des Z, nach der Drehung zueinander jedoch l Hand statt r Hand erheben □ führt das »Porte les Bras« mit r Hand aus ○ faßt mit l Hand den Rock
25—32	gleicher Tanzablauf wie in Takt 17—24, nur daß »Tour de main« l herum getanzt wird. Nach der Drehung zueinander l Hand senken □ führt das »Porte les Bras« wieder mit beiden Armen aus ○ faßt ihren Rock wieder mit beiden Händen
33—36	zwei Grundschritte r seitwärts zu dem Z Ausgangsplatz des Partners
37—48	gleicher Tanz-Ablauf wie Takt 13—24 der 1. Tanz-Strophe (Grundfigur Z)

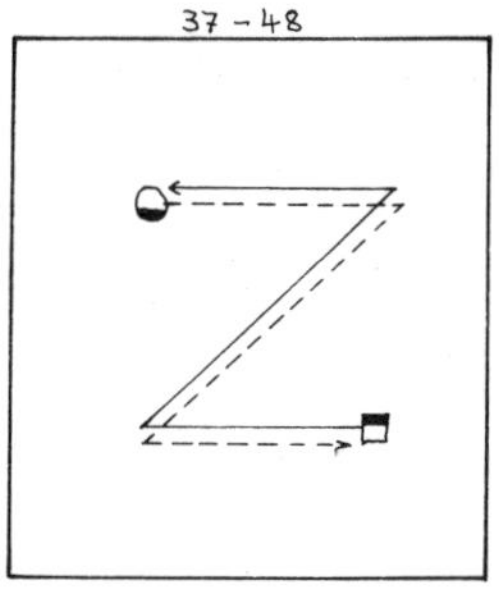

4. Tanz-Strophe (Menuett II mit beiden Wiederholungen)
Platztausch auf der Z Figur.
Treffen auf der Mitte der Z Figur zur Ronde
Spiegelgleicher Seitschritt zum Ausgangsplatz. Zwei Reverenzen.

Takt	Zählzeit	
1—12		gleicher Tanzablauf wie Takt 1—12 der 3. Tanz-Strophe, jedoch werden bei Beginn von Takt 9 beide Arme erhoben (Abb. 41 und 44)
13—16		zwei Grundschritte l seitwärts[9]

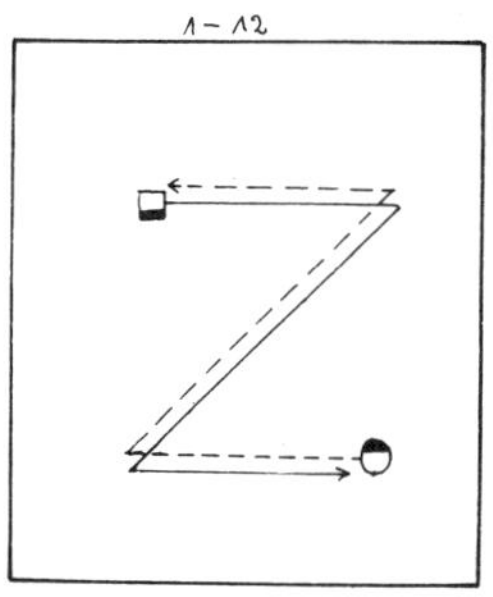

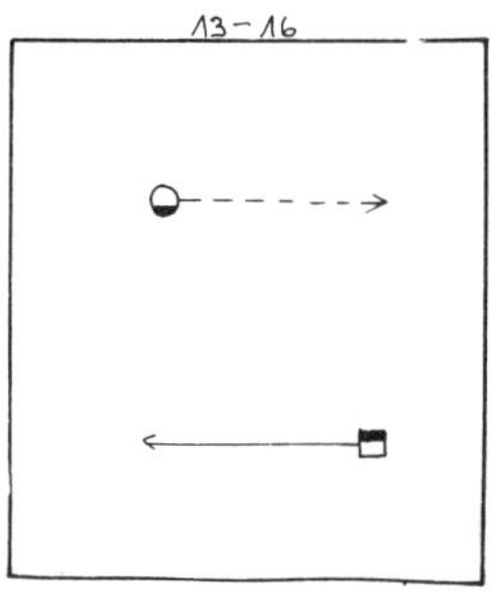

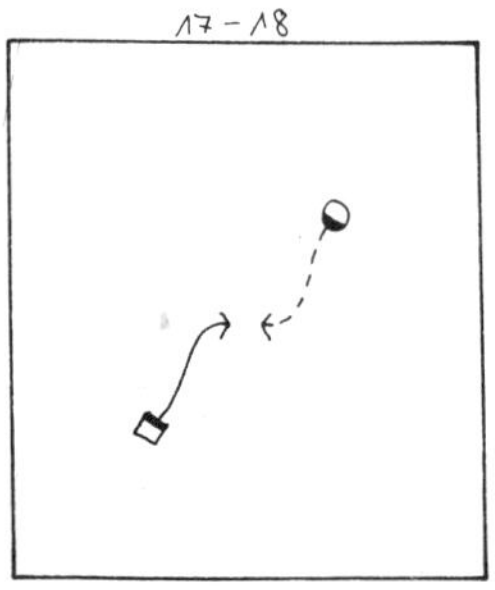

4

17—18		Grundschritt vorwärts (Abb. 44) aufeinander zu (mit Drehung zueinander auf der Mitte der Schrägen) und beide Hände reichen (Tz.Z. 4)
19—22		$1/2$ Ronde r herum mit zwei Grundschritten l seitwärts[10]
23—26		$1/2$ Ronde weiter r herum mit zwei Grundschritten l seitwärts
		Als Vorbereitung zu den Reverenzen beginnt wieder *gegengleiche* Schrittsetzung. Beschreibung für □, ○ gegengleich
	3	beugen (plié)
27	1	auf Zehenspitzen heben (élevé) und r Fuß in 2. Pos. setzen (Tz.Z. 4)
	2	beugen
	3	auf Zehenspitzen heben und mit $1/4$ Drehung l herum l Fuß in 5. Pos. r setzen, hierbei □ l, ○ r Hand lösen
28	1	auf Zehenspitzen r Fuß in 2. Pos. setzen
	2	auf Zehenspitzen l Fuß in 3. Pos. l setzen und Hacken senken

[9] An dieser Stelle (vor der Umkehr in die Z Form) wurde im 18. Jhdt. gerne eine bewegtere Schrittform von 4 Takten am Platz eingeschaltet (wie das Menuett überhaupt zeitweilig dem »Danse Haute« angenähert und in freier Improvisation mit virtuosen Tanzschritten beliebig lang gedehnt wurde. Für diese Choreographie sind folgende Tanzschritte reizvoll:
Takt 1—2 Balancé r, Balancé l
Takt 3—4 Pas de Sissonne r, Pas de Sissonne l
(Ausführung s. Kapitel »Die gebräuchlichsten Tanzschritte ...«)
Um diese vier Takte einfügen zu können, müßte eine Änderung der Ronde erfolgen, die erst in Takt 23 begonnen werden kann und nun mit nur zwei Grundschritten l seitlich ausgeführt wird.

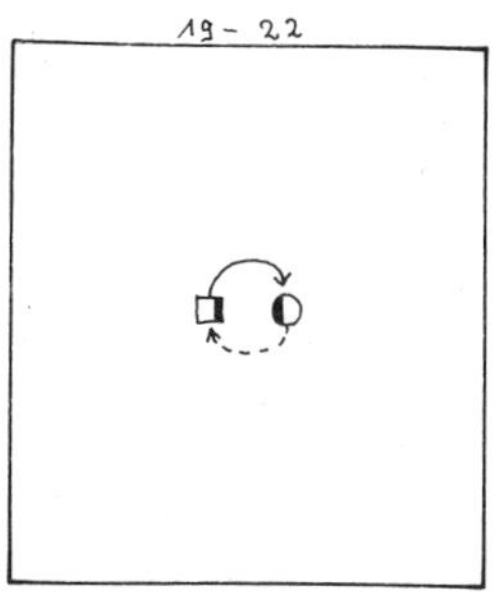

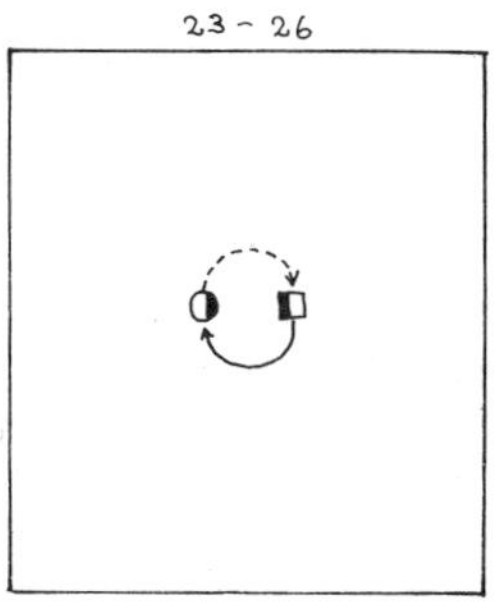

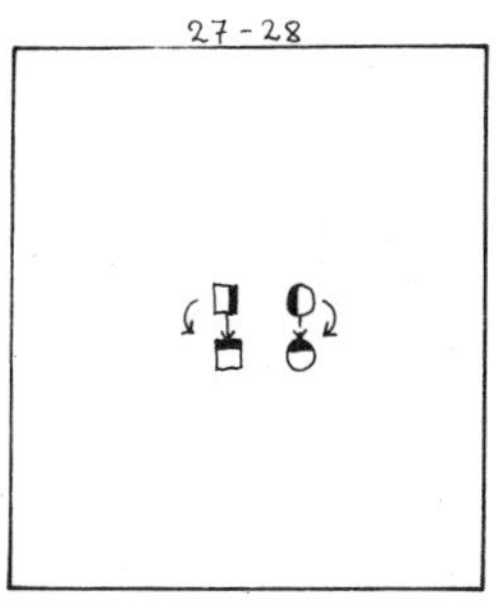

Takt	
29—30	*1. Reverenz* (zu den Anwesenden gewendet) Ausführung wie in Takt 9—10 der 1. Tanz-Strophe
31—32	*2. Reverenz* (Partner zueinander gewendet) Ausführung wie in Takt 11—14 der 1. Tanz-Strophe (das Beugen und Aufrichten erfolgt zu der ausklingenden Musik, die zur Begleitung der Reverenzen breiter wird).

44

[10] *Bey Gebung beyder Hände bestehet die Figur aus einem völligen Zirkel, aber auch zwey Zirkeln.« (Hänsel 1755)*
»... daß beyde Personen mit einer Cirkelwendung den Tanz endigen sollen, geschieht darum, weil der Tanz, der mit einer Cirkelwendung seinen Anfang nimmt, auch so geendiget werden muß ... Alle Schritte en rond aber müssen des Wohlstandes wegen seitwärts, niemals aber vorwärts gemacht werden ...« (Feldtenstein 1772)

Historische Anweisungen zu Menuett-Variationen nach *Gottfried Taubert »Rechtschaffener Tantzmeister« 1717*

»Kurtz: es werden beym variieren entweder Pas simples von einerley oder unterschiedlichen Gattungen oder auch Pas composes solcher gestalt zusammengeordnet, daß sie, gleich als das Haupt Pas de Menuet, netto zwey Drey-Viertel Tacte ausmachen.
Und das heißet man ordinairement eine Variation.
So wie nun aber obgedachte Menuet-Variationes auf unterschiedliche Weise componiret werden: Also werden sie auch an unterschiedlichen Orten der Menuet-Figur employret. Das ist: nicht allein in der Haupt-Figur, als oben und unten am Ende beym Wiederkehren . . .: Kurtz: Wenn man Lust zu haseliren und sich zu tummeln hat, so kan die gantze Menuet durch und durch, fast ohne einiges Haupt-Pas, mit dergleichen Variationibus ausgefüllet werden. Gleichwie wir anitzo in den sieben nachfolgenden Capiteln von allen zulänglich vernehmen werden.«

Die in der vorangegangenen Choreographie in der 4. Tanz-Strophe nach Takt 12 (*»unten am Ende beym Wiederkehren der Haupt-Figur«*) hinzugefügten 4 Schritte (Balancé r und l, Pas de Sissonne r und l) werden in anderer Vielfalt vorgeschlagen als: auf das Balancé folgende ganze Drehung r herum mit 2 Pas de Bourrée (r l r, l r l) oder 1/2 Pirouette und 1 Pas de Bourrée (l r l). Die Drehung kann viertaktig ohne vorangehendes Balancé reizvoll ausgeführt werden durch zwei Contretemps (einfach, doppelt oder dreifach) oder durch einen viermaligen Pas de Sissonne (r l r l) mit je 1/4 Drehung bei jedem Sprung oder durch Sissonne r, Bourrée l r l in wiederholter Ausführung.
Will man die viertaktige Drehung mit anderen Schritten umrahmen, um einen der achttaktigen Musikteile zu der eingefügten Verzierung wiederholen zu können, wäre Balancé r und l voraus und Pas de Sissonne r und l abschließend vorzuschlagen.

». . . man unterweilen in der Menuet, zumal, wenn man nicht starck avanciren oder springen, sondern sich einer Gravität anmaßen will, gar artig zwey halbe Coupés oder zwey Pas graves (an statt des Haupt Pas) oder Contretems machen kan.«

»Auf der langen Querlinie über den Platz« wäre ein Pas grave r und ein folgender Contretems r l vor dem Händereichen zu *»tour de main«* und die dreifache Contretems-Ausführung *»nach dem Händereichen«*, also gemeinsam in der Drehung ausgeführt, reizvoll. Jedoch kann die Tänzerin Pas graves oder 1/2 Coupés tanzen, während der Tänzer seine springenden und hüpfenden Schritte ausführt. *»Ich rathe allen meinen Scholaren allezeit niedrig und douce zu springen, und bey jedem Sprunge mit dem hintern Fuße scharff zu frisieren.«*

Pas battu: *»Wenn man in der Menuet bey denen Seiten-Pas nach der lincken Hand . . . unter währendem Bügen mit dem rechten Fuß vorn einmal an oder über den lincken schläget, oder wenn man sich schon gehoben hat, mit dem lincken steiff battirt oder auch, wenn man bey denen Vor-Pas mit dem rechten Fuß hinten battiret. Kurtz: man kan das Pas battu allenthalben employren, wenn es nur nicht allzu oft nacheinander geschiehet.*
Daher componiret sich ein jeglicher einige aus denen bey der Tantz-Kunst vorkommenden mancherley Schritten nach seinem eigenen Gefallen so bunt und krauß, als er selber will und kan . . . gleichwie ein Mahler allerhand, ja unzehliche Veränderungen derer Farben . . . aufzustreichen vermag.«

Übersicht

Übersicht
der gebräuchlichsten Rhythmen und Kombinationen von Beuge- und Steifschritten zur Ausführung des Menuett-Schrittes in seinem regelmäßigen Fußwechsel r l r l in zwei 3/4-Takten.
Die Klammer bezeichnet die Länge des Beugeschrittes (1/2 Coupé). Die erste Note in der Klammer bedeutet die Länge des Beugens, ihre zweite Note das Heben mit der Schrittsetzung und die Länge des Verharrens in der erreichten Position.

Rameau[11] (1725)

Taubert[13] (1717)

Hänsel[14] (1755)

Feldtenstein (1772)

Tomlinson[18] (1724)

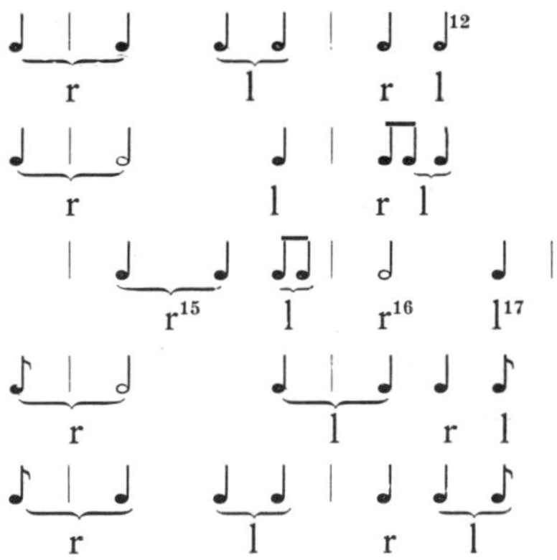

11 *Diese Art bezeichnet L. Bonin (1712) als »die neueste, beste und schönste Manière«. Noch 1835 lehrte J. G. Häcker sie als einzige Art.*
12 *Rameau erwähnt die ursprünglich als »Jeté échappé« (s. Schrittregister) ausgeführte Art des letzten Schrittes* 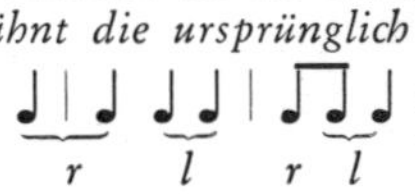 *aber: »... ce pas ne convient pas à tout le monde, parce*

qu'il faut posseder beaucoup de force dans le cou-de-pied.«
13 *»Ich halte diesen Menuett-Schritt ... wegen der gleichen Abtheilung derer steiffen und gebogenen Pas simples unter allen Sorten für das beste und bequemste.«*
14 *Die volltaktig beginnende Beugung entspricht dem von C. Sachs zitierten Schema:*

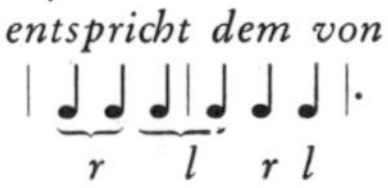

Diese volltaktige Beugung widerspricht den Regeln der Barockmeister: »Hierbei ist zu erinnern, daß einige Maîtres die erste Coupé nicht im Auftakt und mit dem letzten Viertel des vorhergehenden Tacts beugen, sondern zugleich mit dem neu-angehenden Tacte beugen und ensuite heben. Allein die Sache ist faut, weil dieses ein Haupt-Requisitum, daß die Beugung unumgänglich vor dem Tacte geschehen müsse.« (G. Taubert, 1717)
15 *Als glissé auszuführen.*
16 *l Bein auf dem 2. Viertel leicht bogig rückwärts (mit abwärts gerichteter Fußspitze) in schwebende 4. Pos. heben.*
17 *Als Tombé auszuführen (Schritt mit sofort anschließendem Senken des Hackens und folgendem Plié).*
18 *»... commonly called the New Step, from its being used now as much, or very little less than the last explained of two Movements only ...«*

Menuett zu vier Paaren[1] *»Menuet en huit«*

Menuett zu vier Paaren
»Menuet en huit«
mit 5 Tanz-Strophen nach der Musik von Michel Corrette (1709–1795)

Reverenz
1. Tanz-Strophe: Platztausch der Partner, Moulinet und Reverenzen
2. Tanz-Strophe: Balancé, Tour de main, Grande Chaîne
3. Tanz-Strophe: □ à genoux (knien), ○ Kreis um Partner, Ronde und Reverenzen
4. Tanz-Strophe: offene Paarkreise, Double Chaîne
5. Tanz-Strophe: Platztausch der Partner, Grand Moulinet, Reverenz

Anweisungen zu Reverenz, Tanzschritten und Bewegungsformen s. Kapitel »Reverenzen«

Grundschritt

Grundschritt (Tippschritt) r
dreifach gesetzter Zierschritt des Spielbeines (Tippschritt) und drei kleine Schritte (Pas menus) auf Zehenspitzen (Pas tendus) vorwärts

Takt	Zählzeit	
1	1	r Fuß unbelastet auf Spitze schräg vorsetzen (dégagé) (Tz.Z. 1)
	2	r Fuß unbelastet auf Spitze zurück gegen Standbein setzen (sur le cou-de-pied)
	3	r Fuß unbelastet auf Spitze schräg vorsetzen (dégagé)
2	1	kleiner Schritt r vorwärts auf Zehen (neu setzen)
	2	kleiner Schritt l vorwärts auf Zehen
	3	kleiner Schritt r vorwärts auf Zehen

Grundschritt (Tipp-Schritt) l entsprechend l beginnen

Walzerschritt

Walzerschritt r (r l r)*

1	1	aus der Beuge r Fuß in 4. Pos. r setzen und auf Zehen heben
	2	l Fuß auf Zehen in 4. Pos. l setzen
	3	r Fuß auf Zehen in 4. Pos. r setzen und beugen

Walzerschritt l (l r l) entsprechend l beginnen

Balancé

Balancé: r Hände sind gefaßt (Tz.Z. 3)

1	1	aus der Beuge r Fuß in 4. Pos. r vorsetzen
	2	l Fuß in 1. Pos. ansetzen und auf Zehen heben
	3	Hacken senken und beugen

* *Diese erst seit Ende des 18. Jahrhunderts angewandte Terminologie (s. Fußnote 18, Seite 170) für die Ausführung eines gebeugten und zweier gehobener Schritte, ursprünglich als* Pas de Bourrée *bezeichnet, wurde ihrer allgemeinen Verständlichkeit wegen zur Erleichterung der Einstudierung gewählt.*

[1] *Die Choreographie kann auf einen Tanzkreis von 5–7 Paaren übertragen werden. Diese tanzen ebenfalls auf einen gemeinsamen Mittelpunkt zu. Eine Längung der Reverenz nach der Grande Chaîne ergibt die Möglichkeit, mit dem eigenen Partner weiterzutanzen. Die Form der Double Chaîne fällt fort.*

Takt	Zählzeit	
2	1	l Fuß in 4. Pos. r zurücksetzen
	2	r Fuß in 1. Pos. ansetzen und auf Zehen heben
	3	Hacken senken

Tour de main (Tz.Z. 4)
Tour de main
Zwei Tänzer gehen im Walzerschritt auf kleinem Kreis vorwärts, über dessen Mittelpunkt r bzw. l Hände gefaßt sind.

Moulinet (Drehkreuz oder Mühle) (Tz.Z. 2)
Moulinet
4 Tänzer gehen im Walzerschritt auf kleinem Kreis vorwärts, über dessen Mittelpunkt r oder l Hände kreuzweise gefaßt sind (Abb. 39)

Grand Moulinet l (Tz.Z. 9)
Grand Moulinet
4 Paare gehen im Walzerschritt vorwärts auf einem Kreis, über dessen Mittelpunkt l Hände der 4 □ kreuzweise gefaßt sind.

Ronde (Reigen) (Tz.Z. 7)
Ronde
4 ○ oder 4 □ fassen sich zu einem Kreis, beide Arme in leichtem Bogen gehoben, und tanzen r oder l herum.

Offener Paarkreis (Tz.Z. 8)
Offener Paarkreis
Ein Partner führt den andern auf einer Kreislinie um sich herum, selbst am Platz tanzend (□ r Hand, ○ l Hand gefaßt, Kontrapaare umgekehrt).

Grande Chaîne (Simple Chaîne oder Kette) (Tz.Z. 5)
Grande Chaîne
□ und ○ sind auf der Kreislinie zueinander gewendet (◨ ◐), mit Walzerschritt r beginnend: r Hände geben, dem nächsten Entgegenkommenden nach 1 Takt l Hand, dem darauf folgenden nach 1 Takt r Hand geben usw., d. h. □ und ○ tanzen in entgegengesetzter Richtung auf der Kreislinie, bis sie Platz und Partner wieder erreichen.

Double Chaîne (Variation der Grande Chaîne)[2]
Double Chaîne
□ und ○ sind auf der Kreislinie zueinander gewendet (◨ ◐), mit Walzerschritt r beginnend: r Hände geben zu Tour de main r (3 Takte), Hände lösen und dem nächsten Entgegenkommenden l Hand reichen und an ihm vorbeigehen (1 Takt wie in Simple Chaîne) und Hände lösen. Dem nächsten entgegenkommenden Tänzer (Takt 5) r Hand geben zu Tour de main r (3 Takte), dem darauffolgenden l Hand zu Simple Chaîne (1 Takt) usw., bis in Takt 16 Platz und Partner wieder erreicht sind.
Tour de main (3 Takte) und Simple Chaîne-Form (1 Takt) können auch in umgekehrter Reihenfolge getanzt werden.

□ *Sauté* (Sprung) (Tz.Z. 7)
Sauté und Reverenz
□ springen am Platz aus 3. Pos. r in 3. Pos. r, beide Hände auf l Hüfte gelegt.

[2] Unter Double Chaîne versteht man im allgemeinen die regelmäßig mit jedem Partner 4 taktig einmal r, einmal l herum getanzte »Tour de main«-Form. Aus choreographischen Gründen wurde die oben beschriebene, verkürzte Form gewählt.

□ *Reverenz* (nach Sprung) (Tz.Z. 2)
l Bein gebeugt (plié), r Bein vorgestreckt (Fußspitze am Boden), r Hand mit weiter Geste schräg r herausführen.

Choreographie

Choreographie
Tanzablauf
Auftritt ad lib.
Anfangs-Reverenzen[3]

1. Tanz-Strophe
Platztausch der Partner — Moulinet — Reverenzen

Schrittbeschreibung für □, ○ tanzt *gegengleich*

1

Takt	
1—2	Grundschritt r auf Kreismitte zu (Tz.Z. 1)
3—4	Grundschritt l auf Kreismitte zu
5—7	Hände lösen, mit l Schulter aneinander vorbei auf einem Halbkreis zu dem Platz des Partners, mit 3 Walzerschritten (r beginnend)
8	Zwischen-Reverenz (s. Anweisungen Kapitel »Reverenzen«)
9—16	Wiederholung des Platzwechsels von Takt 1—8 (mit umgekehrter Schrittsetzung: □ l beginnend), so daß □ und ○ zu ihrem Anfangsplatz zurückkehren

○ *Moulinet,*
□ *Sauté (Sprung) und Reverenz*
Schrittart: Walzerschritt

2

17	○ Walzerschritt r beginnend zur Mitte
18—19	l Hände fassen und Moulinet l herum (Tz.Z. 2)[4]
20	Hände lösen, Richtungswechsel um l Schulter
21—22	r Hände fassen und Moulinet r herum
23	Hände lösen und zum Platz zurück
24	Zwischen-Reverenz

17	□ Sauté aus 3. Pos. r (Tz.Z. 7)
18	Reverenz (s. Anweisung Sauté und Reverenz) (Tz.Z. 2)
19—24	drei Wiederholungen von Takt 17—18 Die letzte Reverenz wird mit $^1/_4$ Drehung zum Platz der ○ hin ausgeführt

[3] 8 Takte Musik sind aus den ersten und letzten vier Takten des Menuetts zu bilden.
[4] ○ tanzen Moulinet und in Strophe 4 die Ronde l herum beginnend, weil die Tanzpraxis ergibt, daß durch den Rückweg r herum die Ausgangsplätze leichter erreicht werden und die Reverenz besser ausgeführt werden kann.

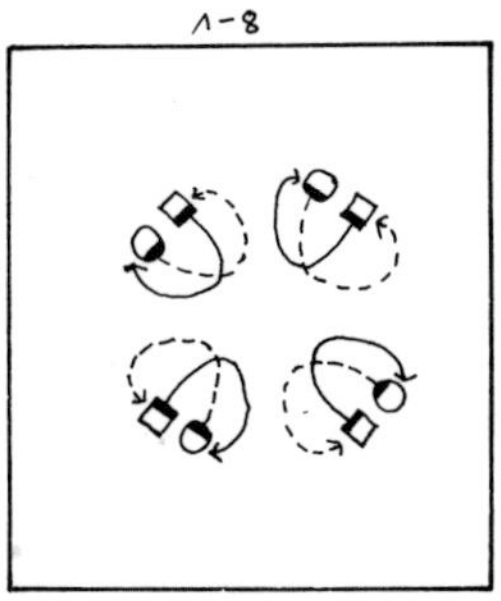

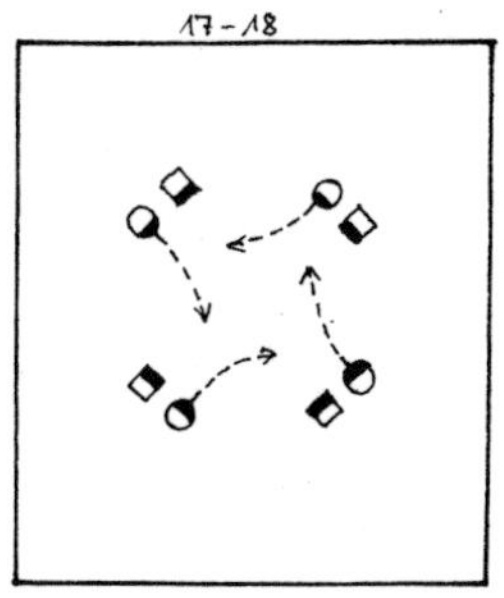

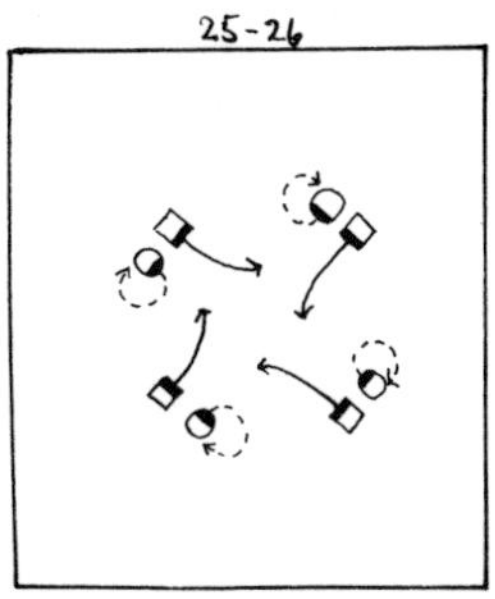

□ *Moulinet,*
○ *Kreis um eigenen Platz und Reverenz*
Schrittart: □ und ○ Walzerschritt

Takt	
25	□ Walzerschritt r beginnend zur Mitte
26—27	r Hände fassen und Moulinet r herum
28	Hände lösen, Richtungswechsel um r Schulter
29—30	l Hände fassen und Moulinet l herum
31	Hände lösen und zum Platz zurück
32	Zwischen-Reverenz
25—27	○ Walzerschritt r beginnend: kleinen Kreis r herum
28	Reverenz zur Kreismitte (Zwischen-Reverenz)
29—31	Walzerschritt l beginnend: kleinen Kreis l herum
32	Zwischen-Reverenz (zum Partner-Platz)

2. Tanz-Strophe
Balancé — Tour de main — Grande Chaîne
□ und ○ tanzen in *gleicher Schrittsetzung*

3

1—2	*Balancé* r vor, l zurück mit Partner (Tz.Z. 3)
3—4	Wiederholung von Takt 1—2, jedoch in Takt 4 mit dem Heben auf Zehenspitzen zum Kontrapartner wenden □ mit 1/2 Drehung l herum ○ mit 1/2 Drehung r herum
5—8	Wiederholung der Takte 1—4 mit Kontra-Partner, jedoch in Takt 8 mit dem Heben auf Zehenspitzen zum eigenen Partner zurückwenden □ mit 1/2 Drehung r herum ○ mit 1/2 Drehung l herum
9—12	*Tour de main*[5] *r* der Paare, r Hände gefaßt, mit Walzerschritt r beginnend (Tz.Z. 4) in Takt 12 Hände lösen und zum Kontra-Partner weitertanzen
13—16	*Tour de main l* der Kontrapaare, l Hände gefaßt, jedoch in Takt 16 Hände lösen und zum eigenen Partner zurücktanzen

4

[5] *Die »Tour de main«-Form kann ad lib. mit dem gleichen Partner 2 taktig r und l herum gewechselt werden.*

5

Takt
17–23 *Grande Chaîne:* r Hände fassen und mit Walzerschritt r beginnen (Tz.Z. 5)
24 Zwischen-Reverenz III der Paare voreinander[6]
25–32 *Grande Chaîne* (Wiederholung der Takte 17–24), jedoch wird statt der Reverenz ein Walzerschritt l *ohne Ritardando* getanzt zum Einnehmen der Plätze für das Knien der □ zu Beginn der Tanz-Strophe 3

6

3. Tanz-Strophe
□ *à genoux,* ○ *Kreis um Partner, Ronde und Reverenzen*

1–6 □ *à genoux*[7] (knien auf l Bein, reichen r Hand) (Tz.Z. 6)
7 erheben und Hände lösen

8 Zwischen-Reverenz

1–2 ○ reichen l Hand und umtanzen □
Grundschritt l
3–4 Grundschritt r
5–7 3 Walzerschritte l beginnend
8 Zwischen-Reverenz

9–16 Wiederholung der Takte 1–8, jedoch
□ knien auf r Bein und reichen l Hand
○ umtanzen □ r herum, mit Grundschritt r beginnend, ihm r Hand reichend

7

17–24 ○ Ronde,
□ Sauté und Reverenz

25–32 □ Ronde,
○ kleiner Kreis und Reverenz

Die Ausführung der Takte 17–24 und 25–32 entspricht genau jener der Takte 17–32 in Tanz-Strophe 2, nur daß statt einer Hand zum Moulinet jetzt beide Arme zur Ronde (Tz.Z. 7) gereicht werden.

4. Tanz-Strophe
Offene Paarkreise und Double Chaîne
□ und ○ *gleiche* Schrittsetzung

8

1–4 *offener Paarkreis* (Walzerschritt r beginnend)
□ am Platz tanzend, führt ○ l um sich herum
□ r Hand, ○ l Hand gefaßt (Tz.Z. 8)
5–7 ○ führt □ r um sich herum in genauer Entsprechung der Takte 1–4, Hände bleiben gefaßt

[6] *Hier hat die Musik ein ritardando zu spielen, um die Ausführung zu erleichtern.*
[7] *Eine Tanz-Stellung, die u. a. die Mazurka russe und der Paso doble kennen.*

Takt

8 Hände lösen und zum *Kontra-Partner* tanzen

9–12 □ faßt mit l Hand r Hand der Kontra ○
□ führt (in genauer Entsprechung der Tanzform in Takt 1–8)
○ r um sich herum

13–15 ○ führt □ l um sich herum , Hände bleiben gefaßt

16 Hände lösen und auf Ausgangsplatz zurücktanzen

17–31 *Double Chaîne* (vgl. Anweisungen)

32 Zwischen-Reverenz

5. Tanz-Strophe
Platztausch der Partner, Grand Moulinet, Reverenz
Schrittbeschreibung für □, ○ *gegengleich*

9

1–16 Platzwechsel der Partner genau wie in 1. Tanz-Strophe Takt 1–16

Grand Moulinet:

17–20 wie Takt 1–4, jedoch mit den letzten 3 kleinen Schritten zum Moulinet eindrehen (r herum) (Tz.Z. 9)
□ fassen kreuzweise l Hände
○ tanzen fast am Platz, jedoch mit der Drehung den Tanzkreis nach außen vergrößernd

21–24 4 Walzerschritte vorwärts in Tanzrichtung

25–28 mit Grundschritt wie Takt 1–4 vorwärts in Tanz-Richtung

29–30 2 Walzerschritte vorwärts in Tanz-Richtung

31 Hände lösen und mit Walzerschritt paarweise zueinander wenden

32 Abschluß-Reverenz (s. Kapitel Reverenzen): Verneigen und Aufrichten ist jetzt langsamer, jedoch in völliger Übereinstimmung der 4 Paare auszuführen. Die *Musik* beginnt bereits in Takt 31 mit einem *Ritardando).*

32

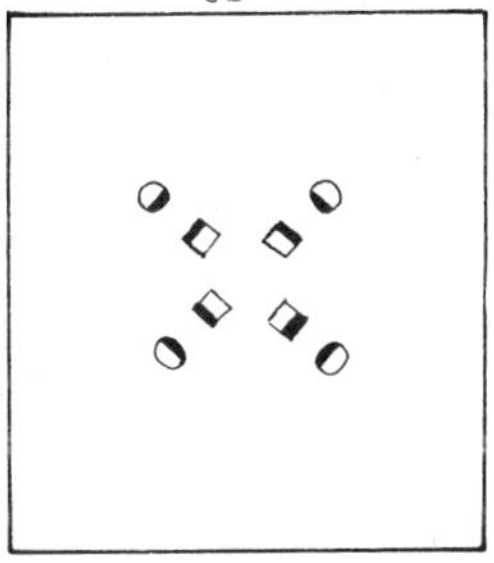

Das Viereck der Choreographie muß als Abschluß-Figur wieder erscheinen. Man erreicht im Laufe des Grand Moulinet den Platz des benachbarten Paares.
Durch die Drehung zur Abschluß-Reverenz stehen die vier □ mit dem Rücken zur Mitte, die Paare bilden also genau ein Kreuz auf der Grundfigur.

45

46

 N. Lancret: Das Menuett

Bibliographie

Arbeau, Thoinot	Orchésographie. Lengres 1588
—	Neuausgabe Paris 1888 mit einer Einleitung von Laure Fonta (s. ebenfalls A. Czerwinski)
Arena, Antonius de	Ad suos compagnones ... bassas dansas et branlos practicantes. 1536. Zitiert nach der Ausgabe London 1758
Arma, Edmée	Entrez dans la danse. Paris 1947
—	Voyez comme on danse. Paris 1946
Bahr, Werner	Zur Entwicklungsgeschichte des höfischen Gesellschaftstanzes. Inaugural-Dissertation. Breslau 1941
Bickham, G.	An easy introduction to dancing. London 1738
Bie, Oscar	Der Tanz. Berlin 1919 (Erstdruck 1905)
Biehn, Heinz	Feste und Feiern im alten Europa. München 1962
Brainard, Ingrid	Die Choreographie der Hoftänze in Burgund, Frankreich und Italien. Dissertation. Göttingen 1956
Burckhardt, Jacob	Die Kultur der Renaissance in Italien. Köln 1956
Canteloube, Joseph	Les danses populaires. Paris 1949
Caroso, Fabritio	Nobiltà di Dame. Venedig 1605
Cellarius	La danse des salons. Paris 1847
Country-Dance Book, The Scottish	London 1950 (Paterson's Publications Ltd.)
Czerwinski, Albert	Geschichte der Tanzkunst. Leipzig 1862
—	Die Tänze des 16. Jhdts. und die alte französische Tanzschule vor Einführung der Menuet (nach Jehan Tabourot's Orchésographie herausgegeben). Danzig 1878
—	Brevier der Tanz-Kunst. Leipzig 1879
Böhme, Franz M.	Geschichte des Tanzes in Deutschland. Leipzig 1886
Bonin, Louis	Neueste Art zur galanten und theatralischen Tantz-Kunst. Jena 1712
Danckert, Werner	Die Geschichte der Gigue. Leipzig 1924
Derra de Moroda, Friderica	»Die Tanzschrift des 18. Jahrhunderts im Spiegel meiner Sammlung« aus »Imprimatur«. Ein Jahrbuch für Bücherfreunde. Neue Folge Bd. V. Gesellschaft der Bibliophilen. Frankfurt/Main 1967
Diderot—d'Alembert	Encyclopédie (1751—1780)
Dolmetsch, Mabel	Dances of Italy and Spain 1400—1600. London 1954
—	Dances of England and France 1450—1600. London 1949
Dubois	Principes d'Allemande. Paris 1760
—	Recueil d'Allemandes. Paris 1760
Ebreo, Guglielmo	Trattato dell'arte del ballo. Um 1460 (Erstdruck Bologna 1873)
Écorcheville, Jules	Vingt suites d'orchestre du XVII. siècle. Berlin-Paris 1906
Engert, Jörn	Die Sarabande und ihre Ausprägung bei Händel. Berlin 1965 (Archiv der Hochschule für Musik und darstellende Kunst)
Expert, Henry	Danceries (Les maîtres musiciens de la Renaissance française. Livre 23) Paris 1908
Feldmann, Fritz	Historische Tänze der musikalischen und choreographischen Weltliteratur I. II. Hamburg 1960/61
F., C. J. v. (= Feldtenstein)	Die Kunst, nach der Choregraphie zu tanzen. Braunschweig 1767
Feldtenstein, C. J. von	Erweiterung der Kunst nach der Chorographie zu tanzen. Braunschweig 1772
Feuillet, Raoul Auger	Chorégraphie ou l'art de décrire la dance par caractères, figures et signes démonstratifs ... Paris 1701.
—	Recueil de dances composées par M. Feuillet. Paris 1700
—	Recueil de dances composées par M. Pécour. Paris 1700
—	Recueil de Contredances mises en chorégraphie ... Paris 1706
Gaulhofer, Karl	Die Fußhaltung. Ein Beitrag zur Stilgeschichte der menschlichen Bewegung. Kassel 1930
Gallini, Giovanni Andrea	Critical observations on the art of dancing, to which is added a collection of cotillons or french dances. London 1771
Götsch-Gardiner	Alte Kontra-Tänze. Wolfenbüttel 1928
Gregor, Joseph	Kulturgeschichte des Balletts. Wien 1944
Guillaume	Positions et attitudes de l'Allemande. Paris 1768
Häcker, J. G.	Der selbstlehrende Tanzmeister. Grimma 1835

Handbooks of European national dances	London 1948
Hänsel, Christoph G.	Allerneueste Anweisung zur äußerlichen Moral (Tanzkunst). Leipzig 1755
Haraschin, C.	Quadrille française. Wien 1880
—	Les Lanciers. Wien 1880
Hooreman, Paul	Danseurs à travers les temps. Paris 1953
Jahn, Janheinz	Rumba Macumba. München 1957
Jaques-Dalcroze, Émile	Rhythmus, Musik und Erziehung, Basel 1921
Junk, Victor	Handbuch des Tanzes. Stuttgart 1930
Kinkeldey, Otto	A jewish dancing master of the Renaissance (aus A. S. Freidus Memorial Volume) New York 1929
Lauze, F. de	Apologie de la danse ... 1623
Leeuw, G. van der	Vom Heiligen in der Kunst. Gütersloh 1957
Loesch, Ilse	So war es Sitte in der Renaissance. Hanau 1965
Magri, Gennaro	Trattato teorico-prattico di ballo. Neapel 1779
Mattheson, Johann	Der vollkommene Capellmeister. Hamburg 1739 (Neudruck Kassel 1954)
Merian, Wilhelm	Der Tanz in den deutschen Tabulaturbüchern. Leipzig 1927
Mersenne, Marin	Harmonie universelle. Paris 1636 (Neudruck 1963)
Moser, Andreas	Zur Genesis der Folie d'Espagne. Archiv für Musikwissenschaft I 1918/19 Bückeburg/Leipzig (Breitkopf und Härtel)
Musik in Geschichte und Gegenwart (MGG)	Bärenreiter Kassel (Lieferungen ab 1949)
Musikwerk, Das	Die Suite (H. Beck) Köln 1964
	Der Tanz (G. Reichert) Köln 1965
	Die Improvisation (E. T. Ferand) Köln 1956
Negri, Cesare	Nuove inventione di balli. Mailand 1604
Noverre, J. G.	Lettres sur la danse et sur les ballets. Lyon und Stuttgart 1760 (Übersetzung von G. E. Lessing. Hamburg 1769)
Oberst, Günther	Bibliographie der Tanz-Literatur bis 1900 (Beiheft zu »Geschichte der Orchester-Suite«). Wolfenbüttel 1929
P., I. H. (Pasch?)	Le maître de danse. Glückstadt-Leipzig 1705
Pasch, Johann	Beschreibung wahrer Tanz-Kunst. Franckfurth 1707
Pauli, Charles	Élemens de la danse. Leipsic 1756
Pécour, Louis	Recueil de dances composées par M. Pécour (s. Feuillet)
Playford, John	The English Dancing Master. London 1651 Neudruck London 1957
Praetorius, Michael	Terpsichore. Wolfenbüttel 1612. Neudruck 1929
Rameau, Pierre	Le maître à danser. Paris 1725
—	Abbrégé de la nouvelle méthode dans l'art décrire ou de tracer toutes sortes de danses de ville. Paris 1725
Rohr, J. B. von	Einleitung zur Ceremoniel-Wissenschafft der großen Herren. Berlin 1733
Sachs, Curt	Eine Weltgeschichte des Tanzes. Berlin 1933
Saint-Léon, A. de	La sténochorégraphie. Paris 1852
Sharp, Cecil und A. P. Oppé	The dance. London 1924
Sharp, Cecil und H. C. Macilwaine	The morris book. London 1912
—	The sword dances. London 1911. Neudruck 1951
Sonner, Rudolf	Musik und Tanz. Leipzig 1930

47

Stevenson, Robert — The Sarabande
The Mexican origins of the Sarabande
Inter American Music Bulletin, Washington 1962, 1963

Storck, Karl — Der Tanz. Bielefeld und Leipzig 1903

Taubert, Gottfried — Rechtschaffener Tantz-Meister oder gründliche Erklärung der Frantzösischen Tantz-Kunst. Leipzig 1717

Tomlinson, Kellom — The art of dancing (1724), Druck: London 1735

Trichter, Valentin — Curiöses Reit- Jagd- Fecht- Tantz- oder Ritter-Exercitien-Lexicon. Leipzig 1742

Vaillat, Léandre — La danse. Paris 1942

Vietta, Egon — Briefe über den Tanz. Bielefeld 1948

Voß, Rudolf — Der Tanz und seine Geschichte. Berlin 1869

Vuillier, Gaston — La danse. Paris 1898

Walther, Joh. G. — Musicalisches Lexicon. Leipzig 1732

Weckerlin, J. B. — Échos du temps passé. Paris 1853. Neudruck (Durand)

Weise, Georg — Spätgotisches Schreiten und andere Motive spätgotischer Ausdrucks- und Bewegungsstilisierung. Marburg 1949

Wilson, Th. — A companion to the ball-room. London 1816

Wolfram, Richard — Die Volkstänze in Österreich und verwandte Tänze in Europa. Salzburg 1951

Wood, Melusine — Historical dances. London 1952

— More historical dances. London 1956

— Advanced historical dances. London 1960

Spielmusik zu alten Tanzformen

Pierre Attaingnant: Pariser Tanzbuch 1530	Edition Schott 3758/59
Klavier-Musik aus früher Zeit (1350—1650)	Edition Schott 2341 I/II
Alte deutsche Tänze	Edition Schott 3894
Kleine Tänze alter Meister	Edition Schott 3895
Alte Hausmusik für Clavier (Rehberg)	Edition Schott 2348 I/II
Alt-Dresdner Tanzbuch (Herrmann)	Edition Schott 3941
Aus Alt-England (Kaestner-Spittler)	Edition Schott 2566
Alte Spielmusik (Kaestner-Spittler)	Edition Schott 2567
Tänze um 1600 (Mönkemeyer)	Edition Schott 2657
Fröhliche Tänze alter Meister	Edition Schott 3928
Menuetten fürs Clavier (Kreuz)	Edition Schott 3764
W. A. Mozart: 12 Menuette	Edition Schott 4656
G. Fr. Telemann: Menuette	Edition Schott 2746
J. S. Bach: Notenbüchlein für Anna Magdalena Bach	Edition Schott 2698
Tilman Susato: Danserye (Giesbert)	Edition Schott 2436
Airs à danser de Lully à Mêhul (Lajarte)	Durand Musik Edition, Paris
Pierre Phalèse: Antwerpener Tanzbuch I/II	Heinrichshofen's Verlag, Wilhelmshaven
— Löwener Tanzbuch I/II	Heinrichshofen's Verlag, Wilhelmshaven
J. J. Froberger: Drei Suiten	Heinrichshofen's Verlag, Wilhelmshaven
J. K. F. Fischer: Musikalisches Blumenbüschlein	Heinrichshofen's Verlag, Wilhelmshaven
Wiener Tanzbüchlein I/II	Heinrichshofen's Verlag, Wilhelmshaven
J. Haydn: 12 Menuette	Heinrichshofen's Verlag, Wilhelmshaven
Ars Musica I/II/III/IV	Möseler Verlag, Wolfenbüttel
Alte Meister	Litolffs Verlag, Frankfurt
Bachs Söhne	Litolffs Verlag, Frankfurt
Tänze aus der Barock-Zeit (Woehl)	Hug & Co. Musikverlag, Zürich
Leichte Tanz- und Spielstücke aus drei Jahrhunderten (Herrmann)	Hug & Co. Musikverlag, Zürich
Meister des musikalischen Barock (Frey)	Steingräber Verlag, Offenbach
Tanzkunterbunt (Herrmann)	Steingräber Verlag, Offenbach
Alte Kontra-Tänze aus England (Taubert)	Ries & Erler Musikverlag, Berlin
Cl. Gervaise (1550) Vierstimmige Tänze	Moeck Verlag, Celle
J. H. Schein: Suiten-Sätze	Moeck Verlag, Celle
Val. Haußmann: Neue artige und liebliche Tänze	Moeck Verlag, Celle
Klaviertänze der J. S. Bach-Zeitgenossen	Bärenreiter-Verlag, Kassel
Aus einem Spielbuch von 1740	Bärenreiter-Verlag, Kassel

Bildtafel-Verzeichnis

Bild-Nachweis

Verfasser und Verlag möchten an dieser Stelle noch einmal allen danken, die durch ihre Hilfeleistung den Bildschmuck des Buches ermöglichten.
Den folgenden Bibliotheken, Galerien, Museen und Verlagen sei besonders gedankt für die freundliche Genehmigung, die sie zur Reproduktion der Gemälde, Kupferstiche und Zeichnungen gaben:

Staatliche Museen — Preußischer Kulturbesitz Berlin
Kunstbibliothek (Lipperheidesche Kostümbibliothek) in Berlin-Charlottenburg
  2, 3, 4, 7, 8, 16, 22, 24, 28, 31, 37, 38, 45, 47
Kupferstichkabinett in Berlin-Dahlem
  1, 18, 26, 40, 41
Gemäldegalerie in Berlin-Dahlem
  39, 46
Kunstgewerbe-Museum in Berlin-Charlottenburg
  12
Bayerische Staatsbibliothek, München
  10, 11, 14, 42, 43, 44
Stadtbibliothek Braunschweig
  Menuett-Grundfigur in Feuillet-Tanzschrift aus C. J. v. Feldtenstein »Erweiterung der Kunst nach der Choreographie zu tanzen« 1772
Niedersächsische Staats- und Universitätsbibliothek, Göttingen
  5, 6
Verlag Velhagen und Klasing, Berlin-Bielefeld
  23

Kunstindustrie-Museum, Kopenhagen
  17, 34
British Museum, London
  21, 27
Windsor Castle: Ihre Majestät Königin Elisabeth II (Copyright reserved)
  25
Polesden Lacey, Dorking Sussex, National Trust
  9
Verlag Novello and Company, London W 1
  »Kemp's Jig« aus »The Morris Book« von C. Sharp und H. C. Macilwaine
Editors Routledge and Kegan Paul Ltd, London E. C. 4
  19
Bibliothèque Nationale, Paris
  29, 30, 35, 36
Les Beaux Arts. Édition d'Études et de Documents, Paris
  33
Édition Fernand Nathan, Paris
  20
Österreichische Nationalbibliothek, Wien
  13

Register
der Tänze, Schritt-, Reverenz- und Raumformen